· 法律文化研究文丛 ·

法律东方主义在中国

批判与反思

魏磊杰 编

创于1897
商务印书馆
The Commercial Press

主编前言

　　《法律文化研究文丛》自1996年面世，已经出版三辑，计有海内外学者专著、文集、译著三十余种刊行，内容涉及法律理论、法律史、比较法、法律社会学、法律人类学等诸多领域。

　　自今年起，《法律文化研究文丛》将由商务印书馆出版。编者不改初衷，将通过本文丛的编辑出版，继续坚持批评和反思的学术立场，推动法律的跨学科研究，为深入认识中国法律与社会的历史、文化和现实，推进中国的法治事业，略尽绵薄。

梁治平

2022 年 7 月

目 录

导言 / 1

论法律东方主义
　　［美］络德睦 著　魏磊杰 译　 / 18

批判性法律东方主义
　　［瑞士］康允德 著　谭琦 译　 / 92

"无法"的中国如何缔造现代的美国
　　［英］陈玉心 著　吴雅婷 译　 / 160

迈向一种真诚的法律东方主义
　　［法］皮埃尔·勒格朗 著　郭宪功 译　 / 199

国际法的批判史何以可能?
　　［美］珍妮弗·皮茨 著　马东飞 译　 / 219

世界图像时代的中国

　　［美］络德睦 著　张膑心 译　/ 234

《法律东方主义》在中国

　　［美］络德睦 著　郭宪功 译　/ 256

有法与无法

　　梁治平　/ 261

法律东方主义的两副面孔

　　郑戈　/ 277

《法律东方主义》未讲的中国故事

　　章永乐　/ 292

东方法律主义的中国意涵

　　魏磊杰　/ 311

导　言

中国有法吗？在多数中国民众看来，这或许根本够不上一个问题。然而，中国的"无法性"观念却是持续困扰西方中国法学者的一个不折不扣的问题。在 1899 年，英国领事欧内斯特·阿拉巴德（Ernest Alabaster）曾说："事实上，外国人完全不知道中国存在什么样的法律以及这些法律是如何运作的……听起来这虽令人难以置信，但就我所知，却是事实。"葛兰言（Marcel Granet）在 1934 年宣称："从任何角度看，中国人的秩序观念中皆不包含法律观念。"[1] 在对中国社会研究领域内法律所处地位的批判性审视中，安守廉（William Alford）得出了情形并未发生明显改变的结论：他所写论文的题目便是《法，法，什么是法？》。与更传统的研究法国法或德国法的比较法学者不同，研习中国法的学者首先要做的就是使听众相信其所致力的研究主题确实存在。

不唯如此，这套在 19 世纪广为流传的关于中国法的欧洲偏见最终甚至发展成为一种美国的意识形态。作为两个大型国家，中国与美国之间的紧张关系很大程度上左右着当今世界的地缘政治。后者郑重

---

[1]　［美］络德睦：《法律东方主义：中国、美国与现代法》，魏磊杰译，中国政法大学出版社 2016 年版，第 11 页。以下援引该书只标注页码。

其事地自封为"世界头号法律输出国兼首席执法者,受其管理的法治促进项目遍及全球",前者则被其对手轻易地污蔑为"东方的头号人权侵犯者"(第2页)。"的确存在一种将美国与法联系起来的强烈的文化倾向……以及相应的一种将中国与无法联系起来的历史倾向。"(第5页)正是抱持对这一现象的好奇,通过丰富的个案研究,在《法律东方主义》一书中,络德睦集中探讨了这个议题:法律与中国之间为何存在一种对立的关系?或者说,中国是如何被建构成法律知识客体的?为何中国往往被描述成被告,而西方则充任法官与陪审团,甚至法律的执行者?

一

络德睦指出,西方学者往往对历史上和当代中国法律的存在和实践抱持否定的看法,这样的看法和心态是被他所谓"法律东方主义"塑造出来的。络氏认为,法律是西方建立文化认同和自我理解的重要因素。法律东方主义,即涉及将与西方世界相对立的法律实践图景,投射到他者——中国——之上的过程。因此,既然西方是法律主体并实践着真正的法治,那么中国就是"无法律非主体"(non-legal non-subject),且实践着"无法性"(lawlessness)。法律东方主义,或者更一般地说,东方主义,秉持的其实都是这种本质主义的二元论。从认识论角度看,比较、区分、他者化,都是人们认识和把握世界的基本方法,这个意义上的"东方主义"原是一种普遍现象,甚至人类历史上任何一种文明皆需一个他者来界定自身。然而问题是,经由东方主义形成的各种知识和话语往往以普遍真理的面目呈现,其中的意识形态和权力关系更是隐而不彰。因此，东方主义研究的第一要义便是要指出此类"真理"的建构性，进而揭示其中隐含的意识形态和权力关系。爱德华·萨义德《东方学》开创的这种批判性精神，在《法律东方主义》一书中无疑获得了延续。

那么，声称中国（相对或绝对）"无法"的意义究竟何在？毕竟，"只有最粗心的观察者才会忽略这样的事实：中华帝国曾以拥有可追溯至唐代（公元618—907年）甚至更早时期的法典而自豪"（第11—12页）。事实上，只有在"法律"作为当今美国所理解的那种特定范畴时，也就是说在其作为"一种以特定方式约束国家的自由主义法律秩序"的意义上，才能说中国没有"法律"。换言之，判断所谓"真正"法律的潜在标尺往往是马克斯·韦伯意义上的形式化理性，而最终呈现为以一种具体方式约束国家的自由法律秩序：一种经常被称为"法治"的构型。法治是什么？虽然就法治是什么令人吃惊地缺乏共识，但对于它不是什么却存在压倒性的赞同：人治。法治绝不意味着人治的观念如此具有本质性，以至于这两个术语事实上能最好地被理解为构成了一个单独的表达："非人治的法治"（rule-of-law-and-not-of-men）。然而，考虑到历史上的儒教中国十分信任君子之治，而今日的社会主义中国，也认可伟大领导者之于未来中国应走何种道路的重要性，那么在此等界定下，中国势必难以摆脱缺乏"法治"的标签。用络氏的话来说，"如果法治意味着不是人治，那么……任何自许的中国法都将是一种自我矛盾"（第14页），由此"中国将无限期地被西方世界放逐至法律异类的范畴中"。特别是当前，在法治被普遍视为现代政治议程核心组件的情势下，这种经过话语建构起来的不对等格局就会被顺理成章地生产出来：中国缺乏法治，而法治的提供者永远是西方。显然，对中国是否存在法律这个问题的回答始终存在于提问者预设的前提之中：它必然取决于观察者如何界定法律。

作为单一的观察者，西方往往将自己的分析范畴投射到另一套法律上，以从其优势地位来评判其他法律，这自然不太可能得出对另一种模式有利的看法。在这种伪普遍性学术范畴的支配下，似乎唯有资产阶级的法律才是真正意义上值得拥有与追求的法律，而唯一能够引导法律未来的历史便只能是由近世资本主义母体所孕育与发展的"现代法律"的历史；同样，我们所有法学的未来归属于一个没有任何其他选择的世界：法律只能是现代的或后现代的，而不可能存在其他样态。这便是法律东方主义这一话语本身产生的实践效果。置身于此种构造，知识和话语便演化成了一种权力。在此等话语的影响下，西方（美国）永远是何谓法何谓非法的最终界定者和诠释者，而东方（中国）短时间内将难以摆脱"无法者"的身份，长久处在这一通常被称为"转型"的过程中，而"转型"在这里隐含的意思几乎是弗朗西斯·福山"历史终结论"的翻版："现在无论中国可能采取何种不同的形式，这些形式最终皆非真正的形式。中国将一直处于转型过程中，直到它实现充分的'现代化'。此外，'我们'并不处于转型之中，在此种限度内，这就意味着'我们已经到达'了最终目标……"（第207页）

就此，在话剧《蝴蝶君》中，黄哲伦（David Henry Hwang）给出了一个可与之等量齐观的巧妙解释。他指出，中国戏剧中女旦角的扮演者之所以往往都是男人，是因为"只有男人才懂得女人应被期望如何表演"。也就是说，只有男人扮演的女人才能真正地演绎出在男人眼中真正的女人应当是什么样的；真正的女人究竟是什么样的要取决于男人的界定。在这种意义上，只有男人方才持有理解"女人"的钥匙：女人的好坏不取决于其自身，而取决于男人根据自身偏好而预先设定的标准。相较而言，西方拜物主义化的法律观念其实并无本质不同。只要笃定"真正的"法律乃是一种西方观念，继续株守这种中国、美国与法三角关系的粗略文化图谱制造的诸多假定，那么就无法实现对于中国真正意义上的比较法理解，此等意义上的中国比较法研究也注定是先天不足的。

二

克利福德·吉尔兹认为，法律是"构想现实世界的一种独特方式"（第 2 页）。而在西方历史上，法律构想世界的最重要的他者便是东方，法律东方主义便是这种构想所采用的话语。然而，诚如上述所言，这种话语往往秉持一种本质主义的二元论，通过排斥与诋毁他者，来达到凸显自身的目的。整体上，普遍与独特之间的主题对立乃是贯穿西方思想所有分类模式的一种二元对立，法律东方主义自然也不例外。"无论我们认同与否，如果缺乏一种无法的、专制的东方作为陪衬，那么一个法律现代性的世界也就不会存在。"（第 9 页）在这种话语中，"美国样式的个人乃是历史的普遍性主体，而没有差别的中国大众则是其客体——生活在传统的专制之下，等待被解放并被纳入世界政治与经济发展主流之中的无知的追随者"（第 23 页）。这具体表现在：美国人崇尚法律，中国人服从于道德；美国实行法治，中国实行人治；美国民主，中国专制；美国人富于个性，中国人盲从；美国社会是进步的，中国社会则静止不变。总之，对于所有东方主义认识论而言，这样一个根本的结构性问题必然是存在的：普遍的、可欲的价值等同于美国，而独特的、不可欲的价值等同于中国。

鉴于此，《法律东方主义》的重大贡献就在于，它不仅通过对历史的生动钩沉解构了由法律东方主义建构出来的中美法律黑白分明的纯粹性，更为在比较研究中应当如何妥适处理此等根深蒂固的二元思维模式提出了努力的方向。一个典型事例是，意在为中国提供一种法律治理模式的驻华法院，其自身的运作却远不具有如此的示范性，实际提供的是一种"法律的专制主义"（第26页）。1844年《望厦条约》授予美国在中国的治外法权，利用这项授权，美国国会于1906年创设了"美国驻华法院"，这一做法便是基于"专制主义据称恰恰存在于中国法的天性之中……消除它的代价就是采用西方教化的方式对其进行培养……为帮助中国达到这种状态，美国驻华法院将作为中国法律改革的一个模型"（第162—163页）。这所法院虽设在上海，但性质上却同于美国地区法院，对在"中国辖区"的美国公民行使民事与刑事管辖权。它的上诉法院，是位于旧金山的美国联邦第九巡回上诉法院，并可从那里进一步上诉至美国最高法院。该法院适用的法律相当庞杂，"自美国政府诞生之日起至今通过的任何法案，该法院认为应适用哪种便可依照适用"（第167页），而根本不考虑该法最初是适用于整个美国还是仅仅适用于华盛顿特区、阿拉斯加、菲律宾或者任何其他联邦领地。实际上，涉足该法院的当事人享有的权利极不充分，就是美国人引以为豪的宪法上的正当程序在这里也付诸阙如，以至有论者评论说，唯一不在这间法院适用的联邦法就是美国宪法；"在公共租界会审公廨（以及在美国驻华法院）中，法治的矛盾如此明显以至于即便用肉眼也可看出"（第195页）。显然，这一事件凸显的悖论在于，恰恰是在美国法院设法与设想中的中国无法性作战的时候，它自身的合法性却最为可疑，尽管此问题未能阻止这一司法机构一直存续到1943年。

尚不止此，该书还展示了龃龉的中美关系中另一项重大冲突。19世纪下半叶，美国开发西部，开采矿山，修筑铁路，均对劳动力有大量需求。1868年，美国与清政府订立《蒲安臣条约》，允许华人移民美国。然而，跨大陆铁路竣工后，加州便开始限制中国移民，1882年开始，为回应国内日益高涨的反华情绪和普遍的经济衰退，美国国会颁布了一系列排华法案，对中国人进入和移民美国施以各种严苛限制。排华主张的一个重要理据是：华人天生就服从于东方专制主义，不能够理解个人权利概念，永远无法领会美国共和制度所捍卫的价值。然而具有讽刺意味的是，作为对排华的回应，中国人马上将此事诉诸联邦法院，依据宪法对其提出挑战。而对于美国政府违反国际法义务的这种做法，联邦最高法院竟视为正当，它给出的理由是：国会有权将外国人从该国排除，这是其主权固有之权，是其自身权威的组成部分，由此不能受到宪法的限制，它不可能通过放弃其排斥中国移民的权利这一激进方式来损害其主权。因此，"它就此议题向中国作出的任何承诺，皆可通过事后的立法而单方撤销"（第145页）。当最高法院扩张其在排华判例中确立的规则，并在1893年"冯越亭诉合众国案"（Fong Yue Ting v. United States）中主张，美国不仅拥有排斥中国移民的绝对权力，而且还完全有权将获得合法许可并长期居留的中国人驱逐出境时，这种观念近乎具有了"不受约束的西方专制主义版本所具有的所有吸引力"（第147页）。换言之，谋求将东方专制主义臣民阻挡于美国境外的愿望，最终却走向了其反面，"导致了美国境内某种法律专制主义的制度化"（第 8 页）。诚如络氏所言："美国对中国人的排斥是其国家所固有的一项不可转让的主权权利，而中国政府为排斥美国人进入广州以外的中国其他地域的努力，却被视作为国际社会所不能容忍的一种反社会行为。"（第 145 页）这就是说，美国彼时所鼓吹的"门户开放"仅是单方面的，对国际法的遵从也只是选择性的，国际法"既给了美国人排斥中国人进入美国的权利，又给了将中国'打开'以让美国人进入的权利，以此使得美国能出口其（普遍）价值到中国，并将中国的（独有）价值拒之门外"（第 146 页）。

　　前述两次中美法律冲突的历史图景意在展示，作为一种知识体系的法律东方主义，势必造就凸显其他地区法律矛盾的效果。"法律的所有普遍价值皆与一种理想化的欧美法治联系在一起，而其所有独特的缺点则被概念化为一种归咎于其他他者的专制的人治。"（第 154—155 页）然而，这个想象的东方，借助治外法权与国际法制度的中介，一旦成为欧美法律行为直接作用的场所，那么这些矛盾便会如复仇般重新出现，而呈现的形式如此夸张以至于法律成为其自身的讽刺。作为解套之法，络氏试图唤起根植于美国法学（至少自法律现实主义兴起以来）内在的自我批判意识。然而不幸的是，他不可避免地注意到"虽然对法治所持的幼稚观点在国内屡遭批判……但当我们转而分析中国法时，此等批判性的自我意识总是很快耗尽"（第 15 页）。那么，为何这种现实主义没有发展下去？络氏认为，"鉴于这些矛盾愈发难以处理，它们往往只是被否认或被压制——抑或简单地被归咎于东方"（第 155 页）。或者更尖锐地说："整个过程似乎围绕着我们，围绕着意在证明我们的规范与实践之清白的渴望来展开，而这却取径于质疑中国的法律规范与法律实践。"（第60页）这里，荣格的"阴影投射"（shadow projection）理论似乎更可生动地诠释这一倾向。在荣格心理学中，阴影代表着"人格的阴暗面"，作为原始的、不受控制的情绪，抑制了个人的道德判断。阴影投射是一种自我保护的行为，它使我们能够否认自己的"坏处"，并将其归咎于他人，认为他人应该对此负责。这就解释了普遍存在的寻找替罪羊的做法，并揭示了我们对非我族类的可识别人群抱持各种偏见的根源所在。

法律东方主义的要旨，其实就在于通过此等二元架构设定一个无法亦无主体的东方，进而推知识于权力，变意识形态为制度，将一套普遍性法律加诸其上，以固化西方的智识主宰。从这个角度看，接续后殖民理论对现代性的批判，《法律东方主义》其实意在揭示作为普遍价值的法治话语背后的权力逻辑。这与桑托斯（Boaventura de Sousa Santos）鼓吹的"反全球化的全球化"、汪晖倡导的"反现代性的现代性"，还有乌戈·马太（Ugo Mattei）提出的"反法治的法治"，在理论脉络上可谓异曲同工，批判的对象皆是当前仍处于支配地位的现代性/法的意识形态霸权。与他们一样，就写作意图而言，络德睦也并不谋求超越东方主义话语。不可否认，现代性的事业在诸多方面都已溃败。一方面，它从未像其鼓吹者所宣称的那样无所不能、无界弗至；用布鲁诺·拉图尔（Bruno Latour）的话来说，"我们从未现代过"。与此同时，因其乌托邦式的抱负，现代性并非如尤尔根·哈贝马斯（Jürgen Habermas）宣称的那般，仅仅是一项"尚未完成的事业"（unfinished project）：事实上，它本就不可能完成。然而，根据政治、经济与社会文化诸方面宰制我们生活的支配性意识形态，我们生活其中的这个世界确乎是现代的，而现代性没有他者便无法存在。不管是下定决心摒除，还是在意识形态上将其宣告为不可信，作为知识政治产物的东方主义都是无法"克服"的。在现代性已被全球化的情势下，法律的比较需要的是一种东方主义伦理，而非这样一种不可能的反东方主义道德：要求我们在进行比较研究时避免任何形式的东方主义。

作为一种对不可能的反东方主义道德（morality）的替代，络氏提出了东方主义伦理（ethics）。与假定一种先在的道德主体，并为该主体的正当行为拟定标准的"道德"不同，这种伦理关注的则是主体本身形成的条件。传统的比较行为在很大程度上生产出了拟被比较的客体（例如作为法律主体的美国与作为无法非主体的中国），并往往践行此种逻辑：既在通常意义上限制其作为主体的能动性，又在主体化意义上承认其是具有能动性的主体。此等比较中主体化他者的矛盾方式，内在限制了西方学者在这个世界中真正能够发现什么。络氏的立场在于，既然东方主义作为"法律知识的结构"创造了我们和他者，既然西方学人继续比较且必然继续东方化，那么这种比较的权力就不能如以往那般"任性"，必须要被"负责任地"行使，而东方主义伦理之目的就在于控制住他们将法律的缺点映射到"他者"身上的倾向。"与其根据它们相对的普遍性或独特性来对历史主体进行确定与分类，毋宁采用促使不同种类的法律主体得以产生的方式纯粹地运用这种力量。"（第60页）

三

在东方主义伦理观念基础之上，络氏随后指出："在根本上，问题不在于这些东方主义对于中国法律主体性不可避免地作出了诸多假定，而是这些假定使得美国法律主体与其未来将成为法律主体的中国对应体之间的协商变得极其困难。"（第56页）虽然主体形成问题仍属福柯的理论体系，虽然络德睦明显立基于将话语理解为权力问题的传统之上，但"协商"一词却为哈贝马斯的理论体系打开了大门：采用这一术语，《法律东方主义》试图为未来如何缓解法治与人治的二元划分提供努力的方向。络氏认为，法治并非一种"不言自明的人类之善"，法治作为全球治理元话语是存在局限的，我们应该放弃以法律普遍主义作为基础的对话，放弃那些阻碍协商的固定概念。这就是说，法治没有成为一个普遍的臣服全球法律话语的法律命题，而应转变为一个特定的需要证成的法律命题。在《法律东方主义》的终章，络氏提出"由于美国法与中国法之间的关系尚需继续协商，法治理念过于拔高以至于更多地阻碍而非推动了这种协商"（第232页），因此，"为实现更大的精确性并使得跨法律传统的沟通更为有效"，我们需要"采用更为适中与更可界定的概念"（第232页）来取代法治。不难看出，这种促使沟通更为精确和有效的想法更像是意在设计一套精致沟通伦理的哈贝马斯的话语理论，而非总怀疑伦理对其主体予以规训的福柯的话语理论。

然而，对于哈贝马斯的话语理论究竟如何在中美法律对话中扮演角色，以达到更有效的沟通，络德睦却根本没有提及，虽然他在此书的多个地方明显使用了哈氏意义上"协商"概念，但却没有援引哈贝马斯的任何著作。究其根源，或许在于《法律东方主义》一书预设的主旨使然。东方主义作为一套法律话语，在其发展过程中存在某些关键要素和历史片段，《法律东方主义》要做的只是对这些东西加以勘测，以绘制法律东方主义的历史地图。从反面讲，也是为了回应部分意欲习得一种更为程式化之研究方法的读者，该书并非要提供某种比较法的一般性理论以取代该领域奠基者所倡导的诸种宏大理论。同样，此等学术审慎与克制，亦可被用来说明络氏本人对于"东方法律主义"的立场。《法律东方主义》英文版在中国学者间反响不大，但其中文版却立即引发了讨论热潮，其中许多中国的读者都为"东方法律主义"观念所吸引。在络氏看来，"作为面向美国读者的批判美国法律帝国主义的作品，该书的首要焦点是法律东方主义而非东方法律主义"，而发生在中国的这种反常现象或许主要导源于某种"译介政治"而引发的"过度诠释"，使得此书承受了一种难以承受之重。

络氏认为，分析某些问题被提出的原因远比获得其答案更有价值。"中国法是否存在"似乎就是一个这样的问题。寻求这个问题的答案远不及思考为什么它会被提出重要，毕竟提出"中国法是否存在"这种问题似乎就隐含着对中国法观念的抗拒。正如络氏所言："将法律东方主义作为一种话语进行分析的意义，显然既非为了证明亦非为了证伪中国法的历史存在或理论存在。"（第22页）正如他在《法律东方主义》中一再强调的那样，他要解答的并非"中国有法吗"抑或"中国法是什么"这些问题本身。恰恰相反，他所考察的是，对此等问题的追问在认识论上和政治上有何考量，也即此等问题何以成为问题，以及为何我们会对其答案如此在意。与其说这本书要纠正人们关于中国法的错误认识，进而直接介入中国法领域，不如说它只是意在理解历史如何塑造了这一知识领域，以及这一知识带来的种种后果。事实上，全书对"东方法律主义"这一特定说法的唯一一次使用只是在原书的倒数第三页才首次出现，而且对其最终呈现为何种样态根本只字未提。有鉴于此，该观念在中国所获得的大量批评性关注与其在原书中的地位似乎相当不成比例。

络德睦构想了一种依"中国普遍主义"方式重塑法治的可能性，他将这种可能称为东方法律主义。他之所以在该书的最后三页提出东方法律主义崛起的可能性问题，或许纯粹只是出于一种确保论证客观性与周延性的考量。在他看来，法律是一种具有帝国历史的异常强大的话语，与此同时，既是一种政治与文化构造物又是一种符号的"中国"，与美国一样，其自身也拥有同样令人印象深刻的帝国记录。鉴于法律世界的未来首先是一个地缘政治的问题，而且普遍性与独特性的全球分布正在重新调整，那么，伴随中国全球性权力的渐趋增长，没有理由认为中国不会俘获这套话语并将之转化为不同的新东西。"如果法律可以重新定义中国，那么我们必须准备接受中国也可以将法律中国化。"（第232页）也就是说，他调用"东方法律主义"这个概念仅是为了向欧美读者表明，考虑到中国具有令人印象深刻的帝国记录，如此这般的事情无疑是可能发生的。其实，他对欧美法律帝国模式的分析并不"意味着中国曾经是、现在仍是，而且永远都是单纯的受害者"（第22页）。相反，他指出，"正如欧美国际法具有假定的普遍性基础……中国的政治与文化价值在东亚也自诩具有一种普遍性"（第22页）。这就是说，与此书在中国获得的诸多批判性评论相反，调用这一概念不仅不是要为中国法中的任何具体观念辩护，反而潜在隐含了作者对所有样态的法律普遍主义所抱持的一以贯之的批判态度，无论它体现为当下由美国主导的法治话语抑或未来中国依"中国普遍主义"所重塑的法治话语（即东方法律主义）。

从法律东方主义到东方法律主义，这一转变不但意味着对东方主义的超越，更意味着中国主体性的产生，而这恰恰也是当下中国社会内部愈发响亮的一种呼声。从法律的"三个至上"理论、法治的本土资源论，到儒家风格的自由主义民权说以及视野更为宏阔的儒家宪制方案，这些事例具有的一个共同指向，就是它们皆试图抵抗流行的法律东方主义话语的压迫，主张中国的主体性，以至于可被视作中国的知识与政治精英们力图推动东方法律主义的可贵尝试。然而，如果批判被单向度地限定于西方法治而不反向投射于本土传统与社会现实，只满足于在别人自我批判的论点中搜寻自我表扬的证据，那么就会很容易滑向保守主义，使得中国丧失反思和改革的能力。诚如梁治平先生在撰写的书评《有法与无法》中所指出的，"特别是在各界竞相鼓吹主体意识、社会上民族主义情绪高涨、各色帝国主义阴谋论流行的今天，这种倾向可能只会有增无减"。这种情形反过来又会刺激和强化作为其对立面的自由主义式的自我东方主义。而一旦落入这样的语境，《法律东方主义》一书力图要破除的本质主义的二元对立，恐怕不是被消除，而是愈加强化了。有鉴于此，经历了数十年快速发展，如今正在重思以往构筑自身文明主体性的中国，正需要不只是针对他者，而首先是针对自我的真正有力的批判意识去拓展其想象力。一个简单的道理是，说别人病了，并不能证明自己是健康的。只有秉持内外双重批判，才能更为有效地缓解非黑即白的左右之争。之于当下中国，意欲依循何种世界观塑造世界，最明显的证明，便是你一直在采用何种中国观塑造中国。世界观是中国观的自然延伸与同心放大，两者内外同构，有区别但却没有本质区别。以此，揆诸现实种种，中国现今无疑已是一个强大的国家，但仍需继续努力在内修法度外抗强权的基础之上造就一个更加伟大的社会。为此，才会不负新千年之机运，为人类另辟蹊径，为历史别开生面。

四

诚如上述所论，虽然《法律东方主义》的英文版在中国学者间反响不大，但其中文版本却立即引发了讨论的浪潮。典型例证是，据粗略估计，迄今中文写就的书评大约50篇，数量仅次于邓正来先生《中国法学向何处去》一书曾经引发的学术论争。然而，诚如康允德教授观察到的那样，《法律东方主义》第二波浪潮的袭来显示了与英文版出版后的第一波浪潮几乎截然不同的特质：第一波浪潮似乎更具学术性，侧重于论证的细节，聚焦法律东方主义视角对于域外比较中国法研究所带来的革命性冲击；而第二波浪潮则似乎更具有政治性，侧重于宏大叙事，多数中国学者明显对作者一笔带过的东方法律主义更感兴趣，相关争论也主要围绕这一议题展开。姑且不论各执一端的学术立场孰是孰非、可行与否，更值得思考的问题其实是，法律东方主义这般后殖民理论为何在中国语境中倾向于发生此种政治转向？为何一旦后殖民理论进入中国语境，它们往往就容易丧失西方自我批判的内涵，转而被单纯地用来批判西方？探究这一结构性问题的历史成因，或许能够更好地对法律东方主义在中国产生的现实影响进行真正意义上的反思与批判。职是之故，受梁治平先生的委托，本人精心编排了这本文集。该文集包含11篇文章，根据其理论导向，大体上可被划分为两种类型：一种类型聚焦于学术维度，主要是西方学者撰写的书评；另一种类型侧重于政治维度，主要是中国学者撰写的书评。

通过此等直观对比，期许中国的读者们能够更好地理解《法律东方主义》一书域内影响与域外影响之间的差异以及此等差异所映射出的深层问题所在。

尽管中国传统与现代性之间的关系绝非简单的一厢情愿，自我东方主义与民族中心主义之间的张力始终存在，但不可否认，在西方学术话语霸权潜移默化的催动与强化下，主要以部门法学人为代表的学者，基于知识吸纳与思维训练的泛西化导向，往往坐而论道般执拗地秉持着一种浪漫的"法治中心主义"情结，并在实质上以三段论的推演形式将其或多或少地加以呈现：法治乃一种存在于西方的理想事物，中国之所以存在诸多问题，概因欠缺这种事物，而破解之道就在于中国需要"接轨"，需要移植甚至照搬西方。在很大程度上，此等削足适履式的思维导向引发的诸多理解问题与近乎难以调和的立场之争，效果与利用后现代思潮对西方中心论进行批判以图单向度地证成他们所谓"中华性"的偏狭民族主义主张，其实并无二致。这不仅窒碍了基本认知问题的缓解，甚至在根本上遮蔽了达致任何建设性交叠共识之可能。其实，围绕着"中国法治向何处去"这一议题，自我东方主义者与本土民族主义者争论的焦点明显不是"中国要不要实行法治"的问题，而是对于"什么是法治"以及与此直接相关的"什么是中国应当实行的法治"和"中国如何实现法治"等基本问题缺少必要的交集。在《法律东方主义》的终章，络德睦提出"由于美国法与中国法之间的关系尚需继续协商，法治理念过于拔高以至于更多地阻碍而非推动了这种协商"，为此，我们应当接续后现代主义对单一性"元叙事"的反抗传统，放弃以法律普遍主义作为基础的对话，放弃那些阻碍协商的固定概念，以"使得跨法律传统的沟通更为有效"。同样，既然东西法律文明之间也可望通过协商或沟通的路径来消除冲突和误解，既然当下中国自我东方主义与本土民族主义之间的抵牾甚至对立将会长期存在，那么，两者之间为何不能放下彼此执念，也进行如此这般的协商或沟通，以最终达致一种最低限度的交叠共识呢？

魏磊杰　谨识

2020 年 5 月 10 日于厦门大学

论法律东方主义

[美] 络德睦　著*

魏磊杰　译**

过去，人类在严肃对待其他族群的文明方面从未受到妨碍，但（西方文化）这种世界性的……传播却妨碍了我们。这种传播赋予了我们的文化以极大的普适性，以至于我们长久以来已经停止对其从历史的角度加以说明，取而代之的是，我们堂而皇之将其视为必要的和不可避免的。[1]

——鲁思·本尼迪克特

（在中国）动物可被划分为：（1）属皇帝所有；（2）有芬芳的香味；（3）驯顺的；（4）乳猪；（5）鳗螈；（6）传说中的；（7）自由走动的狗；（8）包括在目前分类中的；（9）发疯似的烦躁不安的；（10）数不清的；（11）浑身有十分精致的骆驼毛

---

*　络德睦（Teemu Ruskola），美国宾夕法尼亚大学法学院 & 东亚语言与文明系双聘教授。

**　魏磊杰，法学博士，厦门大学法学院副教授。

1　Ruth Benedict, *Patterns of Culture* 6 (1952).

刷的毛的；（12）等等；（13）刚刚打破水罐的；（14）远看像苍蝇的。[2]

——米歇尔·福柯

五十年前，比较法是一个找寻范式的领域。在 1952 年《美国比较法杂志》创刊号上，迈尔斯·麦克杜格尔（Myres McDougal）曾颇为不满地说道："最大的困惑仍继续无处不在：比较什么？比较的目的何在？可采用哪些适当方法进行比较？"[3] 总之，在这个领域中，似乎没有任何东西不处在困惑中。二十多年后，在提及麦克杜格尔这一悲观评论时，约翰·梅利曼（John Merryman）也未觉察到任何进步的迹象："几乎没有比较法学者认为从那时起情形已然发生改变。"[4] 同时，仅在几年前，兰博约（John Langbein）指出比较法一直处在悲惨的窘境中："即使从明早起全美法学院都禁止比较法研究，那么也不会有人注意到。"[5]

2　Michel Foucault, *The Order of Things*, at xv (1993). 在本书中，福柯援引了博尔赫斯（Jorge Luis Borges）在《约翰·威尔金斯的分析语言》（The Analytical Language of John Wilkins）中提到的一个小故事，载 *Other Inquisitions*, *1937 – 1952*, at 103（Ruth Simms trans., 1964）。

3　Myres McDougal, "The Comparative Study of Law for Policy Purposes: Value Clarification as an Instrument of World Order," 1 *American Journal of Comparative Law* 24, 28 – 29 (1952).

4　John Merryman, "Comparative Law and Scientific Explanation," in *Law in the United States of America in Social and Technological Revolution* 81, 82 n. 3 (John N. Hazard & Wenceslas J. Wagner eds., 1974); see also John Merryman, *The Loneliness of the Comparative Lawyer and Other Essays* (1999).

5　John Langbein, "The Influence of Comparative Procedure in the United States," 43 *American Journal of Comparative Law* 545, 549 (1995). 格伦顿也曾做出同样的评论："事实上，美国的比较法学者会经常发现，较之于我们国内同行，国外的同行们更对我们从事的研究感兴趣。"Mary Ann Glendon, "Why Cross Boundaries?" 53 *Washington and Lee Law Review* 971, 972 (1996).

对于试图提供问题的解决方法，而非关注问题一部分的比较法学术研究来说，适度的担忧是不可或缺的（de rigueur）。冒着给人留下比较法学者无法逾越"灰姑娘情结"（Cinderella complex）这一印象的危险，[6] 我开始了义不容辞的考察，认为在法学学术中比较法处于未被正确评价的地位。然而，我的主要意图是加入新近产生的呼声中，试图通过提出一些新的研究路径来鼓舞这个领域的士气。

比较法处在相对孤立的学科境地中。[7] 本文旨在为比较法主流理论与诸如非西方法研究、日趋勃兴的后殖民主义理论及新近法学理论研究等学术之间提供交流平台而尽微薄之力。我的目的在于将这些理论框架运用到中国法上，更为具体地说，运用到许多西方观察者做出的中国缺乏本土"法律"传统的这一历史论断上。在这个过程中，本文追溯了某些对于中国法的东方主义理解的一种谱系，并探讨了何人有权决定谁拥有"法律"、缺乏"法律"的规范性意涵（normative implications）何在等更广泛的问题。在回答这些问题时，我意在表明：法律是当代西方构筑主体性不可或缺的部分；从历史观点来看，认为中国缺乏法律主体性的看法标示了（欧美）法律"外在者"的作用。在此，我并非意在谴责已被其他学者批判过的历史。相反，我的主要目的在于试图理解中国法的比较研究之所以呈现今日之样态，历史在其中扮演了何种角色，以及西方人是如何通过法律逐步理解其自身的。在这些条件下，比较的伦理（ethics of comparison）是什么？

6　参见 Günther Frankenberg, "Critical Comparisons: Re-Thinking Comparative Law," 26 *Harvard International Law Journal* 411, 419（1985）（强调比较法学者承受着低微的学科自尊）。

7　参见 William Twining, *Globalization and Legal Theory* 176 – 78（2000）（观察到比较法无法与法学理论发展保持同步）。

一、中国“法律”的缺失

> 既然存在确定何谓文学何谓非文学的一种文学上的标准，那么也存在着确定何谓法律何谓非法律的一种法律上的标准。[8]
>
> ——波阿凡图拉·德索萨·桑托斯

　　认为中国缺乏法律传统的看法，与对比较法经常所表露的那种忧虑一样皆为老生常谈。[9]“事实上，外国人完全不知道中国存在什么样的法律以及这些法律是如何运作的。一些身处较高学术地位之人将会拒绝承认中国人享有任何法律权利。听起来这虽令人难以置信，但就我所知，却是事实。”[10] 这是一位西方评论家在 19 世纪末得出的令人沮丧的观察。的确，著名人类学家葛兰言（Marcel Granet）在 1934 年就曾宣称：“从任何角度看，中国人的秩序观念中皆不包含法律概念。”[11] 同时，根据安守廉（William Alford）近来的观察，研究中国的西方学者继续忽略甚至误解“法律对中国人生活的

　　8　Boaventura de Sousa Santos, *Toward a New Common Sense: Law, Science and Politics in Paradigmatic Transition* 473（1995）.

　　9　对中国法这种认识更为充分之探讨，详见 Teemu Ruskola, "Law Without Law, or Is 'Chinese Law' an Oxymoron?" *William & Mary Bill of Rights Journal*（2002）。

　　10　Ernest Alabaster, *Notes and Commentaries on Chinese Criminal Law and Cognate Topics with Special Relation to Ruling Cases with a Brief Excursus on The Law of Property*, at v（1899）.

　　11　Marcel Granet, *Pensée Chinoise*［Chinese Thought］590（1934）（"La notion Chinoise de l'Ordre exclut, sur tous ses aspects, l'idée de Loi."）.

影响"[12]。

那么，声称中国（相对或绝对）缺乏"法律"的意义究竟何在？毕竟，或许只有最粗心的观察者才会忽略这样的事实：中华帝国曾以拥有可追溯至唐代（公元 618—907 年）[13] 甚至更早时期的法典而自豪。这一点经常更让人难以捉摸：无论何种中国法律，皆不能被归为"真正"法律的范畴。这种观点隐含在此等通常的论断中：在历史上，中国只有刑法及与其相关的刑事制裁。[14] 特别是在大陆法系中，民法处于整个法学的核心。由此，民法的付之阙如就意味着中国法律体系的核心存在漏洞。[15] 有时，判断所谓"真正"法律的潜在标尺是韦伯意义上的形式化法律理性，[16] 而在其他情形下，则是指以一种具体方式约束国家的自由法律秩序：一种经常被称为"法治"的构

12　William Alford，"Law? What Law?" in *The Limits of the Rule of Law in China* 45，45（Karen G. Turner et al. eds.，2000）。

13　此外，法家是古代中国一种主要的学术流派，无可争议其本身是中国传统的一个组成部分（尽管事后其位置为儒家所取代）。See Benjamin Schwartz，*The World of Thought in Ancient China* 321 - 349（1985）。然而法家使用的却是一种纯粹工具主义的"法律"概念，其本身易被东方主义学者斥为并非"真正"的法律。

14　参见 Teemu Ruskola，"Conceptualizing Corporations and Kinship：Comparative Law and Development Theory in a Chinese Perspective，" 52 *Stanford Law Review* 1599，1618（2000）及该文援引的文献。

15　甚至根据普通法观察者的观点，无论民法还是刑法之类实证法的单纯存在，就其本身而言，并不会构成一个"法律体系"。参见 Perry Keller，"Sources of Order in Chinese Law，" 42 *American Journal of Comparative Law* 711（1994）（对中国存在一种"法律体系"的论断表示质疑）。

16　See，e. g.，Max Weber，*The Religion of China* 102，148 - 50（Hans H. Gerth trans.，1951）。

型。[17] 法律史学家托马斯·斯蒂芬斯（Thomas Stephens）近来提出中国法甚至不配被冠以"法学"（jurisprudence）这一术语。取而代之的是，他提出了一个名曰"献媚学"（obsequiiprudence）的新词，一个更具描述性的术语，以适用于中国"无法"的研究：可能是对权力与统治集团曲意奉承的一种学术研究。[18] 不论斯蒂芬斯所述的是非曲直何在，但在19世纪国际法学家的眼中，当时的中国法律如此之"不文明"，以至于被当作径直将中国排除在"国际大家庭"之外的借口，而进一步被简化为处在西方治外法权统辖下的一个半殖民地。[19]

本文主旨并不意在为过去、现在抑或未来的中国法辩护。归根到底，中国是否存在法律这个问题的答案始终根植于提问者设定的前

17　See generally W. J. F. Jenner, *The Tyranny of History: The Roots of China's Crisis* (1992)（将中国描述为一种与"法治"对应的"人治"的典型实例），转引自 René David, "On the Concept of 'Western' Law," 52 *University of Cincinnati Law Review* 126, 131 (1983)（将"西方法"等同于"法治"、法律的至高无上以及法治国）。对于中国不仅缺乏私法传统且在总体上还缺乏一种法治体系的一般看法，甚至杰出的中国史学家费正清也表示认同。See John King Fairbank, *China: A New History* 185 - 86, 1992. 费氏毕生秉持的中国无法性的观点很大程度上在其经典的《中国沿海的贸易和外交：1842—1854年通商口岸的开埠》（1953）一书中彰显无遗。诚如白露（Tani Barlow）在对此书所做的敏锐分析中谈到的那样："西方'有'而中国没有的，而最终诱使中国被动默许接受的东西（使其成为他者）就是法律。或者，可以换一种稍微不同的表述：普适性的条约法、人权与科学等等，通过指出中国内部存在的无政府主义的、不断成倍增长的显著差异，将中国与西方的不同界定为一种有与无的关系；中国相较于西方法，就如普适相较于特例而言。由此我可以大胆断言，这即是为何'合法性'的观点能在费氏著作中占据如此重大比重的原因。"See Tani E. Barlow, "Colonialism's Career in China Studies," in *Formations of Colonial Modernity in East Asia* 373, 389 - 90 (Tani E. Barlow ed., 1997).

18　Thomas B. Stephens, *Order and Discipline in China: The Shanghai Mixed Court 1911 - 1927*, at 115 (1992). 尽管人们可以基于善意认为存在跨越文化与时代从事比较法研究的可能，但斯蒂芬斯创造的新词也并无必要那样令人感到不快。对于斯蒂芬斯关于中国法观点的批判性评估，参见 Teemu Ruskola, "Law Without Law, Is 'Chinese Law' an Oxymoron?" *William & Mary Bill of Rights Journal* (2002).

19　See generally Gerrit W. Gong, *The Standard of 'Civilization' in International Society* 130 - 63 (1984).

提：它必然取决于观察者对于法律的界定。有鉴于此，在此我的目的并非为了"证明"事实上确实存在一种可被作为中国"法律"传统的东西。实际上，现在已经存在数量众多的有关（尽管是被界定后的）中国法的学术文献，而且，在研习中国法的学者中，中国固有的无法性（inherent lawlessness）的看法，至少从这个命题的初始形式看，乃是一个不足为训的观点。[20]

然而，在中国法学术研究之外，中国无法性的观念仍大行其道。的确，认真地讨论中国法面临的主要障碍之一就是，当坦然承认对该领域具有兴趣时，你往往会遭遇此种迷惑不解的质问："什么是中国'法'？中国根本就没有法！"（有时可能表现得更具试探性："中国有法吗？"）与更传统的研究法国法或德国法的比较法学者不同，研习中国法的学者首先要做的就是使得他的听众相信其（致力的）研究主题确实存在。

然而，在本文中，对在中国存在法律的争论（所涉）的实质性论据，我并未探讨。之所以如此，并非意味着参与这一争论毫无意义，[21] 而是因为，考虑到当前目的，我的主要兴趣在于对西方如何构

---

[20]　一方面，很多研究已推翻了认为中国法律传统完全是刑事法的论断。See, e. g., *Civil Law in Qing and Republican China*（Kathryn Bernhardt & Philip C. C. Huang eds., 1994）；Philip C. C. Huang, *Civil Justice in China: Representation and Practice in the Qing* （1996）。墨子刻甚至作出了更大胆的论断。他认为，在清朝末年中国并不承受缺乏法律之苦，更可能的是，承受的是对于法律，或者说是"法律泛滥"（overlegality）的过分担心。See Thomas A. Metzger, *The Internal Organization of Ch'Ing Bureaucracy: Legal, Normative, and Communication Aspects* 18 （1973）。除了对于中国"民法"的发掘外，也存在很多将诸如儒家传统中的"自由主义"与"立宪主义"以及各种中国式"权利"概念等（加以发掘）作为抗辩理由的事例。

[21]　我本人也参与了这场论争。我认为，中国事实上具有"公司法"的传统，尽管历史性的断言却恰恰相反。See Teemu Ruskola, "Conceptualizing Corporations and Kinship: Comparative Law and Development Theory in a Chinese Perspective," 52 *Stanford Law Review* 1599, 1618 （2000）。

建异于中国的法律上的文化认同加以分析。尽管存在诸多驳斥它的不懈努力，但为何中国无法性的观点依然故我——不仅在普通民众与政策制定者的观念中，而且甚至在非专攻中国法的法律学者以及非专攻法律的中国学者中，也是如此？[22] 例如，在西方，中国民法周期性地被发现与被重新发现。那么，到底存在哪些前见促使中国民法被发现，然后再被迅速地遗忘，并留待出现另一轮的"发现"过程？

不可否认，针对这一系列问题，存在各种各样的答案。本文旨在探讨某种被称为"法律东方主义"的史学传统。这种传统建基于这样一种认识：在很多方面，"历史并不属于我们；我们却属于历史"[23]。不可避免，"我们的历史意识一直都充盈着各种声音，在这些声音中，我们能听到来自过去的回声"[24]。比较法的东方主义历史构成了一个重要的传统，当前比较法学者的著作正是基于这种传统而产生；无论我们是否有意识地排斥或珍视这种传统，它仍旧提供了书写、阅读、理解以及误解这些著作的语境。正如达维·霍尔勃林（David Halperin）描述的那样，偏见具有不可思议的传达效率是因为在沟通中它依赖未被言明的"真实"，"如果信息已在接收者一边等候，它甚至无需被传送；它仅需被激活即可"[25]。无论我们自身对中国法持何种"偏见"，亦不论这些偏见是正面的抑或负面的，在我们的写作中，我们很可能正在激活我们甚至没有意识到的信息。通过详尽考察法律东方主义谱系，我希望对影响到诠释中国法之比较研究的一些现

22　See William Alford, "Law? What Law?" in *The Limits of the Rule of Law in China* 45, 45 (Karen G. Turner et al. eds., 2000).

23　Hans-Georg Gadamer, *Truth and Method* 276 (Joel Weinsheimer & Donald G. Marshall eds., Crossroad 2d rev. ed. 1989) (1960).

24　同上注，第284页。

25　David M. Halperin, *St. Foucault: Towards a Gay Hagiography* 13 (1995).

行的文化偏见进行分析。

换言之，本文意在对中国法研究必然展示的语境进行说明，并尝试理解当代学术研究的历史性。从比较法的历史，更确切地说，从（研究）中国法律史的历史中，[26] 我们能够学到什么？我意在表明，通过将法律东方主义视为一种不断发展的文化传统，我们可能更好地理解为何直至今天对于中国法地位的断言仍如此顽固地具有"规范性"（normative）。对于中国缺乏法律（尽管再次被限定）的描述为何几乎从来皆非一种事实断言（factual claim），而是对中国及其文化传统的一种间接控诉（implicit indictment）？

接下来，我分析了这一过程。通过该过程，假定中国无法的断言已然成为观察者文化认同的一部分，同时转而促成了这些观察内容本身。在最后的分析中，我探讨的对象是对于中国法的某些西方化表述以及它们所隐含的合法性与法律主体性诸观念。这一研究在实质上具有伽达默尔的诠释学意义：它的目的"并非意在构建一种程序"来理解中国法，"而是对（此种）理解赖以发生的条件加以澄清"。[27] 无论我们乐意与否，法律东方主义无疑是西方了解中国法的一个条件。

虽然当了解到中国中心论的传统世界观时，我们西方人可能感到困惑——"中国"在汉语中的意思是"中央王国"——然而我们却几乎完全无意识地接受了这样的观念：我们是第一世界，超出所谓第三世界两个等级。不可否认，随着第二世界在实质意义上已经消失，这种差距事实上渐趋缩小。但除了我们西方的唯我论外，

26　David M. Halperin, *St. Foucault: Towards a Gay Hagiography* 13（1995），第 299 页（"真正的历史思维必须考虑其自身的历史性"）。

27　同上注，第 295 页。

文化并不与序数词一一对应。考虑到法律学术秉持的传统上的欧洲中心主义,[28] 较之它能够揭示的,或许"法律"的范畴掩饰了更多的东西;我们不如做"比较社会控制研究"而非"比较法研究",岂不更妙?[29]

在迪皮什·查克拉巴蒂(Dipesh Chakrabarty)看来,欧洲分析范畴(analytical categories)"在帮助我们彻底想清楚非西方国家政治现代性的经历方面,既必不可少,但又不甚充分"[30]。针对这种窘境,查克拉巴蒂提出一种"将欧洲边缘化"(provincializing Europe)的计划加以应对:将欧洲的分析范畴去中心化,并将这些范畴以及它们的历史加以批判性地审视。然而,考虑到欧洲思想"现在是每个人的遗产……并影响我们所有人"这一事实,这项工作不能也不可能将诸如西方法律观念之类的欧洲思想的所有分析工具从根本上消除。更富成效的是,查克拉巴蒂意在探讨欧洲传统如何"会被边缘文化更新并且服务于这些边缘"[31]。将欧洲边缘化的一个方面就须将欧美法律观念及其范畴进行边缘化而非直接遗弃。[32] 在这里,我通过分析欧

---

28   Cf. Kenneth B. Nunn, "Law as a Eurocentric Enterprise," 15 *Law and Inequality* 323 (1997).

29   在法律人类学语境下,人类学家约翰·科马罗夫与西蒙·罗伯茨肯定地回答了这个问题:"赞同将一种具体的法律人类学永久固定的观点——如果这意味着'法律'的持续具体化(continued reification 'the legal')——并非必须接受的。"相反,他们主张在他们的文化语境中对纠纷过程的逻辑进行研究。John Comaroff & Simon Roberts, *Rules and Processes: The Cultural Logic of Dispute in an African Context* 249 (1981).

30   Dipesh Chakrabarty, *Provincializing Europe: Postcolonial Thought and Historical Difference* 16 (2000).

31   同上注。

32   Cf. Mirjan Damaska, *The Faces of Justice and State Authority: A Comparative Approach to the Legal Process* 199 (1986)(观察到"法律"的定义如此狭隘,以至于将"体现着那些从未出过远门的人们所信奉的教条主义"的中国排斥出去)。这种将法律边缘化(provincializing law)的做法已在一些方面呈现。

美法律主体对中国对应物的历史构建，以及这一历史对当今中国法研究的意蕴，来达到这个目的。

那么，"法律"具有哪些潜在意义？这些潜在意义是如何调配我们与那些我们称之为"中国"的政治实体与文化实体的关系？中国法的缺陷往往被归咎为推定性范畴混淆（putative confusion of categories）。例如，中国人倾向于将法律与道德，或者法律与习惯混同。这些断言具有巨大的直觉吸引力。正如被米歇尔·福柯（Michel Foucault）在《词与物》一书的序言中所描述的，而在本文起首引用的一个带调侃口吻的中国百科全书条目那样，[33] 它们符合我们对中国人在分类学上的疯癫与不可化约的文化差异的预想。但很多福柯的读者所忽视的却是，他此处援引的百科全书条目根本不是一个真正的条目。他不过是引用了豪尔赫·路易斯·博尔赫斯（Jorge Luis Borges）所写的一个寓言。福柯巧妙地使用它的目的在于为欧洲知识体系树立起一个认知论上的陪衬。[34] 有人推断——虽然不可能十分肯定——福柯是在有意识地如此作为。[35] 不管如何，可以确定的是，许多持久留存的关于中国法的西方观念皆建立在东方主义寓言的基础之上，几乎没有表露出该事实的自明性（self-awareness）。

这种将中国法寓言化的西方法学将是本文余下部分的研究对象。具体的安排如下：第二部分首先描述功能主义——比较法的主要理论

---

[33]　Michel Foucault, *The Order of Things*, at xv (1993).

[34]　福柯并未给博尔赫斯的故事加上注释，虽然他（恰当地）将博尔赫斯等同于该故事的作者。See Michel Foucault, *The Order of Things*, at xv (1993).

[35]　的确，尽管做出一些与博尔赫斯令人惊异的"中国百科全书"保持距离的努力，但当福柯耐心地指出我们不可能"完全确定地"排除将动物分为诸如"有芬芳香味的动物"与"驯顺的动物"那样"中国式"（?!）区分的正当性时，这听起来完全是一种施恩式的口气。同上注，前言第 19 页。

范式——的局限性，并提出将"法律东方主义"作为可选择的研究起点。在转向探讨东方他者之前，第三部分分析了这样的一般过程，借助此过程，法律参与了带有文化印记与民族国家印记的西方主体之构建。第四部分是本文的核心，大体勾勒了欧美法律主体在各种历史语境下如何想象它与其东方对应物——中国的无法律非主体（non-legal non-subject）——之间的关系。第五部分转向探讨法律东方主义史的当代意涵。因为所有的理解都是有立场的，所以偏见不可避免，并构成知识（得以产生）的真正条件。与其发出终结所有东方主义的不切实际的号召，我转而赞成一种东方主义的伦理。在某种重要的意义上，比较的过程创制了比较的客体。由此可以说，我们怎样将我们自身与其他人相互比较，在为进一步交流创造促成性条件之同时，也为其造就了障碍。一种伦理上的法律东方主义着眼于法律主体型构（subject formation）的条件：与其将中国设想为单纯地缺乏法律主体性，不如探讨存在通过不同方式构成法律主体的可能。的确，一种更开放的比较方法不仅能改变我们将其他人视为法律主体的观点，同时也可改变我们对于我们自身的观点。

二、超越功能主义

本文目的之一在于让比较法摆脱功能主义的束缚。为此，本节第一部分首先对功能主义进行简要说明，然后在第二部分对其局限性进行分析。第三部分初步界定了"法律东方主义"。第四部分转而考察法律东方主义研究在方法论上的局限性。

（一）功能主义

虽多数比较法著作在方法论上仍非常随意，但不可否认，无论其是否为具体使用者明确承认，占支配地位的仍是功能主义。功能主义的基本观念非常简单明了，最初皆从社会科学中引入比较法。[36] 功能主义者的任务在于从数个社会中大体普遍的共存问题中鉴别出某些类型，然后对不同法律体系在解决这些相同问题上呈现怎样的不同进行分析；从实质上来说，不同的法律解决方法在功能上是等同的，并由此也是可比较的。[37] 例如，研究中国法的学者往往发现：我们的纠纷解决机制发挥的功能在传统中国是借助于诸如家族那样的司法外机制

---

[36] 对社会学上的功能主义所做的一个传统说明，参见 Talcott Parsons, *The Social System* (1951)。功能主义的魅力绝不限于比较法。它也给法律与社会学术领域以及法律史学注入了活力。在这些领域中，它是指理解法律变化的一种演化型范式。例如借助于劳伦斯·弗里德曼的话来说："总的来说，法律是逐渐演化的，它是以零打碎敲的方式变化着……旧的法律被保留下来是高度选择的结果。变迁的社会可能是缓慢的，而不是剧烈的。演变和革命都是无法感觉的。只要旧的法律规则与法律制度仍有其存在的目的，或者起码未妨碍现实的社会需要，那么它们就会保持下来……发挥作用的法律先例学说，尽管看起来古怪，但仍是某些经济和社会利益的重要工具。"See Lawrence Friedman, *History of American Law* 18, 23 (2d ed. 1985). 对于功能主义（戈登称之为"适应主义"）在法律史学研究中的作用，大体可参见 Robert Gordon, "Historicism in Legal Scholarship," 90 *Yale Law Journal* 1017 (1981)。

[37] 就一本教科书的例子，可参见 *Law in Radically Different Cultures* (John Barton et al. eds., 1983)（对"西方"法、埃及法、博茨瓦纳法以及中国法就"继承""盗用""契约"以及"人口控制"等不同处理方式进行了分析）。

来实现的。[38] 同样，杰出的观察者指出中国的儒家仪式（"礼"）构成了西方近代早期自然法的功能等同物。[39]

（二）功能主义的局限性

在社会科学中，功能主义在 20 世纪 80 年代很大程度上已被弃用。然而，它却在比较法学者的想象中仍占据牢固地位。[40] 虽然在老练的操作者手中它仍是一件有用的工具，但（像所有方法一样）功

---

[38] 例如可参见斯普林克尔：《清代法制导论》（Sybille Van Der Sprenkel, *Legal Institutions in Manchu China: A Sociological Analysis* 80–96 [1962]）。在使用"传统中国"时，我意识到可将中国历史进行传统意义上的划分："传统的"与"现代的"，而后一个形容词"通常指与当代西方存在重大关联的时期"。See Paul A. Cohen, *Discovering History in China: American Historical Writings on the Recent Chinese Past* 58 (1984). 在本文中（也在别处），我使用"传统中国"这种措辞只是纯粹表明某种历史时期，并非意指一种独特的规范性历史愿景。Cf. Teemu Ruskola, "Conceptualizing Corporations and Kinship: Comparative Law and Development Theory in a Chinese Perspective," 52 *Stanford Law Review* 1599, 1614 n. 37 (2000).

[39] See, e. g., Joseph Needham, "Human Laws and the Laws of Nature in China and the West," in 2 *Science and Civilisation in China* 518 (1956); Hu Shih, "The Natural Law in the Chinese Tradition," in 5 *University of Notre Dame Natural Law Institute Proceedings* 119 (Edward F. Barrett ed., 1953). 除非另有说明，在本文的余下部分，我使用的"儒家的"和"儒学"意指由国家科举考试制度所永久固定化的国家意识形态，虽然我完全意识到这种界定无法充分涵盖所有可替换性的意义。诚如我以前指出的那样："一方面，随着时间的演进而变得日趋僵化的正统儒家学说与其所根植的哲学意义上的儒家学说大相径庭；另一方面，它也与儒家官场实际所秉持的政策和管理实践——这并不必然与国家宣称的理想相符——相去甚远。" See Teemu Ruskola, "Conceptualizing Corporations and Kinship: Comparative Law and Development Theory in a Chinese Perspective," 52 *Stanford Law Review* 1599, 1607 n. 18 (2000).

[40] 参见 June Starr & Jane Collier, "Introduction," in *History and Power in the Study of Law: New Directions in Legal Anthropology* 5 (June Starr & Jane Collier eds., 1989) ("在 20 世纪 60—70 年代研究纠纷管理的很多人类学家，与大多数社会人类学家一样，在 20 世纪 80 年代经历了范式危机，因为功能主义理论——我们以往采用的工作框架——遭到了越来越多的批评")。

能主义也有显而易见的局限性。[41] 尽管这种方法具有明显的价值中立性，但它却建立在鉴别可由法律解决的问题的基础之上。虽然对于什么才能构成一个"问题"并不清楚，但在一种文化中成为问题的东西在其他文化中并不见得也会成为问题。[42] 此外，功能主义者往往做出这样的潜在假定：哪些问题应当通过法律而非其他手段解决。[43] 最糟糕的是，功能主义将导致一种认知论上的帝国主义：或者在域外法律文化中我们发现我们自身法律范畴具有（预期的）普遍性的确证；或者，同样令人苦恼的是，我们发现证明其他法律文化或多或少地缺乏我们法律文化某些方面的事实的"证据"。

---

41 也就是说，在所有形式上，基于所有目的，我并不排斥功能主义。的确，如果足够宽泛地构想"功能"，"功能主义"这个标签几乎能够涵括所有方法论。甚至似乎除了做出一种意识形态的说明（或不那么具有倾向性地表达一种集体性价值判断）之外，并不具有其他功能的法律也能被视为具有一种意识形态功能（或表达功能）而被分析。尽管如此，我并不意在关注——无论是积极地抑或消极地——这个标签本身，我的目的只是意在对传统上与该标签勾连在一起的某种特定分析模式——也就是社会学上的功能主义——的局限性进行考察。这种主流的功能主义研究模式有其自身用处，我曾借助这种模式揭示出：在帝制中国，亲属法发挥了当下美国公司法所发挥的诸多经济功能。然而，承认其本身局限性之同时，我尝试将功能主义研究方式与一种诠释学分析方法相结合。参见 Teemu Ruskola, "Conceptualizing Corporations and Kinship: Comparative Law and Development Theory in a Chinese Perspective," 52 *Stanford Law Review* 1599, 1613 (2000)（指出虽然美国和中国的公司法具有很多功能上的相似点，但它们各自的意义系统却大相径庭）。

42 中国公司法的情形提供了一个特别证例：美国公司法的核心问题已成为解决中国商事组织关键问题的方法。自伯利与米恩斯做出的传统分析以来，所有权与管理权分离构成了美国公司尝试解决的所谓"代理问题"。See generally Adolf A. Berle & Gardiner C. Means, *Modern Corporation and Private Property* (1937). 当中国制定公司法时，它明确表达了这样一种期望：创设所有权与管理权分离的机制——美国代理问题——将会解决其国有企业存在的（非常不同的）问题。

43 贡特·弗兰肯伯格将这种假定斥为"法律中心主义"（legocentrism）。同样，对那种将法律视为"既定的、必然的存在，是通向理想的、理性的和圆满的冲突解决方法，并最终走向确保和平与和谐的社会秩序的必由之路"的倾向亦可作此评价。Günther Frankenberg, "Critical Comparisons: Re-Thinking Comparative Law," 26 *Harvard International Law Journal* 411, 445 (1985).

英属印度的殖民管理为第一种概念性殖民化（conceptual colonization）提供了一个最佳例证。在对威廉·琼斯爵士（Sir William Jones）试图发掘本土印度法基本原理之尝试进行描述中，伯纳德·科恩（Bernard Cohn）指出，此研究"旨在探寻以'古印度宪法'为开端，但却以作为印度法的英国法而告终，这是琼斯尽量试图避免的事情"[44]。（出现这一问题的）原因很简单，因为琼斯意在发现"一种印度民法"。琼斯——一个在政治哲学和法律哲学上属于辉格党之人，他所关注的主题是"那些影响所有权和财产转让的公权利和私权利"[45]。不出意料，琼斯确实发现了他事先确定要发现的东西，而这的确是一位雄心勃勃的功能主义者的标志。

与其相反的危险，在于未能发现其自身范畴的等同物的事例。以下源自课堂教学的轶事，可作为一个或许细微但却能说明问题的例子。当读到宋格文（Hugh Scogin）有关中国汉代"合同法"的文章后——他高度概念化的研究确实显示出不能做正常概念理解（scare quotes）的必要[46]——珍妮特·安斯沃思（Janet Ainsworth）的一个学生匆忙地问她："能否告诉我……（在汉朝时）中国人是否也已形成了允诺禁反言（promissory estoppel）原则？"正如安斯沃思敏锐地观察到的，这名学生"明显地将允诺禁反言概念的发展视作合同法的一个自然演变的结果，以至于任何拥有合同法学理论的文明国家也必将最终产生《美国合同法重述》第 90 条规定意

44　Bernard S. Cohn, "Law and the Colonial State in India," in *Colonialism and Its Forms of Knowledge* 57 (1996).

45　同上注，第 71 页。

46　Hugh T. Scogin, Jr., "Between Heaven and Man: Contract and the State in Han Dynasty China," 63 *Southern California Law Review* 1326 (1990).

义上的功能等同物"[47]。这种看法的极端之处在于，对确实存在等同物的不屈不挠的坚持将使功能主义者得出中国甚至缺乏"法律"真正范畴的结论。

依循功能主义观点，人们应当注意到：功能主义作为一种方法论，它从不迫使人们去发现在比较的客体中存在或不存在可比性。[48]从历史角度来说，当代功能主义的变种越多——譬如说，不同于19世纪的演化型功能主义——事实上倾向于越能发现更多而非更少的"初始性"法律体系。的确，仅就功能主义建立在某些普遍性共同条件存在的基础上而言，它拥有能使异质他者看起来具有根本合理性而非纯粹"初始性"的潜力。正如马克斯·格卢克曼（Max Gluckman）在其关于部落法的经典民族志中坚称的那样："不幸的是，仍旧有必要展示：非洲人……在实质意义上采用了与西方相似的归纳式和演绎式的推理程序，尽管两者的基础并不相同。"[49]

47　Janet E. Ainsworth, "Categories and Culture: On the 'Rectification of Names' in Comparative Law," 82 *Cornell Law Review* 20 (1996).

48　例如，在马克斯·韦伯看来，中国法律传统承受的主要问题在于它不存在"自然法"观念。See Max Weber, *The Religion of China* 102, 147 (Hans H. Gerth trans., 1951). 这恰与其他两位杰出观察者得出的结论截然相反。参见 Joseph Needham, "Human Laws and the Laws of Nature in China and the West," in 2 *Science and Civilisation in China* 518 (1956); Hu Shih, "The Natural Law in the Chinese Tradition," in 5 *University of Notre Dame Natural Law Institute Proceedings* 119 (Edward F. Barrett ed., 1953) (对功能主义在终极意义上之不确定性的一个最佳说明)。

49　Max Gluckman, *The Judicial Process Among the Barotse of Northern Rhodesia* (1955). 多亏郭丹青向我引介格卢克曼这一观点以及苏源熙（Haun Saussy）坚持的功能主义在历史上具有积极作用的观点。

（三）法律东方主义

的确，作为一种持续智识努力的理解，只不过是对误解、曲解以及所有类型的文化杜撰和错误观念的严厉批判。[50]

——张隆溪

如果比较本身是如此一种天生的冒险事业，那么是否存在某种不采用比较（这种危险行为）而能探讨中国法的方式呢？事实上，比较法学者往往坚持区分"外国法"研究与"比较法"学科：后者包括两种法律体系之间的明确比较，而非对外国法律体系的单纯描述。[51] 然而，描述外国法，包括中国法在内，一直都是比较法的必经程序，这一点似乎无法避免：即使是"单纯描述"，我们采用的隐含基准点一直都是我们自身的法律体系，并以此来衡量客体文化。[52]

的确，对于中国法的描述不可能产生在真空中。爱德华·萨义德

50　Zhang Longxi, *Mighty Opposites: From Dichotomies to Difference in the Comparative Study of China* 2 (1998).

51　John Merryman, "Comparative Law and Scientific Explanation," in *Law in the United States of America in Social and Technological Revolution* 81, 82 (John N. Hazard & Wenceslas J. Wagner eds., 1974); Cf. William Twining, *Globalization and Legal Theory* 187 (2000)（"比较法学者有时坚持在外国法与比较法之间进行明确划分"）。

52　参见 Vivian Grosswald Curran, "Cultural Immersion, Difference, and Categories in U. S. Comparative Law," 46 *American Journal of Comparative Law* 43, 45 (1998)（指出"比较乃是所有法律分析的中心，正如它甚至是真正理解过程的中心一样"）。的确，虽然"描述"往往被用作一个刻画法律学术的词语，但"纯粹描述"本身的难度却容易在比较法的语境中被低估。例如可参见 William Alford, "The Limits of 'Grand Theory' in Comparative Law," 61 *Washington Law Review* 945 (1986)（强调吉尔兹所鼓吹的"深描"的重要性）。

（Edward Said），这位文学家和重要的后殖民理论家，采用这个术语"东方主义"（Orientalism）指代建构西方人理解东方的话语。[53] 他强调了殖民和后殖民的西方在何种程度上是一种修辞性成就（rhetorical achievement）。通过一系列宗主国姿态，我们已将"东方"简化为一个被动的客体，将为在认知上处于优先地位的主体——我们自己——"西方"所认识。萨义德这样说道："如果不将东方主义视为一种话语来考察，我们就不可能很好地理解这一具有庞大体系的学科，而在后启蒙时期，欧洲文化正是通过这一学科以政治的、社会学的、军事的、意识形态的、科学的以及想象的方式来处理——甚至创造——东方的。"[54]

在比较法中，在很大程度上仍欠缺的是对东方主义具体法律形式

53　Edward Said, *Orientalism* （1978）; see also Edward Said, "Orientalism Reconsidered," in *Literature, Politics, and Theory* 210 （Francis Barker et al. eds., 1986）; Edward Said, "Orientalism: An Afterword," 14 *Raritan* 32 （1995）.

54　同上注萨义德书，第3页。在将东方主义描述为一种"话语"时，萨义德明显采用了福柯所鼓吹的——尤其是在其所著的《知识考古学》和《规训与惩罚》中提出的——那种观念。正如福柯因缺乏较之对规训话语纯粹的地方性抵制将包容更多的一种能动作用概念（agency）而被诟病一样，萨义德作为一种话语的东方主义概念也被斥为太过霸权性而未考虑到在其建构中"东方"所扮演的角色。See, e. g., Dennis Porter, "Orientalism and Its Problems," in *The Politics of Theory* 179 （Francis Barker et al. eds., 1983）. 在一定程度上，为回应诸如此类的批评，在后续的著作中，萨义德试图对——包括"一种一般世界性帝国文化类型"，并融入"抵制帝国的一种历史经验"的——帝国主义进行更为广泛的研究。See Edward Said, *Culture and Imperialism*, at xii （1993）. 的确，后殖民理论后续的多数发展——最具代表性的乃是斯皮瓦克（Gayatri Spivak）与霍米·巴巴（Homi Bhabha）的著作——可被视为是随着对文化杂合（cultural hybridity）、心理失衡（psychological ambivalence）以及（后）殖民主体的地理流散族群（geographic diaspora）的日趋强调，而旨在抵制总体化（totalizing）东方主义著作的一种努力。

的研究，即通过法律修辞生产"东方"——以及"西方"[55]——的诸种方式。接下来，本文考察欧美对于中国法的诸多表述，并对它们作为一种"法律东方主义"的修辞过程进行分析。

然而，在进行此番考察前，应予强调的是，在本文中，我采用的"东方主义"这一术语是由爱德华·萨义德界定并事后由其他后殖民理论家详尽描述的技术意义上的"东方主义"。[56] 现在有一类批判东方主义学者法律观念的重要文献，但这些批判并不必然在后殖民意义上——我正是在该意义上使用这一术语的——提供一种"法律东方主义"的分析。虽然现有批判如此众多以至于无法被描述为一种单一类型，但它们倾向于呈现现代主义的导向性：通过展示古典东方主义学者描述的不准确之处，他们首选的策略是将中国人恢复成为（法律）现代性的真正主体。后殖民理论的诸多分析强调的重点彼此不同。他们并不试图将中国界定在一个更为宽泛的现代性范畴中拯救中国，而是强调中国——以及通过界定而产生的作为"传统的"和"前现代的"、一般意义上"非西方的"中国——

---

55 我有意采用"西方"这个术语，完全承认"西方"与"东方"一样皆非一种未分化的、整体的实体存在。正如在本文中采用的那样，两个术语意指商谈性建构（discursive constructions）而非固定的地理区域。质言之，"西方人"与"东方人"不仅仅单纯地生活在"话语"中，而且也生活在空间中。然而，诚如苏源熙所巧妙地观察到的那样，关于西方观念，"'西方的'是一个准确的模糊词语"。Haun Saussy, "Postmodernism in China," in *Great Walls of Discourse and Other Adventures in Cultural China* 118，120（2001）.

56 虽然本文试图通过东方主义视角分析中国法，但至少存在其他两类研究也使用了"法律东方主义"这一术语：一个为分析缅甸的英国殖民法律体系；另一个是对在澳大利亚使用的"亚洲法"范畴进行解构。参见 Hilary McGeachy, "The Invention of Burmese Buddhist Law：A Case Study in Legal Orientalism," 4 *Australian Journal of Asian Law* 31（2002）（分析了缅甸的英国殖民管理体制）；Veronica Taylor, "Beyond Legal Orientalism," in *Asian Laws Through Australian Eyes* 47（Veronica Taylor ed.，1997）（质疑作为一种范畴的"亚洲法"）。

的历史构建。[57]

（四）法律东方主义的局限性

虽然不考虑东方主义话语，非西方法律研究不可能完整，但此种批判分析（像它们的功能主义对应物一样）有自身的局限性，被其提出的问题所界定。

第一，并不存在一个确定的东方主义。[58] 西方具有很多东方的（以及其他的）他者。它们彼此间在自身特点和历史层面上相差很大，甚至在它们皆依其与西方的关系而被界定，不同他者确认西方自

57　的确，一种后殖民分析给其他批评增添的乃是展示了诸如"现代/传统""西方/东方"等此类范畴相互间的构成属性。也就是说，应解决的"问题"并非诸如黑格尔或马克思等个别学者所持观点很可能是"东方主义观点"那样简单，而是作为一种世界观的"东方主义"已被建立在当代（西方）合法性的真正观念中——当后殖民分析与法律的构成性理论结合在一起时，可更清楚地彰显这一点。对此，可参见本文第三节第一部分。虽然在此业已勾画的现代主义批判和后殖民批判在分析上大相径庭，但它们的介入却可能是补充性的。例如，或者通过提出中国怎样以及为何确实拥有（现代意义上的）法律，或者通过展示法律在历史上怎样被建构以宽泛地将中国排除出去，对诸如声言中国无"法"那样的论断提出疑问。在其他文章中，我本身从事着我在这里称为现代主义的计划：将西方的"公司法"概念扩展，以将中国亲属法的运作也纳入其中。See Teemu Ruskola, "Conceptualizing Corporations and Kinship: Comparative Law and Development Theory in a Chinese Perspective," 52 *Stanford Law Review* 1599, 1618（2000）.

58　的确，"后殖民理论"这一术语本身是包含无数不同程度历史特性之理论观点的占位符。参见 Stephen Slemon, "The Scramble for Post-Colonialism," in *De-Scribing Empire: Postcolonialism and Textuality* 15, 16（Chris Tiffin & Alan Lawson eds., 1994）（"'后殖民主义'，正如它当前在不同领域中被采用的那样，描述了相当混杂的一套关于主体地位、职业场域以及批判性事业等的观点"）。

我理解的不同方面时，仍旧如此。[59] 法律的后殖民分析倾向于在中东和西亚的语境中获得进一步发展，这至少部分因为很多经典的后殖民著作聚焦于这些地理区域的事实。[60] 在本文中，中国法作为一种东方主义形式而非一个范式性例证发挥作用。[61] 的确，也存在多种不同的法律东方主义。虽然这里我关注在历史上占支配地位的关于中国法的某些表述，但也存在其他具有不同影响程度的——人们可能有效分析的——老套观点。

第二，此处主要关注点是中国法的西方化表述。这些表述向我们所展现的，更多的是西方的法律观念和法律意识形态，而不是其中国的相应物（甚或非相应物）。由此，本文几乎没有涉及在中国的——无论是本土法律实践抑或本土法律表述的——中国法研究。尽管如

59　无论它在地理上、文化上以及时间上如何被界定，东方主义话语的结构特点的确并不限于东方的诸多观念。例如，可考虑萨义德的"东方主义"与托妮·莫里森 (Toni Morrison) 对"非洲主义"（Africanism）的描述或在美国文学中对于一种虚构"非洲"的创设："非洲主义是一种运载工具，通过这种工具，美国人自身可以了解非洲并非被奴役的，而是自由的；并非可憎的，而是可取的；并非不能自立的，而是得到许可和强有力的；并非无历史的，而是历史性的；并非被诅咒的，而是清白无辜的；并非演变过程中一个盲目的意外，而是上天注定的一种进步性创造。"Toni Morrison, *Playing in the Dark*: *Whiteness and the Literary Imagination* 52 (1992). 关于可被称为"法律非洲主义"或将黑格尔眼中的非洲视作西方一些法律他者而发挥作用之方式的分析，参见 Peter Fitzpatrick, *Modernism and the Grounds of Law* (2001); Robert Bernasconi, "Hegel in the Courts of Ashanti," in *Hegel After Derrida* 41 (Stuart Barnett ed., 1998).

60　在任何情形下，后殖民理论的可适用性并不纯粹地依赖一个特定社会业已被一个西方国家殖民的准确程度。从较大意义上可以说，按照当代西方界定其自身的标准，此种理论的主体参与诸多不同他者的历史建构。通过此种方式，面对所有的"非西方"社会，后殖民理论并不需要采行一种单一的殖民/后殖民研究进路。相反，它是对在不同历史时空中生产和维持"非西方"的不同方式进行分析的一种有用技术。

61　的确，萨义德的《东方学》聚焦于在欧洲文学著作中流行的中东观念。虽对于欧洲人来说，"东方"意味着《天方夜谭》所刻画的形象；对于美国人而言，"东方"让其想到东亚，产生出中国在美国东方主义中具有更大重要性的观念。从萨义德开始，东方主义研究日趋增多，本文代表的仅是其诸多更为深化理论中的一种：英国人的、法国人的、亚裔美国人的、德国人的、全球的、女权主义的以及后现代主义的等等，不一而足。

此，这种就中国法的西方化表述进行唯我论式的关注并非意在表明：比较法已经陷入学科上的破产境地，或者中国法不可能为欧美的观察者所理解。描述中国法并将其与诸如美国法那样的法律相比较仍是一项重要和切实可行的，虽然困难且始终不完整的事业。[62] 从一种反东方主义视角分析中国法并非比较法的终极目的，而仅是其起点。[63] 的确，这项任务可能较好地被概念化为一种元理论式的比较方法，一种我们如何看待中国法以及那些感知习惯如何部分地构成了作为"西方"的"我们"的研究。

第三，本文对作为一种表述系统（system of representation）的法律与作为一种物质实践（material practice）的法律之间所做的区分仅具有启示性意义。诚如罗伯特·科弗（Robert Cover）简要地指出的，法律由"言语"和"暴力"共同界定，且两者紧密相连。[64] 由此，

62　在一篇对以后发展具有重大影响的，旨在研究理解他者特别是非精英的他者（按照后殖民研究的术语来说，就是"属民"［subaltern］）所面临障碍的文章中，斯皮瓦克提出了一个煽动性的问题："这些属民能发言吗？"她即时富有激情的回答是："不能！" See Gayatri Chakravorty Spivak, "Can the Subaltern Speak?" in *Marxism and the Interpretation of Culture* 271 (Cary Nelson & Lawrence Grossberg eds., 1988). 在这篇文章事后修订的版本中，斯皮瓦克将其最初的回复描述成是"不可取的"，并强调了对与属民发生联系的可能性保持"乐观"的重要意义，虽然她也警告不要天真地将人们对他者的学术解释与"属民的'发言'联系在一起"。Gayatri Chakravorty Spivak, *A Critique of Postcolonial Reason: Toward a History of the Vanishing Present* 309 (1999); see also Gayatri Chakravorty Spivak, "Subaltern Studies: Deconstructing Historiography," in *In Other Worlds: Essays in Cultural Politics* 197, 205 (1987).

63　就近来对下一步方法论的探讨，换言之，人们应当怎样描述中国法，可参见 Donald Clarke, "Puzzling Observations in Chinese Law: When Is a Riddle Just a Mistake?" in *Understanding China's Legal System* (C. Stephen Hsu ed., 2003)。

64　Robert M. Cover, "Violence and the Word," 95 *Yale Law Journal* 1601 (1986). 关于意识形态物质性及其在国家物质实践中之体现的一种马克思主义式分析，参见 Louis Althusser, "Ideology and Ideological State Apparatuses (Notes towards an Investigation)," in *Lenin and Philosophy and Other Essays* 85, 112 (Ben Brewster trans., 2001) (1971) ("意识形态一直存在于一种［国家］机器及其实践或诸多实践之中。存在就是物质的")。

本文谈及的"中国法""西方法"或"美国法"应仿佛被置于引号之中那样加以阅读，以此强调它们中任何一个主要是作为一种观念和一种文化表述而被考察的，虽然仍需承认：我们怎样通过法律想象我们自身也同时影响了我们怎样行动；[65] 我们的行动转而也影响了支撑和产生法律表述和法律意识形态的物质条件。[66]

第四，西方法和中国法皆非脱离彼此而孤立存在。西方如何想象中国以及中国法，影响到西方如何接触和对待中国法律意识形态和法律的实践。这些接触，通过解释或误解，转而进一步影响西方意识中的中国与中国法的地位。同样，中国人也基于他们自身对于西方的观点与西方接触，他们对于西方法的理解和曲解也相应发生着改变。的确，从最早期的中欧交流开始，中国人就将西方作为确认他们对于何为中国人之自我理解的一种工具。此外，美国和欧洲的观察者对于中国法的东方主义理解并不具有垄断权。今天，西方优越性的观念在全球范围内的流行，促发了可被较好地描述为一种"自我东方主义"（self-Orientalism）的中国法律和中国文化的回应。[67]

简言之，中国法与西方法不仅皆存在于中国想象中，而且也存在于西方的想象中，两者以一种交互主体性的方式彼此相连（intersubjectively linked）。桑托斯将这种法律的交互主体性恰当地描述为"合法间性"（interlegality）。对这个术语，他进行了如下界定："传统法

---

65 参见 Clifford Geertz, "Local Knowledge: Fact and Law in Comparative Perspective," in *Local Knowledge: Further Essays in Interpretive Anthropology* 167, 173 (1983)（将法律描述为"一种想象实在的不同方式"）。

66 一种号召西方理论家注重"中国现实"——尽管它可能让人难以捉摸——的迫切呼吁，参见 Zhang Longxi, "Western Theory and Chinese Reality," 19 *Critical Inquiry* 105 (1992)。

67 也就是说，东方主义知识的客体通过包容它而实现了其自身预言。参见 Edward Said, *Orientalism* 325 (1978)（"总而言之，当代东方参与了其自身的东方化"）。

律人类学的法律多元多被认为是不同的法律秩序共存于相同政治空间中的独立实体，事实上乃是这些不同法律空间的概念在我们的意识以及行动之中相互重叠、渗透并混合在一起……"[68]由此，在此种程度上，我们必然活在"不同法律秩序相混合"[69]的法律生活中，甚至作为表述系统的中国法律秩序和西方法律秩序并非独立于彼此之时，仍是如此。

的确，基于中国法与西方法的合法间性，西方人为他们对中国法的理解所带来的看法，不仅包括他们"自身"的偏见，而且往往也包括中国人自己的偏见。换言之，中国官方儒家意识形态的修辞系统性地将道德作为一种优于法律的社会控制手段，尽管在具体实践中却以繁密的法律体系管理整个国家。在"儒家化"的过程中，法律逐步体现官方儒家道德价值，从而使得在某种意义上儒家化的法律在现实中藏而不露。[70] 诚如安守廉指出的，欧美学者因此并未理解法律在中国的作用，因为他们倾向于将目光停留在官方所宣称的儒学这一表面现象之上。[71] 由此，事实上，西方法律东方主义复制了一些对儒家意识形态的偏见。

最后，应当承认，在将后殖民理论分析工具用作介入"比较法"

---

68 Boaventura de Sousa Santos, *Toward a New Common Sense: Law, Science and Politics in Paradigmatic Transition* 472 – 473 (1995). 不可否认，像许多将全球化作为参考点的文献一样，桑托斯将他的"合法间性"设想为一种在很大程度上崭新的、特别后现代的合法性（legality）形式，但这种现象却几乎不是崭新的，虽然它或许在今时今日表现得更为显著。

69 Boaventura de Sousa Santos, *Toward a New Common Sense: Law, Science and Politics in Paradigmatic Transition* 473 (1995).

70 关于中国法儒家化的说明，参见 Derk Bodde & Clarence Morris, *Law in Imperial China* (1967) and Ch'ü T'ung-Tsu, *Law and Society in Traditional China* (1961)。

71 William Alford, "Law? What Law?" in *The Limits of the Rule of Law in China* 45, 48 (Karen G. Turner et al. eds., 2000).

领域的一种手段而予以概念化的过程中存在着潜在的悖论。比较法学科，正如传统意义上所操作的那样，依赖于由自然化的民族国家（naturalized nation-states）所组成的作为一个稳定司法型构（juridical formation）的一种世界观念，这种观念正是后殖民理论无论在规范抑或规定意义上都意在驳斥的世界观。然而，正如上述分析所显示的以及正如资深的比较法学者所知道的那样："不再可能采用唯一的内国法术语观察法律，不再可能假定内国法和外国法之间存在清楚的界限。"[72] 内国法与外国法之间日渐淡化的区分不仅使得作为比较法基础的内外比较成为疑问，而且内国立法和国际立法之间范畴的模糊甚至也使得比较法学者和国际法学者进入了一种共同的合法间性的全球场域。[73] 本文将比较法作为后殖民法律分析的一个修辞性切入点的做法主要是一种学科区分的人为拟制。一种相似的介入也可通过国际法，比如通过分析具有特别性的国家认同的法律构建以及它们与"普适性"国际标准的关系来展开。[74]

三、国家主体的法律构建

这里根本没有什么虚构的成分，没有任何领域能比法律领域

72　Patrick Glenn, "Harmonization of Law, Foreign Law and Private International Law," 1 *European Review of Private Law* 47, 63（1993）.

73　参见 George Bermann, "Comparative Law in the New European Community," 21 *Hastings International and Comparative Law Review* 865, 869（1998）（观察到"在由新的诸多国际法律程序所塑造的一种无法适应的环境中"创造新比较法方法论的必要性）.

74　See David Kennedy, "New Approaches to Comparative Law: Comparativism and International Governance," 1997 *Utah Law Review* 545. 较之比较法，后殖民分析方法在国际法领域似乎获得更多的青睐。

更能清楚地发现东西方之间在传统上既存的对立了。[75]

——让·埃斯卡拉

本文核心在于分析两类法律主体：美国法律主体和中国法律主体。[76] 然而，法律在这种带有文化印记与民族国家印记的西方主体型构中扮演了何种角色并非一目了然。第一部分首先描述这种所谓法律的构成性观点（constitutive view of law）。第二部分则对该国家主体通过法律话语被部分生产的方式进行分析。

（一）法律的构成性

西方……不能用指南针来发现。[77]

——哈罗德·伯尔曼

比较法功能主义方法的学者（往往）秉持一种相对偏狭的法律观点，由此并不考虑法律参与我们社会世界，以及归根结底参与构筑我们自身的方式。在解构法律人设想的"法律"和"社会"之间的双重对立时，罗伯特·戈登（Robert Gordon）认为：事实上，法律"普遍存在于社会的脊髓中"；立法机构处在"有序与无序、正义与邪恶、理想与狂热等主要来源图景"之中。[78] 的确，根据戈登的法律

75　Jean Escarra, *Chinese Law: Conception and Evolution*, *Legislative and Judicial Institutions*, *Science and Teaching* 9（Gertrude R. Browne trans., 1936）.

76　参见下文第四部分。

77　Harold Berman, *Law and Revolution: The Formation of the Western Legal Tradition* 2（1983）.

78　Robert Gordon, "Critical Legal Histories," 36 *Stanford Law Review* 57, 109（1984）.

认知论："法律制度施加的权力与其说更多地体现在其能对违反规则之人加以惩戒的约束力上，毋宁说更多地体现在其具有的能够说服人们接受这样一种观念的能力：以其形象所描述的世界乃是一个正常之人将乐于生活其中的唯一能获得的世界。"[79]

法律乃是社会世界不可缺少的一部分的观点，即往往被冠以法律的"构成性"的观点，给予了法律很大的权力，但这并非实证法的国家主义权力。法律具有重大的甚至是非常重大的影响，但却并非一直以官方认可的方式（施加这种影响）；它在调整这个世界的过程中肯定不会占据一种优越地位。[80] 例如，可根据法经济学的科斯定理来考察法律的构成性观点和实证主义观点之间的差别。该理论推定甚至在当事人不诉诸法院时，如果从他们将其自身法律权利（legal entitlements）作为谈判基础这个意义上来说，他们仍是在"法律的阴影下"协商。[81] 为挑战这种推定，罗伯特·埃利克森（Robert Ellickson）对加利福尼亚牧场纠纷解决方式的实地考察为牧场主不完整的法律知识提供了例证。根据埃利克森的观点，牧场主们认为：当由牲畜引发的公路碰撞事故发生在开放牧场时，只有牲畜的所有人"具有权利"，这"几乎可被作为一种自然法的观点"。[82] 然而，事实上，"有关于此的所有法律先例皆显示出：牧场主在这种争议上采用的传

79　Robert Gordon, "Critical Legal Histories," 36 *Stanford Law Review* 57, 109 (1984).

80　的确，法律并不一直是构成性的，且并非仅仅是构成性的，尽管它有时（甚至经常）有能力如此；法律也可能失灵。See Kitty Calavita, "Blue Jeans, Rape, and the 'De-Constitutive' Power of Law," 35 *Law & Society Review* 89 (2001).

81　See Ronald Coase, "The Problem of Social Cost," 3 *Journal of Law and Economics* 1 (1960); cf. Robert Mnookin & Lewis Kornhauser, "Bargaining in the Shadow of Law: The Case of Divorce," 88 *Yale Law Journal* 950 (1979).

82　Robert Ellickson, *Order Without Law: How Neighbors Settle Disputes* 82 (1991).

统做法纯粹是错误的"[83]。

针对"法律中心主义"或笃信法律作为一种优先的社会控制方式的观点，埃利克森的研究提供了一种急需的怀疑态度。[84] 尽管如此，牧场主"误解"法律的事实并不必然证明法律无关紧要，即使法律在技术上已被"曲解"或"误解"，但牧场主的法律观念仍旧形塑着社会风貌。[85] 在埃利克森看来，牧场主对于非法侵入的法律认知也是不正确的，但正如一位评论者所指出的，牧场中的法律"权利对话"仍具有将"一些事件转变为'非法侵入'而将另一些事件视为'农村生活现实'"的力量。[86] 这种解释颠覆了功能主义范式：与其说作为公平裁判者的法律在于解决诉诸它的纠纷，毋宁说法律事实上

---

83 Robert Ellickson, *Order Without Law: How Neighbors Settle Disputes* 88（1991）.

84 同上注，第82页。

85 关注法律解释并非仅是法律现实主义者对"书面之法"与"运行之法"的区分，后者被优先作为一种（更为）"实在"的法律。Cf. Roscoe Pound, "Law in Books and Law in Action," 44 *American Law Review* 12（1910）. 相反，法律也与第三种形态——采用威廉·埃瓦尔德恰当的表述——"意识中的法"（law in minds）存在关系。William Ewald, "Comparative Jurisprudence（I）: What Was It Like to Try a Rat?" 143 *University of Pennsylvania Law Review* 1889, 2111（1995）. 更确切地说，除了书本上的法与施行中的法的二元划分外，它也关涉人们认为法律是什么，一般人怎样理解法律——尽管是多么"错误地"理解法律。亦可参见 James Q. Whitman, "The Moral Menace of Roman Law and the Making of Commerce," 105 *Yale Law Journal* 1841, 1888（1996）（"我们必须知道博学法学家们的著作——但我们必须通过外行人的视角阅读这些著作，至少阅读当代的一些著作"）。

86 Barbara Yngvesson, "Beastly Neighbors: Continuing Relations in Cattle Country," 102 *Yale Law Journal* 1787, 1798（1993）. 无需赘言，虽然通过限制我们想象可替代的社会世界之能力的一些（虽然肯定并非全部）方式，以接受在法律范畴中被构成的社会世界，限制了我们的选择，但它并未剥夺我们所有的能动作用。例如，劳拉·纳达尔的法律"使用者理论"对于足智多谋的原告可将法律依有利于他的方向予以操控的方式进行了强调。Laura Nader, "The Plaintiff: A User Theory," in *The Life of the Law: Anthropological Projects* 168（2002）.

通过赋予它们诸如"非法侵入"之类的修辞形式而创制了这些纠纷。[87] 如果没有这些法律范畴——尽管在这里是"被误解的"法律范畴——用来描述，牧场主之间的"纠纷"将根本不可能成为纠纷，而是纯粹的生活，作为社会存在的未分化之原始素材的一部分。[88]

的确，在比较法之外，对功能主义的批判已拥有一个卓越的系谱，一些最古老的批判强调法律具有文化意义上的生产力。[89] 例如，

---

[87] 琼·斯塔尔与简·科利尔提出："如果我们对法律体系解决冲突产生怀疑，那么法律人类学到底为何？"Cf. June Starr & Jane Collier, "Introduction," in *History and Power in the Study of Law: New Directions in Legal Anthropology* 5 (June Starr & Jane Collier eds., 1989). 对于他们提出的这一反问的回答是：正如功能主义者将声称的那样，法律不仅纯粹是作为一种解决社会问题的方式而产生。相反，法律往往作为它创造其自身的"功能"而发挥作用。对于法律的社会生产能力的分析，可参见前引福柯书《规训与惩罚》（指出当代刑罚制度的主要效果是生产犯罪，而非消除犯罪）；Michel Foucault, "On Popular Justice: A Discussion with the Maoists," in *Power/Knowledge: Selected Interviews and Other Writings 1972-1977*, at 35 (1980) ("资产阶级国家司法机器——其有形的、象征性形式就是法院——具有引致和增加民众之间冲突的基本功能")；Michel Foucault, *The History of Sexuality: Volume One* (Robert Hurley trans., 1978) (此书指出，性是规制并压制它的诸多尝试的结果)；Mark Kelman, "Consumption Theory, Production Theory, and Ideology in the Coase Theorem," 52 *Southern California Law Review* 669, 677 (1979) (观察到法律责任规则总是"不可避免地影响偏好，只是偏好不可能被作为独立的、非历史的、个体的精神事件加以对待")。

[88] 一个更为人所知的例证，可考虑适格理论。通过要求原告展示"实际损害"，然后将一些损害指定为"实际损害"而将另一些指定为纯粹的"精神损害"，实际上法律再一次生产出了损害：在法律介入前，可能这里一无所有。相反，它也赋予了其他"损害"以合法地位，其中的一些无疑对受害人自身似乎完全是"实际的"损害。参见 Sierra Club v. Morton, 405 U. S. 727 (1972) (否认仅具有"精神损害"之人的原告资格)。对将"损害"作为（法律）主体性之确认请求权的理论分析，参见 Wendy Brown, *States of Injury: Power and Freedom in Late Modernity* (1995)。

[89] 在比较法学科中功能主义广泛被接受的最为人所知的例外来自艾伦·沃森，在过去几十年中，他一直是一位积极反对功能主义之人。然而，他并不赞同法律的构成性理论。相反，他将法律视为往往在"实在"世界中几乎没有或根本没有差别的一种技术规则体系。沃森认为，"在很大程度上，无论过去还是现在，西方私法规则与社会甚至社会统治集团的需要和诉求并非契合；在这种程度上，这使得现存的法律发展理论以及法律与社会的关系理论变得难以置信"。Alan Watson, *Society and Legal Change*, at ix (1977). 对于忠诚的功能主义者而言，真正功能失调的法律将会是一种矛盾修辞，而沃森则坚持相反的观点："社会对功能不彰的私法的容忍能力和容忍意愿非常之大。"（同本注）亦可参见 Alan Watson, *Legal Transplants: An Approach to Comparative Law* (1974)。

如果采用功能性考察，则刑事审判无疑是一个彻底的失败："证据规则是一种非常无效率的调查工具，刑事责任的界定很少与可感知的心理特点相符，刑事判决往往不能服务于任何一种社会目的。"[90] 用法律现实主义者瑟曼·阿诺德（Thurman Arnold）的话来说就是："刑事审判发挥的唯一功能就是将当下秉持的关于犯罪和审判的理念表达出来。"[91] 阿诺德这样说道："由此，显而易见，刑事司法的公共管理，与其说是一种控制犯罪的方法，毋宁说是那些意欲控制犯罪之人必须面对的问题之一。如果缺乏刑事审判的剧场效果，则很难想象我们会将我们相互矛盾的公共道德理念寄托在何种制度之上。"[92]

依此观点，法律主要是铭刻我们理念的一种文本。它的"功能"——如果我们确实将一种功能赋予它——是在表达"我们"是谁，抑或意欲想象我们自身为谁。[93]

（二）法律与国家主体的型构

创造一种法律秩序就是将一种国家统一和目的意识写入

---

[90]　Guyora Binder & Robert Weisberg, "Cultural Criticism of Law," 49 *Stanford Law Review* 1149, 1168 (1997)（总结了瑟曼·阿诺德的刑事审判观）.

[91]　Thurman W. Arnold, *The Symbols of Government* 147–48 (1935).

[92]　同上注。

[93]　不可否认，尼采这位反道德的伟大哲学家做出了截然相反的论断——法律并非反映我们是谁，而是反映我们不是谁："人们在研究一个民族的刑法时，常常会犯一个错误，即认为这刑法表现了这民族的特性。实际上，法律流露的恰是这个民族感到陌生、古怪、罕见、充满异域情调的东西。法律只与道德习俗的例外情形相关。峻法严刑打击的对象是顺应异国民族之习俗的东西。" See Friedrich Nietzsche, *The Gay Science* 109 (Walter Kaufmann trans., 1974)（1887）. 然而，无论人们是否感觉与他们的法律存在联系抑或是否根据界定他们自身的方式提供了一种模式或一类反模式，无论在何种情形下，一种纯粹的功能主义分析将无法把握问题的关键。

法律……[94]

——琼·斯塔尔、简·科利尔

文化语境和历史语境越不同，就越容易看出功能主义的局限性。发生在中世纪欧洲的动物审判，可作为几乎不能被纳入功能主义分析框架的法律程序的例子。在功能主义框架中，意图对中世纪法国人为何选择审判诸如老鼠那样的动物做出解释需要相当高的技巧。人们怎样开始规划此种研究？（"中世纪的法国人怎样处理啮齿类动物的犯罪问题？"或"中世纪的法国法怎样解决跨物种的纠纷问题？"）为解决这些问题，确实需要一种更具文化性的具体分析：支持这些审判的推定是哪些？是何种因素而非其他因素在特定时间和特定地点促生了这些推定？[95] 诚如历史学家李约瑟所观察到的，较之中世纪的欧洲，中国的文化推定（cultural assumptions）对于动物审判的观念几乎未提供任何支持："中国人并非如此自以为是地认为他们知道：上帝为非人类物种所创设的法律如此之完善，以至于他们能在法律上对侵害其利益的动物进行审判。"[96]

事实上，甚至对比较法学者而言，观察法律与文化实践之间的关系也并非什么新鲜之事。从启蒙时代直到功能主义及其许诺的一

94　Cf. June Starr & Jane Collier, "Introduction," in *History and Power in the Study of Law: New Directions in Legal Anthropology* 11 (June Starr & Jane Collier eds., 1989).

95　Cf. William Ewald, "Comparative Jurisprudence (I): What Was It Like to Try a Rat?" 143 *University of Pennsylvania Law Review* 1889, 2111 (1995).

96　Joseph Needham, 2 *Science and Civilization in China* 518 (1956); see also Robert Darnton, *The Great Cat Massacre* 77 (1984)（详尽描述了18世纪巴黎人对猫的模拟审判）; Paul Schiff Berman, "An Observation and a Strange but True 'Tale': What Might the Historical Trials of Animals Tell Us about the Transformative Potential of Law in American Culture?" 52 *Hastings Law Journal* 123 (2000).

种中性社会科学范式的出现，此类观察为比较法提供了主要理论基础。简言之，依此观点，每个国家皆由一种独特的文化本质所界定，而其法律只是此种本质的一种体现。孟德斯鸠的《论法的精神》即为采用此种文化主义分析模式的经典著作。在该书中，他这样写道："每个国家的政治法和民法……理应十分贴切地适用于该国民众；如果这些法律适用于另一个国家，那只是极其偶然之事。"⁹⁷

对于当代观察者而言，这纯粹是文化本质主义之体现，后现代知识政治学的主要弊端所在。⁹⁸ 但是，如从后殖民理论对于功能主义的普适主张进行批判并再次将我们的注意力集中到国家认同的程度上说，难道我们只是冒着重新回到孟德斯鸠较早鼓吹的文化主义分析的风险之中吗？后殖民主义不过是走一步退两步的事例吗？事实上，后殖民分析与法律的构成性观点的结合彻底化了已被承认的文化主义方法。当构成性观点超出法律在我们社会世界建构中所扮演的角色，而将它的角色包含在我们以自身为主体的建构中时，法律就不是简单地反映"我们的"被预设的国家

---

⁹⁷　1 Charles Secondat De Montesquieu, *The Spirit of The Laws*, ch. 3 (1748). 一个世纪后，弗里德里希·冯·萨维尼对于民族精神（*Volksgeist*）（一种主题变种）的运作方式进行了分析："是在所有具体成员中都共同存在和作用的民族精神产生了实在法，对于所有具体成员的意识而言，此实在法并非偶然而必然是相同的法。"1 Friedrich von Savigny, *System of the Modern Roman Law* 12 (William Holloway trans., 1867). 关于萨维尼和所谓德国历史法学派以及他们对德意志民族精神和罗马法之间复杂关系的讨论，参见 James Q. Whitman, *The Legacy of Roman Law in the German Romantic Era* (1990)。

⁹⁸　Cf. Annelise Riles, "Aspiration and Control: International Legal Rhetoric and the Essentialization of Culture," 106 *Harvard Law Review* 723 (1993).

认同，而是制定出（enacts）这种认同。[99] 换言之，法律主体的意识部分地由法律确定的范畴构成。由此，没有主体可置身于法律之外，解释法律范畴并不仅是我们对法律所做的一些事情；在这一过程中，在我们"自我"理解中，法律也促进以及限制了我们自身。[100]

今天，存在许多诸如对种族认同、性别/性认同等话语生产的分析。[101] 概言之，对比较法至关紧要的是这种洞察：我们看似固定的、

99　也就是说，法律是操演的（performative）。"操演性"，这个由朱迪丝·巴特勒（Judith Butler）在对性与性别分析过程中提出的流行术语，现在或许已经成为理解种族、性别以及性话语如何将我们构建为主体的最重要的后现代分析方式。值得注意的是，巴特勒明显借鉴了奥斯丁的"操演话语"理论（performative utterances），对其进行关键性的详尽说明乃是法律的描述。法律或许不仅仅具有不经意间的操演性，而且更有范式意义上的操演性。See generally J. L. Austin, *How to Do Things with Words* (1962); J. L. Austin, "Performative Utterances," in *Philosophical Papers* 220 (1961).

100　伊恩·黑尼·洛佩斯认为种族的法律分类既"将分类化的做法合理化"，又限制了"我们是谁的观念"。参见 Ian Haney Lopez, *White by Law* 126 (1996); Mark Kelman, *A Guide to Critical Legal Studies* 255 (1987)（"除了能对那种法律体产生一种独立影响外，在美国，在很大程度上，种族可借助于它们与反歧视法之间的关系而被界定"）。

101　相关文献浩如烟海，可考虑以下一些具有代表性的例子。依循巴特勒的详尽说明："性别并非一个先前主体决定去做的操演，而是它作为一种效应构成了它似乎表达的真正主体，从这种意义上说，它具有操演性。"Judith Butler, "Imitation and Gender Subordination," in *Inside/Out: Lesbian Theories, Gay Theories* 24 (Diana Fuss ed., 1991); see also Judith Butler, *Bodies That Matter: On the Discursive Limits of "Sex"* (1993); Judith Butler, *Gender Trouble: Feminism and the Subversion of Identity* (1990). 或许关于"种族"话语生产最有利的表述来自安东尼·阿皮亚。阿皮亚认为："事实在于并不存在种族……（种族）产生效果之处，它作为一种文化转喻的尝试产生效果；它仅在以将作为文化、意识形态的事物予以生物化为代价时，才会如此。"Anthony Appiah, *In My Father's House: Africa in the Philosophy of Culture* 45 (1992). 关于性取向的话语建构，可见 Eve Kosofsky Sedgwick, *Epistemology of the Closet* (1990), and Monique Wittig, *The Straight Mind and Other Essays* (1992). 无需赘言，通过指出主体由操演/文化/话语加以建构，上述没有一位理论家意欲暗示出基于某种方式，他们并"不是实在的"。的确，仅就"实在"被他们所建构而言，操演/文化/话语对于他们的主体来说皆具有深远的——往往重大的——实质意涵。

实在的、本体论的自我，既不固定且在本体论上也不稳定，而是一种
社会和历史的或然认同复合体，很明显地由种族、性别/性话语所界
定。那些话语部分由法律组成，且在其中，法律"主体化"我
们——将我们部分界定为主体。

的确，一些关于主体型构的最重要描述强调社会主体如何通过法
律语言和法律实践而被生产。例如，在福柯看来，法律是依其效力创
造当代主体的一种重要话语。[102] 法国哲学家路易·阿尔都塞（Louis
Althusser）同样坚持法律意识形态的基本成就是这种认为"人，基于

---

[102]　不可否认，从福柯的意义上说，法律仅是诸多话语中的一种话语。从一种更宽
广的视角来看，福柯的全部作品就是对人类成为诸多诸如法律、医学以及科学等现代话
语主体的方式进行研究。正如福柯在《规训与惩罚》一书中观察到的那样，"灵魂"或
主体性——我们认为存在于肉体之内的——事实上却是"政治解剖学的结果和工具；灵
魂是肉体的监狱"（参见前引福柯书《规训与惩罚》，第30页）。虽然我将福柯所写的现
代刑罚制度产生的历史读作一种法律式的分析，但福柯自身却往往采用一种更为狭隘
的、实证性的法律概念。在这种概念中，法律似乎只是统治者明确的命令（或更为常见
的禁令）。正如邓肯·肯尼迪所观察到的那样，福柯尤其反对这种将"司法权"转向
"惩戒权"的偏狭式运作，并将司法视为发生在距离法律制度稍远处发生的权力过程
的"唯一技术形式"或"结晶化"（crystallization）。Duncan Kennedy, "The Stakes of Law,
or Hale and Foucault！" in *Sexy Dressing Etc.* 83, 120 (1993)；see also Hugh Baxter, "Bringing
Foucault into Law and Law into Foucault," 48 *Stanford Law Review* 449 (1996)（着重强调了福
柯的法律实证主义倾向）。的确，例如在关于流行的毛泽东主义司法审判之可能的一次访
谈中，福柯将法律概括为"资产阶级国家的司法机器"（Michel Foucault, "On Popular Jus-
tice：A Discussion with the Maoists，" in *Power/Knowledge: Selected Interviews and Other Writ-
ings 1972 - 1977*, at 35［1980］）。尽管如此，从福柯更宏大的学术视野来看，似乎更准
确地将法律视为当代一些学科话语的其中之一，而非纯粹的国家明确指令。对于此种福
柯式法律理解的展开论述，参见 Kendall Thomas, "Beyond the Privacy Principle," 92 *Co-
lumbia Law Review* 1431 (1992)。

本性，是一个主体"[103] 的观念；或者，正如他详尽描述的，法律是"个体承认的仪式之一，这种仪式确保我们的确是具体的、独特的、可辨别的以及（自然而然地）不可取代的主体"[104]。为了进一步说明法律将个体作为其主体予以承认，阿尔都塞举出了一个人所共知的例子："在每天最常发生的是：警察（或其他人）喊道：喂，你，站住！"[105] 他这样详尽描述："假定我所构想的理论场景发生在大街上，这个被叫到的人将会转过身来。以此，借助单纯一百八十度的身体转动，他成为一个主体。原因何在？因为他已经意识到这个招呼'事实上'指向他，而且'事实上正是他（而非其他别的人）被招呼的'。经验显示招呼的实际沟通正是如此，以至于它们甚至几乎不会搞错其意欲指向之人：无论是口头呼喊抑或口哨，被召唤之人一直都能意识到他是正在被他人召唤之人。"[106]

在这种情境下，主体"通过语言——作为召唤个体的权威声音

---

[103]　Louis Althusser, "Ideology and Ideological State Apparatuses (Notes towards an Investigation)," in *Lenin and Philosophy and Other Essays* 85, 115 n. 15 (Ben Brewster trans., 2001) (1971). 在阿尔都塞看来，"你和我皆为主体"这个表面上的明确性（seeming obviousness）乃是意识形态的真正结果，以至于一个"意识形态主体"自身是"一个重言式的命题"（本注，第 116 页）。将"具体个体"（concrete individuals）变成主体正是意识形态所做的事情。将福柯的"话语"与阿尔都塞的"意识形态"相比较，我并不意指两个概念之间存在同一性。的确，福柯意欲使用其"话语"概念将马克思主义所做的物质基础与意识形态之间的简单二元划分复杂化。

[104]　Louis Althusser, "Ideology and Ideological State Apparatuses (Notes towards an Investigation)," in *Lenin and Philosophy and Other Essays* 85, 117 n. 15 (Ben Brewster trans., 2001) (1971).

[105]　同上注，第 118 页。

[106]　同上注。

产生的效果"而形成。[107] 虽然法律并非"召唤"（hailing）[108] 的唯一方式，但它提供了一个当代"主体化"机制的范式性例证。[109] 当然，警察在大街上召唤路人的情景在根本上是比喻性的。一个"具体个体"并不会有一天在大街上偶然遇到一个警察就魔术般地变成一个"主体"。相反，每个人"一直就是主体，处在具体的家庭意识形态构型之中并被此种构型指定为一个主体。在这种构型中，一旦（他或她）已被如此设想，则（他或她）就被'期望'如此"[110]。甚至在我们出生前，法律就等待着我们，一旦我们来到这个世界，出生证书以及一系列准备好的社会保障编码将随之而至，更不要说家庭法及其为我们所界定的亲缘结构了。

当然，无论社会主体如何被生产——通过法律抑或其他方式——它们从来不会被彻底完成。一方面，我们皆为诸多话语的主体，或皆

107　Judith Butler, *The Psychic Life of Power: Theories in Subjection* 5（1997）.

108　阿尔都塞将这种主体型构（subject-formation）的过程既称为"询唤"（interpellation），又称为"召唤"（hailing）。通过将前者视为结果而将后者视作完成此结果的称呼形式，卡娅·塞尔弗曼将两者进行了区分。See Kaja Silverman, *The Subject of Semiotics* 48（1983）.

109　阿尔都塞敏锐地意识到"主体这个术语的模糊性"，它既指"一个自由的主体性……是其行为的原因"，又指"屈从于更高权威的一种主体化的存在，并由此被剥夺了所有自由"。See Louis Althusser, "Ideology and Ideological State Apparatuses（Notes towards an Investigation），" in *Lenin and Philosophy and Other Essays* 85, 123（Ben Brewster trans., 2001）（1971）. 让人颇感吊诡的是，只要我们服从法律，它就能使我们"自由"。在阿尔都塞所举事例中，法律以一种警察式的权威声音从上到下召唤着个体。正如福柯承认交叠话语所具有的多样性（从司法话语到医学话语再到宗教话语）一样，阿尔都塞也注意到一些"意识形态国家机器"的存在，而法律仅是其中之一。尽管如此，值得注意的是，法律仅是他提供的关于询唤的两个主要事例之一。他的另一个事例是宗教意识形态的询唤以及通过上帝的圣言的询唤（本注，第120—124页）。

110　同上注，第119页。

被多重地询唤（multiply interpellated）。[111] 罪犯或许是彰显（部分）失败的法律询唤的最明显例子，一个并未将所有法律禁阻（law's interdictions）予以内化的主体。然而，没有罪犯可以——甚或意欲——触犯所有的法律，毕竟法律几乎遍及我们社会世界的各个角落以至于违法行为只能在特定时间和地点才可发生；持续地触犯所有法律简直是异想天开。此处，亦可考察霍姆斯提出的众所周知的不道德的"坏人"理论。[112] 他并非罪犯，也非精神病患者，但他采用的工具主义法律方法（"我能在多大程度上逃脱惩罚？"）明显地展示出一种断裂的法律主体性，是法律人（*homo juridicus*）和经济人（*homo economicus*）在其间相遇的一种构型。作为一个法律主体（legal subject）并不意味着就成了一个完美的法律主体，或仅仅就作为法律的主体（law's subject）。[113]

如果我们接受法律部分地界定何人作为法律主体以及作为法律主体的我们是什么这一观点，那么，法律则是人之所以为人的认同的一部分。后殖民理论普遍认为：较之我们个体表面上的存在，"国家"与"人民"并非更多地作为一种一成不变的事实性自然而存在。用本尼迪克特·安德森（Benedict Anderson）的想象再造概念化（evocative conceptualization）来说，国家即为"想象的共同体"。[114] 若有任何不同的话，较之大多数其他国家，中国更可以说是一个想象的共同体。纵观中国历史的多数时期，中国事实上并非作为一个统一的国家而存在。

111　Norma Alarcon, "The Theoretical Subject (s) of 'This Bridge Called My Back' and Anglo-American Feminism," in *Making Face, Making Soul: Haciendo Caras* 356 (Gloria Anzaldua ed., 1990).

112　See Oliver Wendell Holmes, "The Path of the Law," 10 *Harvard Law Review* 457, 459 (1897).

113　反过来，这仅是后结构主义普遍性观点——主体从来不会是完整的——的必然结果。

114　Benedict Anderson, *Imagined Communities: Reflections of the Origin and Spread of Nationalism* (1983).

然而，甚至在较长的分裂时期，作为一种渴求实现的历史理想和文化理想的单一中国观念却一直持续存在着。[115] 由此，我们应当期望法律话语在被称为"中国"的常态群体之认同的创设和维持中发挥作用。[116]

但在试图理解"中国"的中国法律理解前，首先的分析步骤应考虑我们怎样在法律上想象我们自身以及这些概念是怎样从具体的中国法观念中得到支持的。

四、东方主义的法律主体

殖民主体的教化补充了它们在法律中的生产。[117]

——佳亚特里·查克拉沃尔蒂·斯皮瓦克

结构上来讲，作为一种话语的东方主义必然映射到异于"我们"的不同种类的东方他者之上。考虑到法律在主体构成和国家"想象共同体"构成中扮演的角色，美国人如何将我们自身想象为法律主

---

115 Mark Elvin, *The Pattern of the Chinese Past* (1973)；Andrew L. March, *The Idea of China: Myth and Theory in Geographic Thought* 118 (1974) (对于"融入关于中国之观念的部分事实、理论以及虚构"进行了分析)。关于从一种后殖民视角研究当代中国民族主义之形成的著作，可参见 Prasenjit Duara, *Rescuing History from the Nation: Questioning Narratives of Modern China* (1995)。

116 当然，法律主体并非仅是内国法的产物，而且也是国际法——要求"国家"之间进行文化区分——的产物。正如纳撒尼尔·伯尔曼观察的那样："'组群'认同和策略逐步由它们自己以及国际权威界定，以回应部分由（国际法）范畴所构建的一种文化猜想。" Nathaniel Berman, "The International Law of Nationalism: Group Identity and Legal History," in *International Law and Ethnic Conflict* 29 (David Wippman ed., 1998)。用桑托斯的术语来说，这是身份"合法间性"的一种表现。

117 See Gayatri Chakravorty Spivak, "Can the Subaltern Speak?" in *Marxism and the Interpretation of Culture* 282 (Cary Nelson & Lawrence Grossberg eds., 1988)。

体的呢？美国法律主体（第一节）如何区别于中国法律主体（第二节）？囿于篇幅所限，对法律东方主义进行一次充分的语境化谱系分析几乎不可能。接下来是对一种可能谱系大体概貌的一次勾勒，聚焦于衡量法律主体性得以构成非西方社会（这里专指中国社会）进入"法律共和国"（law's republic）[118] 应具有的文明适应程度（civilizational fitness）的一种标准而凭借的诸种方式。

（一）作为法律主体的美国

美国人确实是一类非常崇尚法律之人，以至于这样的说法早已成了老生常谈。用托克维尔的话来说，美国人"在他们日常争论中，借用法律程序所独有的观念甚至语言"[119]。诚如这位法国观察者得出的结论："在美国，几乎没有一个政治问题不在后来转化为司法问题。"[120] 当人们考虑到美国建国神话也独具法律意味时，或许就不会惊讶于这种判断。

作为一种政治观念，美国体现了启蒙运动所鼓吹的抱负，也促生了《法国民法典》《法国人权宣言》以及最后的美国宪法等"现代"法律。这些已是最贴近于人类努力能达成的一种现实的"社会契约"。甚至美国普通民众对于法律救赎力的信仰往往可与启蒙运动哲学家的信仰相匹敌。或许能彰显此种信仰的最特别例证来自弗雷德里克·道格拉斯（Frederick Douglass）：面对"国家法律秩序既不可能宣称基督耶稣即将临世，也不可能将奴隶制视为违宪"[121]，然而，在内战前

118　Cf. Frank Michelman, " Law's Republic," 97 *Yale Law Journal* 1493 (1988).

119　1 Alexis De Tocqueville, *Democracy in America* 280 (Vintage Classics 1990) (1835).

120　同上注。

121　Robert M. Cover, "Violence and the Word," 95 *Yale Law Journal* 1601 (1986).

的美国，生来即为奴隶之人仍旧相信奴隶制具有彻头彻尾的违宪性。[122]

对于今天的局外人来说，他们几乎同样显著地观察到美国人怎样习惯性地援引他们的宪法权利。而且，他们甚至在明显琐屑的语境中仍旧如此，使得这种做法更为显著。"你不能对我这样，这是违宪的"，无论他们被超售的航班拒载抑或在购物时被收取过高费用，在不同的日常情形下，普通民众往往提出如此抗议。对美国宪法及其保障的权利之笃信成为确定美国人的标准之一，虽然这些权利不是印证于法庭而是存在于大众的想象中。[123]

作为能有力地说明美国人对法律信仰的一个历史事例，可考察在1846年尚未被纳入美国的墨西哥所属的加利福尼亚的不同法律传统之间的冲突。英裔美国侨民商人对墨西哥的法律制度感到失望，因为他们认为这些制度并不利于合同的执行。[124] 但颇为吊诡的是，在他们彼此间的交易中，这些商人继续采用那些精心起草的"法律"合同，甚至在这些合同没可能被执行的情形下，仍旧如此。[125] 那么，接受此种准法律做法的意义为何？针对侨民商人共同拥有的商业文化，戴维·兰格姆（David Lan-

---

122　用道格拉斯自己的话来说，"我得出这一结论：美国宪法——开创'为了组织一个更完善的联邦，树立正义，保障国内安宁，建立共同国防，增进全民福利和确保自由带来的幸福'——本来不可能在维持和永久固定化一种掠夺和谋杀式的奴隶制之同时被设计出来，特别是因为在宪法中不可能发现赞同此信念的只言片语"。Frederick Douglass, *The Life and Times of Frederick Douglass* 261–62 (R. Logan ed., 1967). 的确，道格拉斯对于法律的辨识转而成了美国文化认同的一部分。参见 Priscilla C. Wald, " Neither Citizen Nor Alien: National Narratives, Frederick Douglass, and the Politics of Self-Definition," in *Constituting Americans: Cultural Anxiety and Narrative Form* 14 (1995)（将一系列19世纪最高法院的判例连同道格拉斯的自传作为美国认同的构成因素进行了分析）。

123　按照劳伦斯·弗里德曼的说法，美国人日趋期待从法律中获得"完全的正义"。See Lawrence M. Friedman, *Total Justice* (1994). 关于对法律权利日渐提升的坚持，可参见 Mary Ann Glendon, *Rights Talk: The Impoverishment of Political Discourse* (1991)。

124　David J. Langum, *Law and Community on the Mexican California Frontier: Anglo-American Expatriates and the Clash of Legal Traditions*, *1821–1846*, at 163–186 (1987).

125　同上注。

gum）提供了一种解答："在相当大的程度上可以说，文化包含着法律。是故，在面临合同关系存在潜在破裂的情形下，这些人可能向彼此提出技术性法律请求。这些请求虽在当地法院没有获得执行的主观希望，但他们却完全有可能让缔结合同的另一方确信他们所处地位的公正性。"[126]

由此可见，托克维尔原本可能提供一个更好证明美国人"在其日常争论中，借用为法律程序所独有的观念甚至语言"[127] 的事例。很明显，除了"合同"之外，无法想象这些侨民商人何以借助（其他）商事交易方式，以至于在一种法外环境中，仍旧采用英美法律术语继续概念化他们之间的商事关系。作为他们概念机能（conceptual apparatus）一个不可分离的组成部分，他们将"法律"带入他们头脑中，甚至带入墨西哥所属的加利福尼亚这片外国领地中。[128]

126　David J. Langum, *Law and Community on the Mexican California Frontier: Anglo-American Expatriates and the Clash of Legal Traditions*, *1821–1846*, at 186 (1987).

127　Alexis De Tocqueville, *Democracy in America* 280 (Vintage Classics 1990)（1835）.

128　这些侨民商人就他们对法律的遵从怎样使得他们与土生加利福尼亚人区隔开来极为自知且自以为是。大体等同于治安法官的当地墨西哥官员既履行司法职责也履行行政职责的事实引起了美国人对其侵犯权力分立的抱怨。David J. Langum, *Law and Community on the Mexican California Frontier: Anglo-American Expatriates and the Clash of Legal Traditions*, *1821–1846*, at 51 (1987). 同样，较之于审判，墨西哥人更偏好调解，而这触犯了英美对于司法可预测性和确定性之需要的日趋增长的强调——它们将这些视为资本主义法律基础结构的组成部分。不同法律价值之间的这种冲突深深地牵涉到美国人作为美国人的认同，这一点可很明显地从同时代的关于创设美国"调解法院"之提议的争论中看到。在纽约，此种提议立刻就遭到了反对："此种法院仅仅属于专制政府，那里的人们是愚昧的，受制于一个上层集团，但它却不适合于认为有能力在这些事项上自行裁判的我们自由的美国人。"W. Bishop & W. Attree, *Report on the Debates and Proceedings of the Convention for the Revision of the Constitution of the State of New York* 58 (1846), quoted in David J. Langum, *Law and Community on the Mexican California Frontier: Anglo-American Expatriates and the Clash of Legal Traditions*, *1821–1846*, at 143 (1987). 当被要求将调解视作一种强制性程序加以考虑时，加利福尼亚最高法院在 1850 年以类似的傲慢语气强调：虽然调解也许适合墨西哥人，"但在美国人民眼中，它可能仅被看作是一种无用和拖沓的形式而已"（Von Schmidt v. Huntington, 1 CAL. 55, 65［1850］）。颇具讽刺意味的是，今天"可替代性纠纷解决机制"（ADR）代表的并非落后的事物，而是法律改革最前沿的做法。

不可否认，大多数美国人与法律的关系是内在矛盾的。对法律的强烈信仰———一位观察者将这种情形认定为"早慧"[129]———与对法律的恐惧交互呈现。（例如，使人想起勒恩德·汉德［Learned Hand］预想到可能被诉至法院时的恐惧："作为一名诉讼当事人，除疾病和死亡外，我对诉讼的恐惧超过了任何事情。"[130]）然而，无论是否他们将法律视作一个更好社会的征象抑或（引致）令人烦恼的诉讼或者两者兼而有之，美国人对法律的认同仍旧异常强烈。[131] 无数描述美国社区的田野调查指出：在这些社区中，实际的行为规范是避免官方法律的适用。[132] 然而，正如卡罗尔·格林豪斯（Carol Greenhouse）所观察到的，甚至在面临不利证据时，"很多美

---

[129]　Marc Galanter, "Reading the Landscape of Disputes: What We Know and Don't Know (and Think We Know) about Our Allegedly Contentious and Litigious Society," 31 *UCLA Law Review* 4, 64 (1983)（将精英们对过度诉讼的反事实观念与实证性数据相比并分析"解释这些现象的精英式方法"）.

[130]　Learned Hand, "Deficiencies of Trial to Reach the Truth of the Matter," in *Lectures on Legal Topics* (1921–22), at 89, 105 (James N. Rosenburg et al. eds., 1926).

[131]　或者，依循邓肯·肯尼迪明确的描述，美国法律思想通常展现了"对法律的笃信与对法律的完全不信任两者的奇怪结合"。Duncan Kennedy, *A Critique of Adjudication: fin de siècle* 73 (1997).

[132]　例如参见 M. P. Baumgartner, *The Moral Order of a Suburb* 127–28 (1988)（"来自郊区居民的证据显示……较之人们通常所认为的，法律对美国生活的渗透在很大程度上在其范围和效应方面更为有限"）。Robert Ellickson, *Order Without Law: How Neighbors Settle Disputes* 82 (1991).

国人愿意依赖，或者说坚持他们自身所谓的好诉性格"[133]。

（二）无法律非主体的中国

　　通过中国法……我们可被送回到这样一个位置之上，以此，可以说，我们能够考察一个仍旧活着的过去，并与活化石人类交流。[134]

——爱德华·哈玻·帕克

　　133　Carol J. Greenhouse, "Interpreting American Litigiousness," in *History and Power in the Study of Law: New Directions in Legal Anthropology* 252（June Starr & Jane Collier eds., 1989）. 这一观点在根本上并非关于美国人实际好诉性的一种经验主义观点。相反，它是一种对法律在文化表述和自我理解过程中作用的断言。尤其是在法律学术中，对法律在引致社会变革中的作用质疑的学者往往被人愤怒地排斥。当杰拉尔德·罗森伯格与迈克尔·卡拉曼指出"布朗诉教育委员会案"（Brown v. Board of Education）对于学校（种族）隔离仅具有限的现实影响时，这种断言立即遭到了公开的谴责。Compare Gerald N. Rosenberg, *The Hollow Hope: Can Courts Bring About Social Change?* （1991）and Michael Klarman, "Brown, Racial Change and the Civil Rights Movement," 80 *Virginia Law Review* 7 （1994）with David J. Garrow, "Hopelessly Hollow History: Revisionist Devaluing of Brown v. Board of Education," 80 *Virginia Law Review* 151（1994）；也参见 Richard Abel, *Politics By Other Means: Law in the Struggle Against Apartheid, 1980-1994*, at 523（1995）（"在美国的劳动、民权、女权主义、福利权、消费者、环保主义者、同性恋权等运作中彰显的法律中心性诱使观察者就法律影响社会变革的能力作出偏狭和非历史的夸大"）。法律精英对于法律的依从当然是可理解的，因为法律确认了他们自身的意义。有鉴于此，"法律"构成美国国家认同的一个重要维度的程度可能部分依赖于人们的社会位置。例如，雷瓦·西格尔观察到：虽然宪法被删去核心部分的平等保护条款不再提供保护，"但在宪法领域，国家满怀抱负地清楚表达了其认同"。Reva Siegel, "Why Equal Protection No Longer Protects: The Evolving Forms of Status-Enforcing State Action," 49 *Stanford Law Review* 1111, 1146（1997）. 正如西格尔尖锐地指出的那样，同等保护的观念无疑是美国性的组成部分，但它或许正是缺乏司法保护——大多数仍强烈地将其等同于事实上不具有保护作用的平等条款——而仍能生存的阶层。
　　134　Edward Harper Parker, "Comparative Chinese Family Law," 8 *China Review* 67, 69 （1879）.

如果此为美国法律主体的自我理解，那么东方主义话语如何构想中国法律主体？法律东方主义体现为诸如下文第一小节将描述的古典欧洲东方主义以及第二小节将描述的美国反移民东方主义等许多不同类型。的确，正如第三小节描述到的，对于中国，东方主义者可能既持正面观点也持负面观点。然而，下文所述的很多东方主义皆倾向于将中国人设想为没有法律的与缺乏主体性的，实际上即为无法律非主体。

1. 欧洲法律东方主义

> "欧洲"仍是最高统治者，仍是包括我们称之为"印度历史""中国历史""肯尼亚历史"在内的所有历史的理论主体。[135]
>
> ——迪皮什·查克拉巴蒂

通过勾勒黑格尔在其《历史哲学》中所持的中国观，我开始对中国的法律主体性抑或缺乏法律主体性进行论述。这绝不意味着黑格尔"创造了"东方主义或以某种方式特别对此负责。无意于对其作者进行指责抑或宽恕，[136] 我只是将《历史哲学》作为一种文本案例研究，因为该书碰巧对很多东方主义观念——直至今日这些观念仍建构着中国法研究的认知——提供了一种准确的经典描述。

黑格尔认为，"世界的历史从东方来到了西方，因为欧洲完全是历史的终结，而亚洲则是历史的开端"[137]。根据黑格尔的二元本体论，

135　Dipesh Chakrabarty, *Provincializing Europe: Postcolonial Thought and Historical Difference* 27（2000）.

136　参见 Gayatri Chakravorty Spivak, *A Critique of Postcolonial Reason: Toward a History of the Vanishing Present* 97－98（1999）（详尽描述了一种解构的阅读政治学——它"面临的挑战并非辩解，而是中止指责，带着审慎的注意考察文本协议是否包含一种契机，能生产某些将会促生一种新的和有用的阅读的事物"）。

137　Georg Wilhelm Hegel, *The Philosophy of History* 103（J. Sibree trans., 1956）.

东方国家"属于纯粹的空间"或"非历史的历史"（un-Historical History），而西方国家则以"时间形式"存在。[138] 黑格尔认为："历史必须从中华帝国说起，因为根据史书记载，中国实在是最古老的国家；它的原则又具有那一种实体性，所以它既是最古老的同时又是最新的帝国。中国很早就已经进展到了它今日的情状；但是因为它客观的存在和主观运动之间仍然缺少一种对峙，所以无从发生任何变化，一种终古如此的固定的东西代替了一种真正的历史的东西。"[139] 无疑，黑格尔对于中国异常稳定的描述是极端的，然而，这种观点却拥有诸多历史变种。[140] 在马克思尖刻的隐喻中，中国被描述为"像植物一样生长在时间的牙齿中"[141]，而韦伯则将儒学看成崇拜现实状态并因此在根本上阻碍中国进入现代化的一种宗教。[142]

根据黑格尔特有的目的论观点，历史的终极目标就是自由的

---

[138] Georg Wilhelm Hegel, *The Philosophy of History* 105–106（J. Sibree trans., 1956）.

[139] 同上注，第116页。

[140] 中国存在于空间而非时间中的观点甚至也显现在福柯的著作中。博尔赫斯的"中国百科全书"使得福柯发现一种奇异的不受时间限制的文化存在于"我们所居住地球的另一端，一种完全致力于空间的分类但却并没有将现存事物的多样性区分成任何可为我们所能命名、谈及并思考的类型的文化"。Michel Foucault, *The Order Of Things*, at xix（1993）.

[141] *Karl Marx On Colonialism and Modernization* 323（Shlomo Avineri ed., 1968）; see also *Marx on China, 1853–1860: Articles from the New York Daily Tribune*（Dona Torr ed., 1951）. 关于中国在马克思思想中所占理论位置的详尽分析，参见 Donald M. Lowe, *The Function of "China" in Marx, Lenin, and Mao*（1966）.

[142] 尤其是韦伯，以无情的负面字眼，通过说明中国不是什么，来定义中国是什么。他将中国"未能"形成一种理性资产阶级的资本主义的原因归为"缺乏"一种动态的虔诚的新教伦理："中国知识分子的生活仍旧完全静止，尽管看似存在有利条件，但资本主义就是没有出现。"See Max Weber, *The Religion of China* 55（Hans H. Gerth trans., 1951）; cf. Max Weber, *The Protestant Ethic and the Spirit of Capitalism*（Talcott Parsons trans., 1992）. 虽然韦伯对于中国法提出了很多颇有见地的见解，但他整体的观点却被其一般方法的实质上的消极性质所影响。See generally Gary G. Hamilton, "Why No Capitalism in China? Negative Questions in Historical Comparative Research," 1 *Journal of Developing Societies* 187（1985）.

实现，而这碰巧在普鲁士政治体制中达到顶峰。相比之下，处在历史起点的中国则是"东方专制主义"（Oriental Despotism）的一个范式性例证。基于这个简单的原因——中国人并非作为个体主体而存在——专制主义事实上就是中国统治的自然形态。在黑格尔看来，在中国"我们可称为主体性的所有东西都集中在这个国家的元首身上"[143]，而"个体则纯粹属于偶然"[144]。这种专制主义部分源自家国一体的混同："中国人将自己看作是属于他们家庭的，而同时又是国家的儿女。"[145] 言外之意在于，中国人也未正确区分法律与道德：道德格言通过法律形式加以表达，但缺乏主体性，中国人遵从法律纯粹出于外在力量，就像孩子惧怕父母惩罚那般。[146]

将黑格尔的描述作为一种东方主义话语进行分析，可得出他完成了以下几个方面：其一，中国是永恒和静止的所谓事实意味着西方并

143　Georg Wilhelm Hegel, *The Philosophy of History* 113（J. Sibree trans., 1956）.

144　同上注，第 105 页。对于这种持久存在的、为适应冷战需要的东方专制主义在 21 世纪呈现的形式，参见 Karl A. Wittfogel、*Oriental Despotism: A Comparative Study of Total Power*（1957）.

145　Georg Wilhelm Hegel, *The Philosophy of History* 121（J. Sibree trans., 1956）.

146　同上注，第 111 页（"道德区分和道德需要被表现为法律，以至于主观意志被作为一种外在力量的这些法律所统治"）。

非如此。[147] 其二，将中国归咎于缺乏主体性和道德属性显示出西方人并不缺乏这些进步的素质。其三，对中国人混淆"法律"真正本质的观察确定了欧洲法律秩序的正当性。东方主义者的意涵并不难以理解：中国是一个反面典型，代表了所有我们不愿成为抑或不承认成为的事物。这是一种彻头彻尾的负面界定：中国基本上只是我们西方"瞥一眼它本身不是什么"的国家。[148]

2. 美国法律东方主义

黑格尔、马克思和韦伯皆为古典欧洲东方主义者，他们的著作在

147　对中国静止性的东方主义强调的确是中国负面界定的关键组成部分；虽然西方是动态的、改变的以及进步的，中国却永远都是停滞的。对于中国的大多数理解，无论是诅咒的或褒扬的，皆是在中国的"制度僵化"——借用德里达的术语——这一假定基础上产生的。See Jacques Derrida, "The Pit and the Pyramid: Introduction to Hegel's Semiology," in *Margins of Philosophy* 69 (Alan Bass trans., 1982). 在时间中已经凝滞，中国从来都不会发生改变。即使它发生改变——也是变得越多，越是一样 (*plus ça change, plus c'est la même chose*)。中国经历了诸多毁灭性的革命、悲惨的饥荒、流血的暴动以及暴力的王朝更迭等等诸如此类的事实，在根本上适应了一种类似尼采所提出的"永恒轮回"的可预测循环。例如，可以考虑爱德华·帕克对于"中国法律改变"构成一种"缺乏变化的历史"所持的相对自相矛盾的抱怨。Edward H. Parker, "The Principles of Chinese Law and Equity," 22 *Law Quarterly Review* 190, 209 (1906). 认为中国不会发生改变的观念当然是一种虚构，因为正如历史学家柯文（Paul Cohen）强调的那样，"所有社会都在一直经历着改变"。Paul A. Cohen, *Discovering History in China: American Historical Writings on the Recent Chinese Past* 6 (1984). 尽管如此，"被认为重要的此种改变的程度，能被'注意到'，在根本上具有相对性，依赖于生活在某一社会的某一历史学家在某一时间碰巧将其认定为是重要的"。正如柯文得出的结论："因为总体的西方人与特定的美国人碰巧对于改变——或至少改变的某种形式——在文化上予以高度评价，（他们）对一个不发生改变或发生细微改变的中国景象无疑抱持居高临下的态度。"同上注。对韦伯的不变中国的命题所做的一个重要修正，参见 Thomas A. Metzger, *Escape from Predicament: Neo-Confucianism and China's Evolving Political Culture* (1977)。

148　Haun Saussy, "Hegel's Chinese Imagination," in *The Problem of a Chinese Aesthetic* 161 (1993).

论法律东方主义　65

实质意义上确认了西方文明和法律的优越性。[149] 尽管如此，他们并未展示出基于不同历史和文化语境而不断变化的法律东方主义的全部。19 世纪美国反移民东方主义提供了一个独具美国色彩的东方主义例证。[150] 正如研究中国移民的一位历史学家所观察到的，19 世纪的美国人几乎将中国人生活的各个方面视为其落后性的表现："为死人披麻戴孝，在活着的时候就为自己买棺材，女人穿宽松长裤而男人着长衫，在欢迎朋友时抱拳，上下写字，先吃甜点而最后才喝汤，等等。"[151]

在那个历史时代，这种独特的东方主义话语的用处在于证成对中国移民的法律排斥。的确，加利福尼亚州议院委员会在 1878 年对中国移民问题提交的一份报告的措辞，听起来就像从黑格尔《历史哲

---

[149] 不可否认，根据马克思的观点，甚至当代西方法律文明最终也将与国家一同衰亡，但作为通向乌托邦的倒数第二个时期，在历史唯物主义的发展过程中，较之东方文明的专制法，它无疑代表了更为发达的阶段。正如马克思明确指出的那样，亚洲的殖民规则肩负双重使命："一个是破坏性的使命，即消灭旧的亚洲式的社会；另一个是建设性的使命，即在亚洲为西方式的社会奠定物质基础。"Karl Marx, "The Future Results of British Rule in India," in *The Marx-Engels Reader* 659, 659（Robert C. Tucker ed., 2d ed. 1978）. 同样，再次考察三位思想家，既不意在控诉也不意在宽恕，我仅是采用一种偏狭的视角来评价他们的著作：他们的著作谈到了对中国及其与西方关系的看法。换言之，我并不意在采用一种"后殖民主义复仇"（借用里拉·甘地赤裸裸的措辞）的行为羞辱他们，而只是将他们视作历史的古器物加以考察。See Leela Gandhi, *Postcolonial Theory*, at x（1998）. 或者，正如萨义德可能指出的那样，我只是将东方主义文本视为他们所存在的世界的组成部分，因为"甚至当他们似乎否定它时……文本仍然是社会世界、人类生活以及他们被定位和被解释的历史时刻的组成部分"。Edward Said, *The World, the Text, and the Critic* 4（1983）.

[150] See generally Keith Aoki, "'Foreign-ness' and Asian American Identities," 4 *UCLA Asian Pacific American Law Journal* 1, 7 – 44（1996）; Neil Gotanda, "Exclusion and Inclusion: Immigration and American Orientalism," in *Across the Pacific: Asian Americans and Globalization* 129（Evelyn Hu-DeHart ed., 1999）; see also Lisa Lowe, *Immigrant Acts: On Asian American Cultural Politics* 1 – 36（1996）.

[151] Stuart Creighton Miller, *The Unwelcome Immigrant: The American Image of the Chinese 1785 – 1885*, at 27 – 28（1969）.

学》中直接摘录而来："中国人……在所有种类的劳动中，索价皆比白人低。他们能被大量地雇佣；他们可像没有思想的奴隶那般被操作和控制。但我们的劳动力却有与众不同的生命，不可能像奴隶那样为蛮横的工头所控制；这种个性为我们制度本身的天赋所要求，我们的国家凭依这些秉性防御外敌、发展进步。"[152]

此类观点可能非常具有 19 世纪的味道，但也可考察一位联邦法官在 20 世纪 20 年代做出的有关排斥中国移民的分析："黄色人种或棕色人种是东方专制主义的标志，或在最初的归化法颁行之时曾是东方专制主义的标志。当时人们认为，这些专制主义的臣民——通过使个人屈从于作为国家象征的君主的个人权威而为其福利工作——秉持着他们对其文明类型的天生和根深蒂固的自满，不适合为一个共和政府的成功贡献力量。由此，应当拒绝授予他们公民资格。"[153] 在这位法官看来，国会从移民中将中国人排除的做法显而易见并不因为"肤色"，而是因为中国人在获取公民资格方面的文化不适格（cultural disqualification）。[154] 也就是说，中国人在根本上如此地"非法"（un-legal），以至于他们不能成为美国"共和政府"所要求的自

152　State of California, Senate Special Committee on Chinese Immigration, quoted in Tomás Almaguer, *Racial Fault Lines: The Historical Origins of White Supremacy in California* 174 (1994). 美国国会组建的一个联合特别委员会是得出这些结论的先兆："承认这些数目众多的外国人具有公民权，选票将几乎会摧毁太平洋沿岸的共和制度，因为中国人除了专制统治之外不具有理解任何政府形式的能力，在他们自己的语言中也没有能够适当描述我们代议制原则的词语。" Report of Joint Special Committee to Investigate Chinese Immigration, S. Rep. No. 689, 44th Cong., 2nd Sess. (1877), quoted in Leti Volpp, "'Obnoxious to Their Very Nature': Asian Americans and Constitutional Citizenship," 5 *Citizenship Studies* 57, 63 (2001).

153　Terrace v. Thompson, 274 F. 841, 849 (W. D. Wash. 1921), aff'd, 263 U. S. 197 (1923).

154　同上注（"显然国会的反对并非因为肤色，而是仅将肤色作为其所代表的一种文明类型的证据"）。

治族群。

3. 正面与负面的东方主义：合理性与中国法

被选择用来描述中国的术语构成了奇怪的矛盾修辞，以至于中国在相同的句子中既是"不诚实的"，又是"完全值得信任的"。[155]

——斯图尔特·克莱顿·米勒

在其管理运作中，清朝政府既是专制的，又是民主的。[156]

——托马斯·杰尼根

虽然诸多对中国和中国人的刻画令人沮丧，但东方主义话语绝非一直都是负面的。[157] 恰恰相反，也存在很多热情讴歌理想化的中国人的事例。雅克·德里达（Jacques Derrida）将中国称为对不同观察者意味着不同事物的"一种欧洲幻象"（Sort of European Hallucination）。[158]

---

[155] Stuart Creighton Miller, *The Unwelcome Immigrant: The American Image of the Chinese 1785 – 1885*, at 10 (1969) （就美国人对中国人所持的模式化种族观念的研究进行了描述）。

[156] Thomas R. Jernigan, *China in Law and Commerce*, at v (1905).

[157] 此外，正如霍米·巴巴强调的那样，甚至这些貌似最负面的陈旧看法基本上也是矛盾的，并易被再度赋予新的意义。See generally Homi K. Bhabha, "Of Mimicry and Man: The Ambivalence of Colonial Discourse," in *The Location of Culture* 85 (1994). 只要东方主义话语一直为多种因素所决定，它们生产的主体身份也永远都不是稳定的——无论对于东方的他者抑或对于西方的观察者而言，皆是如此。正如巴巴所解释的那样："刻板化认识并非为歧视性实践的替罪羊树立一种误像。它更多的是一个投射（projection）和内射（introjection）、隐喻和转喻策略、移置、超定、罪行以及攻击性组成的矛盾文本；'官方'知识和幻影性知识的伪装和分裂……" Homi Bhabha, "The Other Question: Stereotype, Discrimination and the Discourse of Colonialism," in *Lenin and Philosophy and Other Essays* 81 – 82 (Ben Brewster trans., 2001) (1971).

[158] Jacques Derrida, "Of Grammatology as a Positive Science," in *Of Grammatology* 74, 80 (Gayatri Chakravorty Spivak trans., 1976).

例如，尼采能在这一页将中国视为欧洲人引以为戒的负面例子，而仅在几页后毫不费力地转向到将其看作值得效法的正面典型。[159] 取代如黑格尔那样纯粹地将中国描述为处在黑暗中的“一种单调的、蒙昧的沉思精神”[160]，在法国哲学家眼中，中国是启蒙运动的一个渊源：光来自东方（*ex Oriente lux*），甚至还有法。例如，伏尔泰，这位热情的亲华人士，对于中国官僚制国家的宗教宽容表示惊异。[161] 同样，出自 16 世纪耶稣会传教士的一些报告将中国赞颂为“这些外邦人非常用心地保证刑法的公正”[162]。然而，甚至这些正面刻画在根本上更多地与其作者而非中国本身相涉，这些作者意欲通过此方式，通过指出连中国都能做得更好，以此来对他们身处的国内的现状进行批判。正如德里达观察到的，在此种情形下，中国仍是一种“内在性表述”（domestic representation），以至于“仅在出于表明一种我们缺乏的事物并进而为其界定必要改正”的情形下，才会被赞扬；[163] 或者，用在澳门的一位葡萄牙商人的话来说，意在使人“知道这里的外邦人在

159　同上注，第 108 页以及 Friedrich Nietzsche，*The Gay Science* 99（Walter Kaufmann trans.，1974）（1887）。

160　Georg Wilhelm Hegel，*The Philosophy of History* 142（J. Sibree trans.，1956）。

161　参见 generally Basil Guy，*The French Image of China before and after Voltaire* 261（1963）（例如，观察到伏尔泰对其所认为的中国人“高度崇拜正义”以及“不存在盲信或宗教偏见”致以高度敬意）。

162　John Wigmore，*A Panorama of the World's Legal Systems* 178（1936）（援引了一位西班牙传教士的观点）；亦可参见 Matteo Ricci，*China in the Sixteenth Century: The Journals of Matteo Ricci: 1583–1610*，at 43（Louis J. Gallagher trans.，1953）（发现中国法是可预测和非专横的，因为一部法典，一旦被一个王朝的创立者所颁行，“除非存在正当的理由，否认将不能被更改”）。

163　Jacques Derrida，"Of Grammatology as a Positive Science," in *Of Grammatology* 179（Gayatri Chakravorty Spivak trans.，1976）. 具有讽刺意味的是，德里达自身对于中国的了解必然不会更深：“在德里达的文本中，东方从来没有被认真地研究或解构。”

何种程度上超越了很多基督徒"[164]。

在一定程度上，西方对中国法评价的摇摆不定，体现了对中文这一语言的合理性的不断变化的评价。毕竟，合理性乃是现代法的识别特征之一；[165] 同时，法律依赖语言以及其为法律表达所提供的范畴来进行表述。这种联系再次将我们引向黑格尔，他调集其整个东方主义的"火力"来对中文的性质进行描述。黑格尔认为，中文并非表音语言而"通过符号代表观念自身"的事实，证明了中文尚未"成熟"且未达到西方语言的发展水平。的确，因为图画式表述所要求的多样性使得中文写作系统本身在根本上并非一种"表现和传授思想"[166] 的适当工具。相同的观念也获得了韦伯的附和。韦伯认为："中国人的思想仍旧陷于图解型和描述型的状态中。"[167] 此外，与黑格尔一样，韦伯肯定了这种不幸"事实"带来的悲惨后果："定义与推理，这两种语言逻辑的力量，皆不能为中国人获得。"[168] 的确，对于中国人的思想而言，"真正的逻辑概念仍完全是陌生的外来之物"[169]。

对此，莱布尼茨这位典型的亲华人士，可被作为一个反例。在他看来，中文具有的表意的、非表音的特征使其能成为伟大启蒙计划之

---

164   John Wigmore, *A Panorama of the World's Legal Systems* 155（1936）（援引了一位葡萄牙商人的观点）.

165   参见 Anthony T. Kronman, *Max Weber*（1983）（对韦伯社会学意义上的"法律形式理性"的地位进行了分析）。

166   Georg Wilhelm Hegel, *The Philosophy of History* 135（J. Sibree trans., 1956）. 就黑格尔对汉语的理解（误解）更为广泛的分析，参见 Jacques Derrida, "The Pit and the Pyramid: Introduction to Hegel's Semiology," in *Margins of Philosophy* 69（Alan Bass trans., 1982）; Haun Saussy, "Hegel's Chinese Imagination," in *The Problem of a Chinese Aesthetic* 161（1993）。

167   See Max Weber, *The Religion of China* 102, 125（Hans H. Gerth trans., 1951）.

168   同上注。

169   同上注。

"普适"语言的一个蓝图，因为它能够像代数符号一样"直接"沟通观念。[170] 莱布尼茨的分析忽略了这个事实：汉字确实有表音的部分。尽管如此，无论其是否被视为一种不合时宜的事物抑或一种潜在的语言代数符号，对于多数西方人而言，中文几乎构成了一个不可逾越的障碍。从很早开始，中国法律观察者就强调研究这种法律体系面临的问题。正如乔治·托马斯·斯当东爵士（Sir George Thomas Staunton）于 1810 年在其先驱性的《大清律例》英文版序言中夸张地提到的那样，"（这种法律体系）埋藏于迄今为止人类创造的语言中最不容易为外国学者所掌握的语言中"[171]。考虑到东方主义对于语言、非历史性以及中国人非理性之间的紧密关系所轻易做出的假定，我们几乎不会惊诧于此种看法：在英属东印度公司的一位官员看来，中国人的法律如此"专断和肆意"以至于"与所有的理性和正义相悖"。[172]

170　See Olivier Roy, "Leibniz et le Chinois comme langue universelle," in *Leibniz Et La Chine* 135 (Librairie Philosophique, Paris, 1972). 具有讽刺意味的是，在根本上，对于莱布尼茨而言，中文著作成为如此富有吸引力模式的原因恰为它的（现已理想化而非妖魔化的）非历史性："将（非表音的）中文从声音中解放出来的事物，也肆意地并借助于虚构的技巧将其从历史中拉出并赋予其哲学内涵。" Jacques Derrida, "Of Grammatology as a Positive Science," in *Of Grammatology* 76, 80 (Gayatri Chakravorty Spivak trans., 1976). 对莱布尼茨意在找出基督教和儒教共同基础之计划的分析，参见 David Mungello, *Leibniz and Confucianism: The Search for Accord* (1977); Christia Mercer, *Leibniz's Metaphysics: Its Origins and Development* 50‐51 (2001)（对莱布尼茨在发现基督教因素和儒教中的自然法方式所持的"普遍乐观主义"进行了描述）。

171　Sir George Thomas Staunton, "Translator's Preface," in *Ta Tsing Leu Lee; Being the Fundamental Laws, and a Selection from Supplementary Statutes of the Penal Code of China V*, at xiii (Strahan & Preston, London, 1810).

172　Hosea Ballou Morse, *Chronicles of the East India Company to China, 1635‐1834*, at 168 (1926). 值得注意的是，虽然西方的中国法印象从来都不是统一的，但耶稣会士和其他早期的现代观察者的描述却绝大多数都是正面的。然而，当商人取代传教士成为在中国的主要西方人群体时，中国法的观念日趋变得模糊起来。例如可参见 Stuart Creighton Miller, *The Unwelcome Immigrant: The American Image of The Chinese 1785‐1885*, at 24‐25 (1969)（观察到 19 世纪美国商人对于中国的印象大多为"对中国专制统治、具有报复性的法律体系以及不公平的社会的批评"）。

有关中文被推定为非理性的争论虽然听起来有些过时，但它们却有其当代的变种。随着中国对香港恢复行使主权，前英国殖民地的普通法现正被译成中文。围绕这一计划的争论透露出东方主义者对于是否能逾越李约瑟所谓"表意语言与字母语言之间的巨大障碍"[173] 的可能性以及引申而来地采用中文执行审判的可行性所持有的一种持续的怀疑态度。[174] 的确，此时此刻我们的记忆得以被唤醒：（英国）普通法基本上完全起源于法国法，以及操法语之人早期笃信"几乎不可能用英语来正确地表述法律"[175]。

无论如何，不管西方对中国的态度如何在"种族中心主义的蔑视"与"夸张的赞美"之间来回摇摆（正如德里达将此概括为西方的自指性东方史），中国始终是一个强有力的表意符号。[176] 继续着此种倾向，在一个表面彻底颠覆的美国东方主义中，美籍华人似

---

[173] Joseph Needham, "The Translation of Old Scientific and Technical Texts," in *Aspects of Translation* 12 (A. H. Smith ed., 1958). 对翻译问题的后殖民分析，参见 Lydia H. Liu, *Translingual Practice: Literature, National Culture, and Translated Modernity—China, 1900 - 1937* (1995) and Gayatri Chakravorty Spivak, *The Politics of Translation, in Outside in the Teaching Machine* 179 (1993)。

[174] 对这次争论采用措辞的评论，参见 Derek Roebuck & King-kui Sin, "The Ego and I and Ngo: Theoretical Problems in the Translation of the Common Law into Chinese," in *Hong Kong, China and 1997: Essays in Legal Theory* 185 (Raymond Wacks ed., 1993)。

[175] Roger North, *A Discourse on the Study of Laws* 13 (London 1824)，转引自上注论文集，第193页。当然，一旦英格兰人将他们的语言确定为一种"法律的"语言，便会借助让议会委员会做出的关于邻近语言共同体的"调查结果"——诸如"威尔士的语言歪曲事实、恶意欺诈以及教唆他们作伪证"——来维持他们"理性"人的地位。Reginald Coupland, *Welsh and Scottish Nationalism* 186 (1954)（援引了下议院教育委员会委员在1846年的言论）。爱尔兰人也被作为语言和法律的主体加以对待："英格兰人怀着极度的轻蔑将传统的爱尔兰文化——及其最令人印象深刻的成就：布雷亨法（Brehon laws）——视作纯粹野蛮人的作品。像威尔士语一样，盖尔语（多数苏格兰人所操的语言）本身并不利于理性的表达。" Michael Hechter, *Internal Colonialism: The Celtic Fringe in British National Development, 1536 - 1966*, at 77 (1975).

[176] Jacques Derrida, "Of Grammatology as a Positive Science," in *Of Grammatology* 80 (Gayatri Chakravorty Spivak trans., 1976).

乎在 20 世纪末经历了一次明显的彻底转变：东方主义话语不再将中国人从移民中排斥出去，美籍华人从"黄祸"（Yellow Peril）的代表业已被提升到所谓"模范少数族群"（Model Minority）之列。[177] 尽管如此，虽然美籍华人被视为已成功地融入了美国经济生活中，但显而易见他们仍不被视为具备法律主体和政治主体的资格。[178] 取代主要通过选举或其他参与制民主的通常渠道表达其政治意志，正如媒体所披露的，[179] 美籍华人现在利用他们优越的经济实力资助政治活动——要不然他们就只是将国家机密出卖给中国或出价最高的任何一方。[180]

　　虽然东方主义寓意的力量确实在于其建立在实证数据上的不可辩驳性，但应重复强调的是：甚至在历史上，从排斥中国移民的最开始，将美籍华人设想为既不能又不愿诉诸法律捍卫其自身权利的观念并不十分准确。尽管"排华法案"（Chinese exclusion laws）的一个主

177　See Robert S. Chang, *Disoriented: Asian Americans*, *Law*, *and the Nation-State* 53 - 58（1999）. 换言之，作为一类族群的亚裔美国人被视为勤奋的、受过良好教育且在经济上成功的族群——也就是所谓模范的少数族群。虽然有关模范族群的杜撰已多次被披露，但它仍保持了其双重的吸引力：它产生并维持一种"坏的"少数族群的形象；同时，它也掩盖了亚裔美国人事实上在社会和经济层面仍被边缘化的诸多情形。See Bob H. Suzuki, "Education and the Socialization of Asian Americans: A Revisionist Analysis of the 'Model Minority' Thesis," 4 *Amerasia Journal* 23（no. 2, 1977）.

178　对亚裔美国人不具备完全政治公民权资格的分析，参见 Leti Volpp, "'Obnoxious to Their Very Nature': Asian Americans and Constitutional Citizenship," 5 *Citizenship Studies* 57, 63（2001）。亦可参见研究美籍华人政治与社会排斥的一部经典著作：Victor G. Nee & Brett De Bary Nee, *Longtime Californ': A Documentary Study of an American Chinatown*（1972）。

179　See L. Ling-chi Wang, "Race, Class, Citizenship and Extraterritoriality: Asian Americans and the 1996 Campaign Finance Scandal," 24 *Amerasia* 1（1998）.

180　See Wen Ho Lee & Helen Zia, *My Country Versus Me*（2001）; Neil Gotanda, "Racialization of Asian Americans and African Americans: Racial Profiling and the Wen Ho Lee Case," 47 *UCLA Law Review* 1689（2000）.

要理由是将中国人推定为甚至不能理解个体权利观念并由此不能满足美国"共和政府形式"[181]的要求，但颇具讽刺意味的是，针对此种排斥，中国人的第一反应却是典型"美国式"的反应：坚持他们在联邦法院享有的法律权利。[182]

五、朝向一种东方主义伦理

中国……是对适当阅读的回报……每个人都以他特有的方式理解中国，而且他对表意文字的理解使其能做这样的理解。[183]

——苏源熙

虽然本文主要目的是对在西方历史上占支配地位的中国法表述的大体轮廓进行勾勒，但人们可能仍想知道所有这些与理解今日的中国和中国法（如果有任何关系的话）存在何种关系？我们应当怎样使用"法律"理解中国，或者使用"中国"来理解法律？

从是非对错上而言，本文并非意在发出这样一种明确指令：比较法学者必须停止东方化中国；它绝不必然在我们自身的法律自我界定（legal self-definition）中构成一种纯粹方法。虽然此种道德化或许在修辞上令人满意，但一种明确的反东方主义道德（anti-Orientalist morality）却根本不可能。在伽达默尔执中的意义上，偏见虽可被控制，

---

181 Terrace v. Thompson, 274 F. 841, 849 (W. D. Wash. 1921), aff'd, 263 U. S. 197 (1923).

182 See Christian G. Fritz, "A Nineteenth Century 'Habeas Corpus Mill': The Chinese Before the Federal Courts in California," 32 *American Journal of Legal History* 347 (1988).

183 Haun Saussy, "Hegel's Chinese Imagination," in *The Problem of a Chinese Aesthetic* 151 (1993).

却无法被彻底消除。正如伽达默尔观察的那样，不论好坏，"启蒙运动的基本偏见在于对偏见自身的偏见，而这是对传统的力量的否定"[184]。无论如何，"归于传统是诠释学的一个条件"[185]；而传统不可避免地驱使我们用先入之见来看世界，不论这些先入之见是好还是坏，从而造成我们的偏见。

由此可以说，并不存在没有偏见的知识，除了东方化之外，我们几乎没有选择：我们会一直根据我们自己的偏见来先行理解中国及其法律传统。此外，在我们试图去理解它们时，我们不仅不可避免地一直对中国和中国法进行他者化与本质化，而且中国也以同样的方式对我们西方进行本质化。而且，我们和中国人也都彼此在对各自传统进行本质化：在某种程度上，中国人"自我东方化"，而美国人"自我美国化"。

作为中国自我本质化（self-essentialization）的例证，不妨再度考虑这个事实：几个世纪以来，官方的、国家支持的儒家观点认为，在理想意义上由道德统治的中华帝国治理过程中，法律仅具有微乎其微的作用——但事实上，国家却创制了一套精密的法律体系来推行其政策。但仅就儒学主张道德优于法律以及国家将中国性（Chinese-ness）等同于儒学而言，它在意识形态上必然坚持中国是一个由（具有至高品性的）人而非（单纯工具性的）法律治理的国家。[186]

不妨再考虑一个稳定的、持久的中国这一观念。这种杜撰不仅是一个西方的幻想，而且也是一个儒家的幻想。尽管相当不坦率，孔子

184　Hans-Georg Gadamer, *Truth and Method* 270（Joel Weinsheimer & Donald G. Marshall eds., Crossroad 2d rev. ed. 1989）（1960）.

185　同上注，第291页；亦可参见上注，第277页（"有必要从根本上恢复偏见的概念"）。

186　Derk Bodde & Clarence Morris, *Law in Imperial China*（1967），and Ch'ü T'ung-Tsu, *Law and Society in Traditional China*（1961）.

本人坚持认为他对中国国家和社会的改造计划只是回到以前的黄金时代，即对于远古传统的一种单纯的重新肯定，而非对其所认为已经堕落和欠缺道德的现世社会的根本重塑。[187] 的确，从孔子开始（甚至在他之前），中国人几乎所有的根本性社会改造计划皆将其鼓吹的乌托邦回溯到一个古老的过去，以便于遵从一种强烈反对剧烈变革的文化偏见。

不可否认，自从 1949 年共产主义者取得政权，至少中国人的政治国家已经明确拒绝将过去视作合法性的一种来源。然而，甚至这种拒绝本身也是建立在对过去的一种自我东方化基础之上。换言之，虽然这种中国化的马克思主义完全可以代表一种意义重大的转变，但是这个毛泽东主义的衍生本身在根本意义上是被一种需求所驱使的，即将中国的过去看作是无可救药地"封建的"、迟滞的并等待共产主义将它从其非历史的困境中拯救出来的需求。因此，许多中国历史学家已将马克思对世界的一些东方主义理解内化为他们自我理解的一部分。[188] 例如，经君健这

187　参见 Confucius, *The Analects*, Bk. VII, Ch. 1 (D. C. Lau trans., 1979)（"孔子曰：述而不作……信而好古"）。

188　关于马克思主义史学，可参见 Arif Dirlik, *Revolution and History: Origins of Marxist Historiography in China, 1919–1937* (1978)。Cf. Partha Chatterjee, *Nationalist Thought and the Colonial World: A Derivative Discourse?* (1986)（对于印度采用欧洲化的"国家主义"意识形态进行了分析）。"中国性"建立在其并非"西方的"基础之上，在这种程度上，王宁将这种现象称为"西方主义"（Occidentalism）——归根结底是自我东方主义的另一种模式，因为它仍旧主要通过与"西方"的联系界定其自身。See Wang Ning, "Orientalism versus Occidentalism?" 28 *New Literary History* 57 (1997). 鲁迅，这位中国主要的现代派作家，在 1934 年做出的讽喻性观察，可作为一个例子："又因为多年受着侵略，就和'洋气'为仇；更进一步，则故意和这'洋气'反一调：他们活动，我偏静坐；他们讲科学，我偏扶乩；他们穿短衣，我偏着长衫；他们重卫生，我偏吃苍蝇；他们壮健，我偏生病……" Lu Xun, "Reflections Starting from My Son's Photographs," 转引自 Zhang Longxi, "Western Theory and Chinese Reality," 19 *Critical Inquiry* 105–106 (1992); 也参见 Chen Xiaomei, *Occidentalism: A Theory of Counter-Discourse in Post-Mao China* 5 (1995)（观察到中国的"西方主义"或者依循西方他者而做出的自我界定"主要是一种话语。这种话语由中国社会不同的、彼此间存在竞争关系的集团——主要但并非排他性地——在中国国内政治中出于不同目的而促生"）。

位杰出的历史学家，对于清朝经济的法律管理描绘了一个丰富甚至动态的图景。然而，几乎与他自己的证据相悖，在文章结尾，他竟然得出这样的结论："中国法始终渗透着相同的基本原则。"[189]

正如中国人倾向于将他们自己的过去自我东方化为无法的和不变的，我在上文中指出美国人倾向于将他们自己"自我美国化"为天生崇法之人。令人惊奇的是，虽然美国人往往"在文化上高度评价

---

[189] Jing Junjian, "Legislation Related to the Civil Economy in the Qing Dynasty," in *Civil Law in Qing and Republican China*, Kathryn Bernhardt & Philip C. C. Huang eds., 1994, at 42, 82; see also Chen Duanhong, "Opposition—The Future of Chinese Constitutionalism from the Perspective of Administrative Litigation," 4 *Zhongwai Faxue* 1 (1995)（将黑格尔观念中的传统中国法描述成一套父权式规则，在这类规则下，主体被矮化为子女的身份）; Liang Zhiping, "Explicating 'Law': A Comparative Perspective of Chinese and Western Legal Culture," 3 *Journal of Chinese Law* 55, 91 (1989)（"显而易见，中国传统法律概念不能包容当代法律概念的丰富内涵……我们必须对过去的历史进行揭露和批判，并自觉承认我们并非有意继承的这些传统"）。因为中国本土法律传统倾向于被简化为一种东方主义的老套模式，西方法的理想化观念逐渐构成了"法律"的范式形式。See, e. g., Gao Hongjun, "Two Modes of the Rule of Law," in *Yifa Zhiguo*, *Jianshe Shehui Zhuyi Fazhi Guojia* 262, 266–67 (Liu Hainian et al. eds., 1996)（基于罗伯托·昂格尔对法律发展所持的以欧洲为中心的说明方式）。See William P. Alford, "The Inscrutable Occidental: Roberto Unger's Uses and Abuses of the Chinese Past," 64 *Texas Law Review* 915 (1986). 由此，具有讽刺意味的是，当代中国多数法律理论的"前沿性研究"是由对于欧洲启蒙运动叙事的重新描述构成的。See, e. g., Yan Cunsheng, "Rationalization Is the Core of Legal Modernization," 1 *Faxue* 8 (1997); Du Wanhua, "The Dualistic Social Structure and Jurisprudential Reflections Thereon," 1 *Xiandai Faxue* 5 (1996)（其中，援引了霍布斯、康德、洛克以及卢梭的著作）; Bei Yue, "Human Rational Agreement and the Origin of Legal Rules," 1 *Xiandai Faxue* 8 (1997)（社会契约论的叙事）。不可否认，法律自我东方化并没有任何"错误"之处。正如斯皮瓦克观察到的那样："文化自我表述的程序从来没有对错之分。它们皆为文化印记的实质。"Gayatri Chakravorty Spivak, *A Critique of Postcolonial Reason: Toward a History of the Vanishing Present* 341 (1999). 但就法律自我东方化建基于对中国过去不完整的解读而言，鉴于它试图将其自身建立在站不住脚的历史基础上并对当代中国法律改革者依赖中国古代法律资源的能力予以不必要的限制，它至少应被批判。在这种语境下，正如唐小兵观察到的那样，或许值得注意的是，萨义德对于东方主义的批评"从未真正进入（当代中国的）一般性文化-知识话语中，并产生明显的影响"。Xiaobing Tang, "Orientalism and the Question of Universality: The Language of Contemporary Chinese Literary Theory," 1 *Positions* 389, 389 (1993).

改变"[190]，这也服务于将中国法律传统斥为"停滞的"，但在内国语境下，美国人却对缺乏改变予以高度评价。正如儒学通过遵从由历朝历代的创立者确立的统治形式以寻求政治稳定，众多美国人也以这样的事实而自豪：在建国伊始就通过的宪法直至今天仍保持不变。[191] 然而，在中国政治文化中存在的一种真正的抑或所谓的缺乏改变虽往往被负面地斥为"停滞"，但在美国语境下，相似的缺乏改变却代表着"稳定"具有的积极优点：不做传统的奴隶，而是忠诚于我们人民"真正的本质"。的确，不妨考虑宪法原旨主义学者倾注众多学术激情去努力解释为何当代美国人应受一群有产白人在 1789 年费城会议上签订的协议所统治这一事实。这些人能在他们的坟墓中统治我们，这种效果无疑与孔子鼓吹的一种祖先崇拜形式非常相似，但这里，它作用于将美国人的认同确认为本质的、稳固的美国人。[192]

但如果这是如此让人抑郁的结论——我们不得不将其他人甚至我们自己实质化——那么，比较法学者的工作是什么呢？如果我们接受

190　Paul A. Cohen, *Discovering History in China: American Historical Writings on the Recent Chinese Past* 6 (1984).

191　不可否认，尽管宪法已被修改数次，但至少流行的观点——如果不是宪法理论研究者的观点——认为美国人继续生活在"相同的"宪法之下。Cf. Bruce Ackerman, *We the People: Foundations* (1991).

192　另一个对传统的儒学式自我投射的例证，可考虑西方对于一个理想化的"经典古代"的呼吁（例如，应严格区分于受东方影响的希腊文化）以及"将其作为一种过去遗产而在西方文化中保留"的需要。Hans-Georg Gadamer, *Truth and Method* 287 (Joel Weinsheimer & Donald G. Marshall eds., Crossroad 2d rev. ed. 1989) (1960). 这让我们想到东方主义话语不仅构成作为一种客体的东方，而且也构成了西方化的主体，詹姆斯·卡里尔在相似意义上使用"西方主义"这个术语描述了"东方"人类学研究推助"西方"理想化的方式。James G. Carrier, "Occidentalism: The World Turned Upside-Down," 19 *American Ethnologist* 195 (1992).

这个前提——偏见将最终构成"理解的真正条件"[193]，我们就不需要为了理解什么而找出一个阿基米德观察点：反正完美不被要求，尽管我们可能希望朝此目标前进。取代采用一种反东方主义的简化式道德——"不可东方化"——来有效终结比较法，我们仍可继续我们的比较事业。的确，在根本意义上，比较乃是我们与其他人接触并建立联系的唯一方式。[194]

然而，尽管道德在比较法中没有置喙余地，但伦理却必须具有。所谓"道德"，意指构想一种既有道德主体并进而详尽阐述该主体适当行动之准则的规范性系统。[195] 相较而言，所谓"伦理"，则意指与既定主体可能会（或不会）采取的行动没有关系，但却与该主体之构建存在联系的规范性系统。我们这里并非先设想一种伦理主体然后对其规范，而是用伦理规范主体形成的条件。由此可以说，比较法需要的乃是一种东方主义伦理，而非一种不可能的反东方主义道德。

也就是说，即使我们继续比较且必然东方化，但必须考虑我们的比较对于其他人的效应。[196] 我们使用的范畴一直都限制了我们在世界中能够发现什么，在此种程度上可以说它是我们比较行为具有的基本效应。这种行为部分地生产出拟被比较的客体——例如美国"法律主体"和中国"无法律非主体"。由此，我们必须从该术语的双重意义上考虑我们的比较主体化他人的方式：将他们认可为自由的主体，

193　Hans-Georg Gadamer, *Truth and Method* 277 – 307（Joel Weinsheimer & Donald G. Marshall eds., Crossroad 2d rev. ed. 1989）（1960）.

194　参见 Charles Taylor, "Comparison, History, Truth," in *Philosophical Arguments* 147, 150（1995）（"在某种意义上，他者理解一直都是比较性的"）。

195　在这种意义上，基督教和康德伦理学即为道德的范式性例证。

196　正如斯皮瓦克详尽阐释的，东方主义伦理观念也可被视作一种"策略性本质主义"。See Gayatri Chakravorty Spivak, *A Critique of Postcolonial Reason: Toward a History of the Vanishing Present* 309（1999）. 也就是说，在知晓其结果的情形下，为追求仅有的确定目的而将其他目的本质化的一种做法。

并限制他们作为主体的自由。[197]

根据这种伦理指令，那么，我们应当怎样评估不同的法律东方主义？对此，我们可考察中国法近来在香港的适用。它往往将东方主义观念转变为实践。的确，在殖民法律体系中，西方对中国法的表述与作为当地物质实践的中国法之间的区分在根本上已不复存在。因为香港的法院往往采用中国法的东方主义描述建构一个法律体，以此，法院可将这个法律体作为它们自己的、特质的"中国法"观念适用于香港本区居民。从技术上看，这借助于专家证人及通过解释有关这一主题的西方观察者的历史著作得以完成。[198] 需要咨询外部专家的原因在于英国殖民主义秉持的某一基础

197　Louis Althusser, "Ideology and Ideological State Apparatuses（Notes Toward an Investigation），" in *Lenin and Philosophy and Other Essays* 85, 123（Ben Brewster trans., 2001）（1971）；See Janet Halley, "Gay Rights and Identity Imitation：Issues in the Ethics of Representation," in *The Politics of Law: A Progressive Critique* 115, 140（David Kairys ed., 3d ed. 1998）.

198　这一书面资料包括了由传教士、东方主义历史学家、空谈的人类学家以及偶尔出现的英国律师所写的陈旧的、往往明显怀有敌意的一堆大杂烩。在一系列司法援引中，随着时间的推移，这种不确定的判例获得了一种除了其自身作为先例地位外不要求其他基础的权威："一位作者将各种资料来源加以综合，并在某一判决中被援引，而这个判决被用来作为与适用相同资料渊源的其他作者加以比较的一个先例，等等。" Peter Wesley-Smith, *The Sources of Hong Kong Law* 216（1994）. 的确，令人十分惊奇的是，直到20世纪80年代末期——那时确实存在精细的更值得从事的晚清中国法律与习惯的研究——香港法院继续依据过时的委员会报告——这份报告在各种陈旧的19世纪文本中被作为"权威"加以援引。例如在这一判决中（In re Estate of Ng Shum [No. 2], [1990] 1 H. K. L. R. 67），反复援引了1953年《有关中国法律与习惯的香港委员会报告》，这份报告由总督委员会于1948年受托加以编撰。这个案例明显将这一报告参照的诸如香港的英国执事长所写的一种社会"历史"视作东方主义的精华而予以援用：John Henry Gray, *China: A History of the Laws, Manners, and Customs of the People*（1878），and J. Dyer Ball, *Things Chinese: Being Notes on Various Subjects Connected with China* 392（1892）（包括"诸如乱七八糟这样的条目……中国人不仅在地理位置上恰为我们的对极点，而且在几乎所有行为和思想方面，他们皆与我们相反"）。除了援引这个报告内容外，这个案例甚至援引了爱德华·帕克将晚清亲属法化约为早期罗马法之范畴的不懈努力——自负地宣称清朝法律处于"大约迄今2200年《十二表法》公布之前的罗马法"发展阶段（Edward Harper Parker, "Comparative Chinese Family Law," 8 *China Review*, 69 [1879]）。虽然当代香港法院也已使用专家证人，但这些专家证人倾向于直接诉诸这些遗留下来的法学。正如彼得·韦斯利·史密斯对于英国殖民统治结束时情形的描述，大多数"专家'证人'"不知道他们证明的主体；相反，他们的专业技能只在于"他们是学习了一小部分有关中国法和习惯的文献的学者"这一事实（同本注韦斯利·史密斯书，第216页）。

性法律定理："因为本土法是外国法，像其他的事实一样，它必须得以证成。"[199] 这个原则颇具博尔赫斯特色，很快且有效地混淆了"本土"与"外来"以及"法律"与"事实"，以至于直到英国殖民者完全放弃它之前，本土中国法既非"本土的"又非"法律"。一旦由此产生的真空为东方主义设想所填充，最后留下的也往往一点都不是"中国的（法律）"。

由此，如果西方秉承的法律东方主义通常是从具体法律实践中产生并围绕具体法律实践的一套中国法的西方化表述，甚至当这些表述本身就是异想天开之时，在香港，这种推动力却已被逆转：在那里，法律实践往往是法律东方主义的实质性成文法则。[200] 这个事实本身当然并非对作为结果的法律的控诉，因为文化根源或民族根源的纯正性几乎不能成为法律质量的一种担保。而且这种纯正性也无法获得，除非是通过对自身过去的自我东方化。对于此种东方主义，在伦理上应怀疑的是，它与中国无法律非主体之间存在范式性殖民关系：此法律对生活于其中的中国人的构建毫无作用。

然而，不像中国的大多数地方，香港切身经历过一段殖民历史，由此其法律主体业已被西方殖民化，这一点毫不令人惊异。但在诸如

199　Hughes v. Davies, Renn. 550, 551（1909）.

200　这种描述明显适用于在殖民时代的香港存在的多数"中国法"产品。在后殖民时代的香港，这种法律体——在实质上是晚清法律与习惯法之混合——的地位相对晦暗不明，但至少基于一种形式化分析，从英国人在移交前夕仍强制推行这种法律的程度上来看，它仍旧保持着效力。See Teemu Ruskola, "Conceptualizing Corporations and Kinship: Comparative Law and Development Theory in a Chinese Perspective," 52 *Stanford Law Review* 1599, 1725-1726（2000）; see also Barbara E. Ward, "Rediscovering Our Social and Cultural Heritage in the New Territories," 20 *Journal of the Hong Kong Branch of the Royal Asiatic Society* 116, 121（1980）（着重提到英国殖民主义"像一台冰箱那样发挥作用，将当地的社会和文化体系'冷冻'在英国人刚到达时的那种状态，并在相当令人吃惊的程度上抑制着如缺乏此种作用而可能发生的改变"）。

理解中华人民共和国的过程中，法律东方主义又发挥何种作用？自从冷战结束，法律已成为美国一种主要的出口产品。[201] 各种法治项目正在被源源不断地提供给中国。[202] 这些项目潜在地建基在这种观念上：中国本土法律资源不足以胜任管理中国的任务；创设一种"真正的"法律秩序，中国需要依赖西方的援助。换言之，中国在实质意义上是静止的，如果没有西方的参与，其将会被丢弃在历史中。这种内含的观点在社会科学领域受到了批评，批评家将其称为"冲击–回应"范式。这种范式的主要结构性推定是：中国所谓"现代化"的确是对19世纪西方带来的"冲击"的一种"回应"。[203]

今天，很多美国政策制定者仍将中国人视为在实质上无法的以及东方专制主义的非个性化主体。在其当代的具体表现中，这种观点旨在支持促使中国向西方投资和贸易开放其市场的政治和经济改革项目：那些赞同中国加入 WTO（世界贸易组织）以及其他国际商事和贸易法律体制之人断言，中国的参与最终会将其人民改造成推助法治形成的主体。这种独特的东方主义观点可能冒着将美国法在中国的使

---

201 See e. g., Thomas Carothers, "The Rule of Law Revival," 77 *Foreign Affairs* 95 (1998). 一种批判性分析，参见 Margaret Jane Radin, "Reconsidering the Rule of Law," 69 *Boston University Law Review* 781 (1989)。

202 See generally Matthew C. Stephenson, "A Trojan Horse Behind Chinese Walls? Problems and Prospects of U.S.-Sponsored 'Rule of Law' Reform Projects in the People's Republic of China," 18 *Pacific Basin Law Journal* 64 (2000).

203 Paul A. Cohen, *Discovering History in China: American Historical Writings on the Recent Chinese Past* 58 – 96 (1984). 对这种范式的当代表现形式予以清晰表述的经典著作乃是富有影响力的、首先出版于1954年的《中国对西方的回应》一书。See John K. Fairbank & Ssu-Yu Teng, *China's Response to The West* (1954). 关于一种修正性的观点，可参见 Jonathan Spence, *To Change China: Western Advisors in China 1620 – 1960* (1980)；亦可参见 William Alford, "Law? What Law?" in *The Limits of the Rule of Law in China* 49 – 50, (Karen G. Turner et al. eds., 2000); Teemu Ruskola, "Conceptualizing Corporations and Kinship: Comparative Law and Development Theory in a Chinese Perspective," 52 *Stanford Law Review* 1599, 1717 (2000).

命从（相对无害的）法律观光（legal tourism）转变为在法律改革口号掩饰下强制推行新自由主义的风险。[204]

对于这个观点，也存在一个强烈的反讽：考虑到在美国国内语境中，美籍华人对于经济生活的融入简直太过成功以至于使得他们的法律能动性显得相对薄弱；甚至作为公民，他们也被认为主要通过经济而非法律和政治手段发挥他们的能动作用，至少依据他们的媒体描述，的确如此。[205]

然而，无论上述东方主义之间存在怎样的不同，它们皆赞同一种过分理想化的美国法律主体的自画像，以及一种关于中国（无）法律（非）主体的过于负面的观点：中国由道德管理，美国由法律管理；中国人是盲目的从众者，美国人是有个性的人；中国是专制的，美国是民主的；中国是静止不变的，而美国则是变动的。所有这些观念结合成一个不可分解的分析性意义复合体，以至于往往牵一发而动全身。问题不在于这些东方主义对于中国法律主体性不可避免地做出了诸多推定，而是这些推定排除了在美国法律主体与其未来将成为法律主体的中国对应体之间建立任何真正联系的可能。他们将美国法律主体看作真正的范式性例证，在这种程度上，他们意在授权它去教授中国人怎样成为（真正的）法律主体。在美国讲授这课之前，中国

204　这并不是说本土中国人对于法律改革没有需求。显而易见，很多中国人确实赞成法律改革以及中国加入 WTO。他们自身并不存在针对追求这些目标的任何内在反对意见。真正问题在于这些计划对法律现代性所有可能形式所具有的不言自明的西方性（一般由美国法律出口者与中国法律进口者共同做出）的含蓄推定，以及市场的扩大将自然而然地将中国专制性主体"文明化"为（自由的）法律主体的一种期待。

205　See L. Ling-chi Wang, "Race, Class, Citizenship and Extraterritoriality：Asian Americans and the 1996 Campaign Finance Scandal," 24 *Amerasia* 1（1998）；Wen Ho Lee & Helen Zia, *My Country Versus Me*（2001）；Neil Gotanda, "Racialization of Asian Americans and African Americans：Racial Profiling and the Wen Ho Lee Case," 47 *UCLA Law Review* 1689（2000）.

法几乎不会给美国法提供任何借鉴，而这对于跨文化的理解几乎不会提供任何帮助。的确，仅就法律主体观念对所有其他法律传统具有去合法化的潜力而言，法律东方主义正是建立在真正"法律"概念基础之中，这个概念连同其所暗示的这种个体主体性（individual subjectivity），成为西方对当代世界的主要贡献之一。[206]

虽然法律自恋不可能是致命的，而且或许仅仅提供给我们的是我们所应得的（些许）关于中国法的观点，但中国人显然比此应得到更多。不可否认，正是某些"基本的、促成性的偏见"[207] 促成了我们能够与其他人进行沟通的先决条件：我们对于其他人的前见部分地使得那些其他人以主体的面貌出现。然而，这种促成性偏见也不可避免地限制了那些其他人：主体性从来就不意味着完满的自由。那么，正是东方主义的应用与效应将一种东方主义区别于另一种东方主义：[208]它如何将他人主体化？

由此，东方主义之间伦理上的区别不是在负面偏见上，而是在于正面偏见，即使在法律语境下，东方主义杜撰也倾向于呈现压倒性的负面样态。[209] 例如，中国人在和解和协调方面之天赋的社群主义（communitarian）与其他理想化的事物，倾向于依赖与中国无法律非主体性相似的观念。[210] 它们往往代表着西方对于儒家意识形态拟制的一种不加鉴别的接受，认为中国人天生喜欢将他们自己受制于集团道德的支配。

---

[206] 正如彼得·菲茨帕特里克观察的那样，对其他社会之法进行杜撰乃是合法化其自身所有之法不可避免的组成部分。See Peter Fitzpatrick, *The Mythology of Modern Law* (1992).

[207] Hans-Georg Gadamer, *Truth and Method* 295 (Joel Weinsheimer & Donald G. Marshall eds., Crossroad 2d rev. ed. 1989) (1960).

[208] Cf. William P. Alford, "The Inscrutable Occidental: Roberto Unger's Uses and Abuses of the Chinese Past," 64 *Texas Law Review* 915 (1986).

[209] 比照上文第四部分第二小节。

[210] See, e. g., David Hall & Roger Ames, *Democracy of the Dead* 216 – 20 (1999).

而且，与它们对应的负面评价一样，这些正面的东方主义倾向于将法律设想为天生"西方的"和"现代的"，以此，有效地将中国从法律与现代性中排除出去。不可否认，此种膜拜式东方主义的目的往往是对（过度的）西方法制进行批评，但却使用中国非法制作为其反例，他们将中国人简化为法律上的高级野蛮人：未被法律现代性玷污的快乐原始人。

既然它并不坚持明确区分正面与负面的东方主义，一种比较的伦理并不要求将中国法律实践与批判分离开来。[211] 在西方帝国主义兴起过程中，启蒙人文主义早已完全可能深深地牵连其中，但正如查克拉巴蒂观察到的，它"在历史上业已提供了一个稳固的基础，以此基础——既在欧洲又在其他地方——树立起对社会不公正之实践的批判"[212]。事实上，无论在中国抑或在我们本国，我们皆负有一种关注臣服（subjection）实践——法律主体被促成和不被促成的方式——的伦理义务。

的确，虽然我坚称我们的法治观念不能如此封闭和僵硬，以至于可明确地将一些政治组织和社会组织的所有可替代物去合法化，但我并不意在表明，无论对于我们自身抑或对于其他人而言法治自身不可能是一个正当模式。尽管人们支持将法治观念加以宽泛概念化之做法，但似乎毫无疑问——事实上，有些同义反复——中国不具有英美术语意义上的法治。[213] 由此，似乎更明智的做法不是问"中国存在法

211　对在过去几十年中人权如何在中国对外关系中占据突出位置的分析，参见 Ming Wan, *Human Rights in Chinese Foreign Relations: Defining and Defending National Interests* (2001)。

212　Dipesh Chakrabarty, *Provincializing Europe: Postcolonial Thought and Historical Difference* 4 (2000).

213　当然，这种界定并非唯一的正当性界定。正如裴文睿观察到的那样："中国的一党制社会主义——共产党在其中担当领导角色——在理论上与法治相契合，尽管这种法治并非一种西方自由民主式的法治。"Randall Peerenboom, "Globalization, Path Dependency and the Limits of Law: Administrative Law Reform and Rule of Law in the People's Republic of China," 19 *Berkeley Journal of International Law* 161, 167 (2001).

治吗", 而是问"中国应当存在与我们当前构想之概念一样的法治吗"。[214] 在回答这个问题时, 我们应当理智地意识到法治可能以及不可能获取什么。这并非事先评判这个问题: 即使我们承认法治的缺陷, 我们也将会最终发现它仍是可取的。[215] 尽管如此, 物非所值的买卖对谁都没有好处。[216]

---

[214] Michael Dowdle, "Heretical Laments: China and the Fallacies of 'Rule of Law'," 11 *Cultural Dynamics* 287, 287 (1999). 正如郭丹青强调的那样, 认为中国缺乏一种"法治"体系的断言明显地"没有证成其最具决定意义的部分: 中国法律体系赖以被识别和被衡量的理想"。See Donald Clarke, "Puzzling Observations in Chinese Law: When Is a Riddle Just a Mistake?" in *Understanding China's Legal System* (C. Stephen Hsu ed., 2003). 认定中国"缺乏"法律体系的断言, 尽管很准确, 但应当伴随一种旨在解释为何任何特定的"缺乏"在中国文化、政治、历史以及社会语境中不受欢迎的论证。很可能存在很多坚实的论据支撑此类断言, 但这些论据被明确地呈现, 而非单纯地暗示, 正如它们从中国以不同方式调整其自身这一纯粹的事实中不可避免地被获得一样。

[215] 诚如沈媛媛(音译)强调的那样, 无论法治在概念上和实践上存在怎样的缺陷, 它"仍旧对今日的中国有用"。Yuanyuan Shen, "Conceptions and Receptions of Legality," in *The Limits of the Rule of Law in China* 20 - 21 (Karen G. Turner et al. eds., 2000).

[216] 在这种语境下, 亦可考虑围绕"司法独立"的重大意义而展开的激烈讨论。司法独立可能是一个值得追求的目标, 但像法治一样, 它在根本上仅具有一种工具性价值, 其本身并非终极目的。正如马克·拉姆齐尔观察到的那样: "基本的比较研究表明: 法官独立……并非普遍存在于热爱自由的国家的每个地方。"Mark Ramseyer, "The Puzzling (In) Dependence of Courts: A Comparative Approach," 23 *Journal of Legal Studies* 721, 721 - 22 (1994). 的确, 据推测, 几乎没有几个美国人将会希望拥有一种真正意义上的独立法官, 一种不受约束的司法统治阶层; 正如孔杰荣提醒的那样: "独立的法官可能阻止民主制政府的有效运作, 正如它能很容易地阻止威权制政府运作一样。"Jerome Alan Cohen, "The Chinese Communist Party and 'Judicial Independence': 1949 - 1959," 82 *Harvard Law Review* 967, 973 (1969); 也参见 Jose J. Toharia, "Judicial Independence in an Authoritarian Regime: The Case of Contemporary Spain," 9 *Law & Society Review* 475 (1975) (观察到政治独裁主义与相当大程度上的司法独立能够共存)。此外, "司法独立"甚至在其现在的变种中也并非以绝对形式存在, 甚至在美国, 它也并不具有一个稳定的历史含义。例如参见 Stephen B. Bright, "Can Judicial Independence Be Attained in the South? Overcoming History, Elections, and Misperceptions about the Role of the Judiciary," 14 *Georgia State University Law Review* 817, 856 (1998) (将南方州现在的很多法官斥为"不独立以及不忠诚于法治"); Christine A. Desan, "Remaking Constitutional Tradition at the Margin of the Empire: The Creation of Legislative Adjudication in Colonial New York," 16 *Law and History Review* 257, 316 (1998) (呼吁应承认"立法性裁判——由立法者作出的司法决策——的殖民体系构成了'美国法制'史的主要组成部分")。

然而，无论我们能否通过人权或其他一些话语清楚地表达我们的批评，我们不可以在缺乏一场公平听证的情形下继续谴责中国。中国法律实践往往被不相关的建立在诸如中国人"专制"和"非理性"的性格推定基础上的品格证据所评断。同样经常看到的是，甚至在证据被提交前，中国法律体系就已被推定为是有罪的——或者即使证据被提交，它往往皆是几个世纪流传下来的东方主义者的道听途说。而且，着实司空见惯的是，整个过程似乎围绕我们以及证明我们的规范与实践之清白这一项目展开，而这却取径于引申性地质疑中国的法律规范和法律实践。最后，对于所有东方主义认识论而言，存在一种根本的结构问题：为何中国一直被描述成被告而西方则充任法官以及陪审团呢？[217]

　　的确，司法听证几乎不是理解中国法的最佳比喻。重新回到伽达默尔的理论，他将解释过程视为一种"诠释学循环"的观点更多地也是对比较过程的一种描述，在规范意义上它甚至为其提供了一种更可取的模式。采用伽达默尔的术语，通过展现我们自身的前理解——我们从我们自身的历史预设（historical givens）中获得——我们开始我们的中国法研究。在理想意义上，那些前理解只包括可随时间调整的一个临时性起点——为了在世界上一次次地来回展现它，每次调整都依赖于（我们相信的）我们的偏见在事实上描述世界的程度。但在每一个点上，我们对世界的描述也影响了它的组织构成，以至于并不存在这一事业的终极目的。它并非旨在找寻一个固定的历史真实。相反，这个过程本身就构成了由历史产生并在历史中存在的真实。

---

　　[217]　参见 Leti Volpp, "Feminism vs. Multiculturalism," 101 *Columbia Law Review* 1181 (2001)（西方女权主义法学话语将非西方的文化实践设想为父权制的，并由此发现与女权主义相对抗的多元文化主义）。

事实上，"诠释学循环"这个术语听起来较之它所需要的那样更为静态。它不仅是使我们成为我们当前偏见的永恒人质的一种无限循环，而且，"这个循环也包括一个本体论意义上的重大积极意义"[218]。它一直使得"视域融合"（fusion of horizons），即一种在不同诠释系统之间的真正接触，成为可能。[219] 除了将我们自己的法律范畴、我们自身的智力机制带给这个接触者，我们没有其他选择，但当我们解释中国法律体系时，我们可能对我们的范畴提出疑问。虽然我们不能将所有的它们放在一起讨论，但我们肯定能逐一质疑至少其中的一个或数个。由此可以说，虽然这种诠释学循环在概念上是循环的，但它却并非静止的，而是随时间而转变。它的运动并非目的性的，朝向一个最终的安息之地——这个循环最终完结并收缩为一个单一的靶心，意味着我们已经获得了一个完满的最终理解。恰恰相反，这个循环在一个并非预先设定的方向上环形运转：或左或右，或上或下，或东或西。

这里也可考虑赫伯特·芬格莱特（Herbert Fingarette）这位受西方规范熏陶的哲学家的观点。在认真考察中国思想后，他谈道："当我开始阅读孔子时，我发现他是一位乏味和偏狭的说教者；他的言论

218　Hans-Georg Gadamer, *Truth and Method* 266 (Joel Weinsheimer & Donald G. Marshall eds., Crossroad 2d rev. ed. 1989) (1960).

219　同上注，第306页（"理解其实总是一些被误认为是独立存在的视域的融合过程"）。不可否认，仅就它意味着承认不相关联的法律体系或不相关联的"法律视域"的存在而言，从后殖民比较法研究视角观之，不同视域聚集和融合的表达方式是不贴切的。然而伽达默尔在其他地方澄清了"这些被误认为是独立存在的视域"从来都不是不相互关联的，从来也不是完全封闭的："正如一个个别人永远不是一个单独个体，因为他总是与他人相互了解，同样，那种被认为是围住一种文化的封闭视域也是一种抽象。人类此在的历史运动在于：它不具有任何绝对的立足点限制，因而它也从不会具有一种真正封闭的视域。视域其实就是我们活动于其中并且与我们一起活动的东西。视域对于活动的人来说总是变化的。"（同上注，第304页）

汇编——《论语》，对我而言，就是一个陈旧的无用之物。后来，我与日俱增地发现他是一位具有深刻洞察力以及人类想象力的，可与我所知的伟大人物相比肩的思想家。"[220]

中国法的解释——以及纯粹对构成"法律"事物的解释——不可避免地将我们牵涉到我们自身的解释过程中：作为（法律）主体的我们是谁？以此，在这种程度上可以说，"事实上，法律是一种解释性实践，而解释则是本体性的，我们一直通过我们的法律解释行为而冒着改变的风险"[221]。

因此，不论比较法学者可能感到他们自身如何被边缘化，比较法仍旧关系重大。在最广泛的意义上，我们都是比较法学者，因为我们必然凭依我们对他人的观念在法律上理解我们自身。一旦被这样设想，比较法便是一个主体型构的场所，一种通过它我们既能创设他人又能创设我们自己的实践。这种力量不应使得我们逃避采用比较行为（即使我们想做也不可能做），与其根据他们法律主体性的真实与否而进行确定与分类，毋宁采用促使不同种类法律主体得以产生的方式而在伦理意义上运用这种力量。

---

[220] Herbert Fingarette, *Confucius: The Secular as Sacred*, at vii (1972).

[221] J. M. Balkin, "Understanding Legal Understanding: The Legal Subject and the Problem of Coherence," 103 *Yale Law Journal* 105, 163 (1993). 受伽达默尔的启发，鲍尔金强调了法律解释的"存在性"或"本体性"（第159页），观察到"对于现实世界内部协调性的描述……事实上由相信我们自身的信念是有序的、前后一致的以及理性的这种需要所驱动"（第115页）。因此，我们中的很多人在本体论意义上笃信"（我们）生活在一个基本公正的社会中；恣意、非理性或非正义等因素只不过是规则之外的例外情形"（第147页）。当关于中国法律传统的推定与我们这些信念抵触时，它们有可能质疑我们社会世界的内部协调性。或者，正如鲍尔金所说的那样："当法律体系等同于一般社会权威时，对于法律规范协调性的抨击可能被解释为是对社会本身的抨击。"

六、结语

> 法律不是什么对和错
>
> 法律只是一些罪恶
>
> 受到时间和地点的惩处,
>
> 法律是任何时间,任何地点,
>
> 人们所穿的衣服,
>
> 法律是早安和晚安。[222]

——W. H. 奥登

不论法律人曾多少次声称事实胜于雄辩(res ipsa loquitur),但事实并不能为其自身辩护,未解释的事实仍是一种法律和社会的拟制。[223] 但着实常见的是,西方观察者不自知地声称对于中国法的最终解释权。对于为何应当如此的一个解释,可以考虑黄哲伦(David Henry Hwang)的话剧《蝴蝶君》。在这幕剧中,他对包括性别观念在内的东方化观念进行了分析。黄哲伦刻画的一个人物对于为何一个男人能完美扮演一个女人提供了一种简单的解释:"因为只有男人才

---

222 W. H. Auden, "Law Like Love," in *Collected Shorter Poems 1927 - 1957*, at 154 (1966), 转引自 Naomi Mezey, "Out of the Ordinary: Law, Power, Culture, and the Commonplace," 5 *Law and Social Inquiry* 145 (2001)。

223 参见 Clifford Geertz, "Local Knowledge: Fact and Law in Comparative Perspective," in *Local Knowledge: Further Essays in Interpretive Anthropology* 167, 173 (1983) ("'事实构型'并不单纯地是被发现在世界上到处乱放并被整体地搬入法院的事物")。

懂得女人应被期望如何表演。"[224] 也就是说，一个"真正的女人"最终只是一个男人想象的产物，在这种程度上，只有男人持有了解"女人"的"真实"的钥匙。我们拜物主义化的法律观念并无不同。只要我们坚持"真正的"法律是一种西方观念，则西方将一直持有理解法律真实的钥匙。

　　呜呼，并不存在跨文化的标准将帮助我们获得有关"法律"的终极定义。虽然（大多数）自然法理论遭受了理所应当的破灭命运，但在我们不那么自知之时，我们这样操作着，好像这些不足信的观念仍旧是好的法律，而忘记了甚至这种看似最自然的法律范畴最终也是文化的创制品。然而，唯一（剩余）的自然法却是：与别的地方一样，在中国，人们也出生和死亡。在生死之间，他们努力向这个世界以及他们自己慢慢灌输着意义。在这一方面，法律就是意义的一个源泉。

224　David Henry Hwang, *M. Butterfly*（1988）. 对《蝴蝶君》性别和种族政治学的分析，参见 David L. Eng, "Heterosexuality in the Face of Whiteness," in *Racial Castration: Managing Masculinity in Asian America* 137（2001）。

批判性法律东方主义

对中国法律比较话语的再思考

［瑞士］康允德　著*

谭琦　译**

引　言

对于一个在法治下养成自由民主的现代意识的西方人来说，中国法律似乎显得有些神秘；更有甚者，这种神秘甚至会引人怀疑法律在中国的存在。而常见的报道，又似乎滋长着"中国法律的存在是个矛盾命题"的观点。至少就这一视角而言，中国法律的存在是永远无法确定的；而另一方面，同样神秘的中国语言文字又使人望而却步，难以再对中国法律一探究竟。如此普遍长存的怀疑态度在律师与学者的论文题目中也可见一斑：《在中国寻找法律》《法，法，什么是法？》《无法之法，或者"中国法"是

---

　　*　康允德（Thomas Coendet），瑞士伯尔尼大学法学博士，上海交通大学凯原法学院特别研究员。本文受上海高校特聘教授（东方学者）项目岗位计划赞助。
　　**　谭琦，北京大学国际法学院硕士，《北京大学跨国法律评论》编辑。

一个矛盾表达吗?》。[1] 但仅仅提出怀疑又有何实际效果呢?

　　分析某些问题被提出的原因远比获得其答案更有价值。"中国法是否存在"似乎就是一个这样的问题。寻求这个问题的答案远不及思考为什么它会被提出重要;这种思考能使我们从西方思维模式自然地转换到东方思维模式上来,毕竟提出"中国法是否存在"这种问题就似乎隐含着对中国法观念的抗拒。因此,相比探求中国法的存在,真正有价值的是去研究:为什么西方法律意识如此难以理解中国法观念。过去15年,学术界对这个问题兴趣日隆,最终开启了一个新的比较法学术领域:法律东方主义。[2] 这一学术领域里程碑式的著作是络德睦的《法律东方主义》。[3] 络德睦将东方主义理解为"建构西方对东方理解的话语"[4]。他将上述话语的法律方面定义为:"就法律东方主义这个术语而言……在最一般的意义上,我用以指代关于何谓法律,何谓非法律,以及谁为其合适主体,谁非其合适主体的一套环环相扣的叙事。"[5] 他的研究重点在于他认为的分别代表西方、东方、法律的对象。就西方而言,他专注于美国;就东方而言,他专注

1　Stanley Lubman, "Looking for Law in China," 20 *Columbia Journal of Asian Law* 1 (2006); William Alford, "Law, Law, What Law? Why Western Scholars of China Have Not Had More to Say about Its Law," in *The Limits of the Rule of Law in China* 45 (Karen G. Turner, James V. Feinerman & R. Kent Guy eds., 2000); Teemu Ruskola, "Law Without Law, or Is 'Chinese Law' an Oxymoron?" 11 *William & Mary Bill of Rights Journal* 655 (2003).

2　对该领域发展历程的阐释,可参见 Teemu Ruskola, "The World According to Orientalism," 7 *Journal of Comparative Law* 1 (2012); Carol Tan, "On Law and Orientalism," 7 *Journal of Comparative Law* 5 (2012).

3　Teemu Ruskola, *Legal Orientalism: China, the United States, and Modern Law* (2013). 下文对此书内容的援引,皆出自英文原版。

4　同上注,第4页。对于东方主义的概念,络德睦基本上同意爱德华·萨义德的看法,后者将这个概念定义为"一种根据东方在欧洲西方经验中的位置而对待东方的方式"。Edward Said, *Orientalism* 1 (1978).

5　注释3络德睦书,第5页。

于中国；就法律而言，他专注于法治。络德睦意识到，这隐约勾画了一幅"粗糙的文化地图"[6]。那些视法治为指南的人将这幅地图划分成遵循法治的西方（以美国为代表）和欠缺法治的东方（以中国为代表）；而络德睦的重点则是该如何为这些人正确地解读这幅地图。为了反对他们这种对于法律的东方主义式解读，络德睦基本上做了两件事：其一，他认为，法治的这种普遍性导向实际上是历史的特殊性；其二，他采用一个更精准的全球法律话语地图取代了过去那种对有法的美国和无法的中国的粗糙描绘。

络德睦的论断引发了广泛关注。《法律东方主义》引起的争论也波及该书为提升自身之论证而结合的不同领域，包括比较法、法制史、后殖民研究。因此，有些人质疑络德睦是否成功地协调了他的不同的研究方向；[7] 有些人则更多地关注他论证的历史细节[8] 或采用的比较方法。[9] 然而，要全面反映当前关于法律东方主义的争论，我们必须更进一步。《法律东方主义》被译成中文后，为我们重新思考该项目的定位提供了重要的反馈。虽然这本书的英文版在中国学者间反

6　注释 3 络德睦书，第 6 页。

7　Idriss Fofana & Peter Tzeng, "Book Review," 39 *Yale Journal of International Law* 405 (2014).

8　Extensively Carol Tan, "How a 'Lawless' China Made Modern America: An Epic Told in Orientalism," 128 *Harvard Law Review* 1677 (2015). See further Qiang Fang, "Book Review," 119 *The American Historical Review* 851 (2014); Timothy Webster, "Book Review," 62 *American Journal of Comparative Law* 811 (2014); Li Yang, "Legal Orientalism, or Legal Imperialism?" 22 *Rechtsgeschichte-Legal History* (*Rg*) 316 (2014).

9　Pierre Legrand, "Book Review," 8 *Journal of Comparative Law* 444 (2013). 更多的书评，可参见 Tani Barlow, "Book Review," 49 *Canadian Journal of History* 345 (2014); James Hevia, "Book Review," 73 *The Journal of Asian Studies* 230 (2014); Tahirih Lee, "Book Review," 33 *Law and History Review* 243 (2015); Margaret Lewis, "Book Review," 74 *The China Journal* 177 (2015); Keally McBride, "Book Review," 48 *Law & Society Review* 496 (2014)。

响不大，但其中文版本却立即引发了讨论的热潮。[10] 事实上，我们现在似乎看到了这本书的第二波反响。《法律东方主义》第二波浪潮的袭来也显示了其与英文版出版后的第一波浪潮几乎截然不同的特质：第一波浪潮似乎更具学术性，侧重于论证的细节；而第二波浪潮则似乎更具政治性，侧重于宏大叙事。如果我们考虑下述对第二波的中文描述，这种差异会显得更加明显。

该书的中译者指出，中文译本提高了中国人对法律东方主义的认识，并可以同时为左派和右派的政治议程所用。左派认为这本书提供了一个可以建立真正民族主义和中国主体性的话语框架，而右派则认为它可能被用作一种对抗西方的政治防御工具。[11] 然而，这些关于《法律东方主义》政治立场的描述仍然太过隐晦。相比之下，另一篇评论对这本书的政治转向的描述就更为直截了当。它指出了此书的学术营销与政治话语息息相关。评论者指出，这本书已经成为一种流行的学术话语，它也有可能成为一种迎合当今政治话语的消费品：单纯地契合当下的政治语境，它既可以证明中国政治家高超的能力与才华，也可以佐证中国的民族复兴。评论家也已注意到了这样的趋势，一些中国学者在他们的论文中已经带着矛盾的心态将这本书的关键词（诸如法治、现代性）贴上了如中国法治、中国现代性这样的中国化标签。[12] 因此，评论家认为，这本书反倒比任何中国本土书籍都能更

10　已有三本中国法学杂志开辟了专辑对《法律东方主义》进行讨论：《人大法律评论》2017 年第 1 辑、《交大法学》2017 年第 3 期、《厦门大学法律评论》2017 年第 1 辑。

11　魏磊杰："译后记"，载［美］络德睦：《法律东方主义：中国、美国与现代法》，中国政法大学出版社 2016 年版，第 321、329 页。

12　比如参见马永平：《揭开西方法治话语体系的另一层面纱：评魏磊杰译〈法律东方主义〉》，《人民法院报》2016 年 10 月 21 日，第 6 版；金自宁：《东西方相遇之话语与现实：〈法律东方主义：中国、美国与现代法〉札记》，《人大法律评论》2017 年第 1 辑，第 35 页。

有效地宣传反西方中心主义、反殖民主义、反霸权主义。评论家将关于这本书政治转向的评论放在一个更宏观的层面进行探讨，探讨如东方主义这般的后殖民理论如何在中国语境中倾向于发生转变：一旦后殖民理论进入中国语境，它们就丧失了西方自我批评的内涵，转而被用来批评西方，以此增强中国的自信心。[13]

中国关于法律东方主义的讨论提出了一个重要问题：分析法律东方主义能否跳出纯粹的西方自我批判？如果将法律东方主义的批判限制在西方及其法律的范围之内，这当然是可能的，对某些人来说是可取的，甚至是可欲的。一些西方学者确实也建议将这一领域的主要文本理解为是用以推进某种法律相对主义的。[14] 然而，本文却抱持不同的观点。本文认为，分析法律东方主义的研究应该基于其批判性立场，这种批判性立场应当包含法律东方主义的所有核心：法律、西方和东方。批判性法律东方主义的大厦应当奠基在综合全面的批评之上。但问题是，到目前为止，我们尚未讨论过法律东方主义一词究竟是否暗含这种批判立场，因此我们也不清楚如果采用此等立场将对中国法的比较话语意味着什么。[15] 但可以确定的是，批判性法律东方主义将与之前的立场保持一致：将中国法污蔑为更神秘诡异或莫须有之物毫无益处。随着关于法律东方主义的学术话语发展到如今更成熟的阶段，现在正是时机，也正有必要去批判性地重新思考这一话语。本

---

13 马剑银：《"想象"他者与"虚构"自我的学理表达：有关〈法律东方主义〉及其中国反响》，《交大法学》2017 年第 3 期，第 12 页。相似的思路，亦可参见蒋海松：《法律东方主义的醒与迷：评络德睦新著〈法律东方主义：中国、美国与现代法〉》，《厦门大学法律评论》2017 年第 1 辑，第 101 页。

14 注释 9 勒格朗文，第 453 页。

15 在一般层面上，我们已经注意到法律东方主义构成了批判性研究项目的一部分。See Jennifer Pitts, "The Critical History of International Law," 43 *Political Theory* 541, 547 – 550 (2015).

领域的主要文本造就了上述学术话语的诞生，而我们的反思将以该文本作为参考重点并仔细重读。正是基于这样的文本取向，本文在讨论当然不是专门针对中国及其法律体系之概念的同时，仍然侧重于对中国法的比较话语。

本文分为两个部分。在第一部分中，我将对一些解释者的观点进行反驳，并指出《法律东方主义》不仅只局限于西方的自我批判，更蕴含着前述值得进行的批判性法律东方主义研究的立场。这本书对于法律东方主义的批判分析包含这一概念所有的核心部分：西方、东方和法律。第二部分则反思了《法律东方主义》一书的既有立场，并探讨这一立场是如何被运用于批判性法律东方主义研究中的。因此，第二部分将对此等研究方法进行简要概述并就其中所涉的一些中心议题进行阐释。

一、批判性的《法律东方主义》

"批判的"（critical）一词起源于希腊语"krinein"，意思是"区分、分开、分离"。从这一基本层面理解，一种批判的态度因此也是一种注意区分的态度。对《法律东方主义》的批判性解读也必须区分出批判的层次。本文的这一部分意在表明《法律东方主义》一书的批判性特征在其所有的三个基本领域（中国、美国和现代法）都有体现。我们不能把它的批判性特征局限于其中的一两个。本文认为，法律东方主义领域的这一主要文本本身就包含着一种系统的、最核心的批判方法。为了系统地组织本文的观点，我将区分出以下三个层次的批判：批判语境下的美国（第一小节）、批判语境下的中国

（第二小节）以及现代法的批判潜力（第三小节）。

（一）批判语境下的美国

《法律东方主义》首先是西方的一种自我批判。如果一读到络德睡对东方主义的定义是"构建西方对东方理解的话语"[16]，就期待这本书的重点在于东方，那就理解错了。《法律东方主义》一书中丰富的历史细节很可能会引起这样的误解。尽管许多（如果不是大多数的话）法律东方主义的故事都发生在远东（鸦片战争、祭祀公业、条约谈判、域外法院、中国法律改革等），但这也不足以令我们把研究完全聚焦在东方。事实上，这种误解本身可能就是东方主义者对这本书的一种解读：把此书理解为更与"他们"东方相关，胜过"我们"西方。当然，这里的"我们"不单指美国，作为一部历史作品，这本书的论述也离不开对欧洲的描述。络德睡当然也利用了欧洲这一根源来描绘（法律）东方主义的出现。他同时尖锐地指出，"欧洲分析范畴不是普遍的"，而是"欧洲帝国主义存续的遗产"，"在帮助我们想清楚非西方国家政治现代性的经历方面，既不可或缺，但又不甚充分"。[17] 关于"法律"的概念，单是"欧美法"（Euro-American law）一词就体现了欧洲遗产的传承：络德睡在整本书中都使用了这一术语，以体现美国法律东方主义的欧洲根源。因此，尽管这本书的主要目标仍然是美国的东方主义话语，但其批判的范围却仍涵盖了欧洲。更具体地说，络德睡的批判既涉及美国国家又涉及其个人。我将依次

16　注释3络德睡书，第4页。
17　同上注，第15页。

论述两者。

　　在对国家的批判上，络德睦认为，法律东方主义的历史使美国的帝国主义成为必需。他对这一点提出了三个核心主张。第一，他认为美国历史上的帝国转向并不是从 1898 年继承西班牙的殖民地开始的，而发生在更早的半个多世纪前——中美两国在 1844 年签订《望厦条约》之时。第二，以这一条约为出发点，他接着论述了美国是如何于 19 世纪和 20 世纪在东方建立一个域外帝国的。在他的理解中，这一域外帝国代表着"美国法律帝国主义的主要形式"，也是"未被公认的美国法律全球史的一部分"。[18] 第三，他追溯了这种法律帝国主义在中国现代法律改革中留下的遗产，并认为："如果域外帝国是一种没有殖民地的殖民主义，人们可能会将中国现代法律改革的许多方面视为连殖民者都没有的殖民主义。"[19] 因此，我们可从这三个主张中提炼出帝国主义、法律帝国主义和持续的法律帝国主义的主题。虽然具体的历史细节仍待厘清，[20] 但络德睦证明了法律帝国主义丝毫不值得称道。虽然在第一次鸦片战争前，美国有可能是中国的"特殊朋友"，但其域外帝国的崛起却紧随其后。[21] 美国法律很快"盛行于法律不存在的东方"[22]。通过络德睦对其判例法理的详细分析，我们发现美国驻华法院所适用的法律完全不值一哂。[23] 最重要的也许是，他表明，每当美国宪法"与中国或中国人接触时，它就不再适

---

[18]　注释 3 络德睦书，第 112、197 页。

[19]　同上注，第 199 页。

[20]　注释 8 陈玉心文，第 1687—1702 页。

[21]　注释 3 络德睦书，第 125 页。

[22]　同上注，第 139 页。

[23]　同上注，第 162—185 页。

用……"[24]。毋庸置疑，这些关于美国对华外交政策轨迹的描述显然为《法律东方主义》带来了诸多批评。

络德睦同样积极地对美国个人关于中国法的表态提出异议。在这方面，对法律存在有无之批判是主流话题。有些人认为中国法就是个矛盾表达，或者认为选择中国法这个学术研究方向就是个归类上的错误，因为中国法根本不存在。[25] 因此，他们一看到一些事实和形象，就轻率乃至急切地与中国的无法性联系起来。络德睦对此持反对意见。作为解套之法，他试图唤起根植于美国法学（至少自法律现实主义兴起以来）内在的自我批判意识。然而不幸的是，他不可避免地注意到"虽然对法治所持的幼稚观点在国内屡遭批判……但当我们转而分析中国法时，此等批判性的自我意识总是很快耗尽"[26]。其实，如果我们现在都是法律现实主义者，我们就应该意识到我们也都是法律东方主义者。换言之，我们东方主义者对偏见的自我批判意识需要一种域外的法律现实主义。那么，为什么这种现实主义没有发展下去呢？络德睦的解释同样会令某些人不快。他认为，我们更喜欢对域外投射我们自己法律的矛盾和缺陷："作为一种话语的东方主义必然映射到异于'我们'的不同种类的东方他者之上，包括无法性。"[27]或者更尖锐地说："整个过程似乎围绕着我们，围绕着意在证明我们的规范与实践之清白的渴望来展开，而这却取径于质疑中国的法律规范与法律实践。"[28] 转而从心理学角度来看，荣格的"阴影投射"

24　注释3络德睦书，第169页。
25　同上注，第4页。
26　同上注，第16页。
27　同上注，第40页。
28　同上注，第58页。

（shadow projection）理论似乎更可解释对美国法律主体的批判。[29] 使用这一理论，可以解释我们逐步将中国的无法性理解为自己的阴影，是因为我们把自己法律的阴暗面投射到"他者"——法律的东方——之上。

（二）批判语境下的中国

《法律东方主义》的自我批判似乎意味着该书是关于"我们"西方而非"他们"东方的。然而，这种自我批判还有另一面向。首先，如果这本书不是关于"他们"的，那么它仍可被解读为是为"他们"服务的。它可被解读为站在"他们"一边，为中国的法律辩护。其次，即使这本书没有维护中国，它也至少没有表示反对。《法律东方主义》中的一些表达看似支持了上述解读。例如，"法律自恋……或许仅仅提供给我们的是我们所应得的（些许）关于中国法的观点，但中国人显然比此应得到更多"[30]。然而，无论立足开篇所做的预先说明还是贯穿全书，络德睦皆已明确表明他并非站在中国的立场之上。络德睦在开篇就提出"交代一下本书将不会赞同什么可能是有

29　在荣格心理学中，阴影代表着"人格的阴暗面"，属于个人的无意识。阴影作为原始的、不受控制的情绪，抑制了个人的道德判断。See Carl Gustav Jung, *Aion: Researches into the Phenomenology of the Self* 8－10（R. F. C. Hull trans., Princeton University Press 1968）（1951）. 因此，阴影投射是"一种自我保护的行为，它使我们能够否认自己的'坏处'，并将其归咎于他人，认为他人应该对此负责。它解释了普遍存在的寻找替罪羊的做法，并揭示了我们对非我族类的可识别人群抱持各种偏见的根源所在"。See Anthony Stevens, *Jung: A Very Short Introduction* 66（2001）. 荣格分析的一个基本目标是，一个人进行自我批判需要面对自己的阴影，并努力将其融入有意识的人格中。

30　注释 3 络德睦书，第 55—56 页。

益的"[31]。紧接着这一表达，我们可以发现核心的论述："将法律东方主义作为一种话语进行分析的意义，显然既非为了证明亦非为了证伪中国法的历史存在或理论存在。"[32] 在随后的重述中，络德睦补充道："同时它也不对中国法律传统的力量或弱点进行评价。"[33] 同样重要的是，他所做的预先说明还包括："我首先要强调的是，我当然不反对中国的法律改革。"[34] 因此，宏观地说，《法律东方主义》不应被理解为是对中国法律的辩护。试图将该书做如此理解甚至就是在无意识地重蹈东方主义模式的覆辙。我们到底为何要如此高高在上地认为中国人需要我们为其辩护呢？

如果这本书没有为中国辩护，那么我们可以认为它至少没有提出反对吗？将这本书解读为是对中国法律的控诉，肯定是离谱的。相反，络德睦极其强调他论证的诠释学属性："本书的目标既非是对具体法律政策的描述，更非是对具体法律政策的评估，而是在更为宏大的层面上理解……中国的法律改革。"[35] 然而，这种诠释学方法并不意味着《法律东方主义》对中国的法律实践不加批判。络德睦声言："比较的伦理并不要求将中国的法律实践与对其的批判分离开来。"[36] 然而，鉴于其针对美国的批判做出了充分论述，对中国却没有，这就使得此书的这一批判部分不易被察觉。我们知道，对中国法律的批判性评论常常会轻易地淹没于历史细节和批判性的自我反思之中。同样，对于本书而言，过载的信息也很容易掩盖了它的批判部分。事实

31　注释 3 络德睦书，第 21 页。
32　同上注，第 22 页。
33　同上注，第 49 页。
34　同上注，第 22 页。
35　同上。
36　同上注，第 56 页。

上，尽管该书对中国的批评性评论并不多，甚至只是寥寥几笔顺带而过，但其批判却是直言不讳和毫不妥协的。络德睦从一开始就表明了这种态度："事实上，冷战结束后，中国……就开始被西方污蔑为'东方的头号人权侵犯者'。"[37] 东方主义讽刺的核心可能就是将中国做如此污名化的定性。尽管如此，络德睦随后也重申了另一个关键论点："只要强大的威权国家继续存在，就绝不可对此等权利意识不断提升的迹象掉以轻心。正如无数的新闻工作者描述的那样，在当下中国，众多勇敢的甚至具有英雄气概的'维权律师'正冒着巨大个人风险从事着工作。"[38]

《法律东方主义》不仅对个人权利表现出了敏锐的洞察力，它也考虑到了中国的帝国实践和抱负。在这一点上，络德睦从一开始就将中国与美国置于平等地位，将它们视为"新千年伊始仍旧留存下来的两个大型国家"[39]。因此，他对欧美法律帝国模式的分析并不"意味着中国曾经是、现在仍是，而且永远都是单纯的受害者"[40]。相反，他指出："正如欧美国际法具有假定的普遍性基础……中国的政治与文化价值在东亚也自诩具有一种普遍性。"[41] 其后在解释中国在东亚的帝国实践时，他做了这样的补充："两千多年以来，它孕育出了一种东方中心主义的官方话语，这种话语建立在此等观念基础之上：作为中央王国的中国，在宇宙中享受独特的地位。"[42] 关于中国目前的地缘政治记录，络德睦最后指出：

37　注释 3 络德睦书，第 1 页，同时参见第 13 页。
38　同上注，第 211 页。
39　同上注，第 8 页。
40　同上注，第 22 页。
41　同上注，第 23 页。
42　同上注，第 56—57 页。

较之世界上其他主要或中等级别的大国而言，当下中国面临着更多的领土纠纷以及民族统一主义的诉求……中国的民族主义显然正在蓬勃高涨，因为中国的资本正在成功地进入东南亚、非洲以及拉美，而且中国在海外正在培育其自身的具备现代形式的经济、政治、军事以及文化影响力。[43]

　　除了权利问题和帝国主义之外，《法律东方主义》还存在关涉中国法律传统的第三条批判线索：我们应该如何在法律语境下思考关系模式这一更深远的问题。关系模式是关于公司和家族的第三章中的一个主导性议题，在该书结语部分作者也对这一议题给予了充分关注。[44] 然而，在这些关于关系模式的主要章节中，我们却没有发现络德睦对其持有的批判意见。关系模式早在他讨论 20 世纪 90 年代亚洲价值观话语时就已被提及。络德睦认为这些亚洲价值观不过是新瓶装旧酒般的东方主义陈词滥调：

　　　　例如，对家族的强调既能被解码为一种正面的关怀伦理，也能被解码为一种排外的裙带关系；对更为一般性关系的重视可被解释为一种对集体福祉的关注，亦可被解释为一种朋党营私行为；对共识的尊重可被视为追求和谐的努力，亦可被看作一种腐败以及对异议的扼杀……[45]

　　虽然这一段落的重点是，亚洲价值观的争论主要是在东方主义式

43　注释 3 络德睦书，第 57 页。
44　同上注，第 213—219 页。
45　同上注，第 53 页。

认识论的二元对立中上演的，[46] 但这并不完全表明此书其他部分对这些关系模式的分析就它们可能对于法律产生的影响抱持天真的看法。因此，针对中国家族结构与公司法的不同理解，作者解释说："在谋求理解关于法人组织的不同种类的故事中，人们应当听谁的故事并不清楚。儒家的长者可能提供给我们一个关于诚信并与人为善的父权主义的故事，而他的晚辈则可能告诉我们一个关于尊严和压迫的截然不同的故事。"[47] 络德睦直言不讳地将这种冠冕堂皇的家族修辞称为"纯粹意识形态的门面粉饰而已"[48]。

（三）法律的批判潜力

《法律东方主义》对中美两国法律实践的批判也体现着络德睦对现代法律批判潜力从未间断的信任。在后现代时期，这几乎是不言而喻的。为了不错失他自己所采用的批判标准，看看络德睦在何处提及了这种信任，又如何试图去表达这种信任，我们就会获得更清晰的认识。鉴于这个问题也与本文的第二部分相关，因此值得我们进行更为详细的解释，我们会看到络德睦对于法律所寄予的普遍的批判潜力。更进一步地，我认为此等批判的潜力也具体地延伸到法治的概念上，并最终在关于法律的批判性跨国话语或对话中得以表达。因此，我的论证环绕着下述三个关键词展开：法律、法治和对话。

46　注释 3 络德睦书，第 53 页。
47　同上注，第 105 页。
48　同上注，第 219 页。

1. 法律

我们已经接触过一些络德睦在开篇提出的预先说明，而且我业已强调了它们对理解文本的重要性。[49] 其中一项预先说明指出，"这本书最终并未提出一个反对法律的观点，而只是对法律进行一项历史研究与概念研究"[50]。就此，络德睦接下来明确肯定了法律从欧洲传统中产生的批判潜力。与迪皮什·查克拉巴蒂见解相同，络德睦认为启蒙人文主义可能已经推进了西方帝国主义的发展，与此同时，它也为批判欧洲内外不公平的社会实践打下了基础。他继续说道：

> 这项任务不能也不可能最终将欧洲思想的所有分析工具清除，诸如西方的法律观念。事实上，无论在中国抑或在我们本国，我们的确负有关注臣服实践（法律主体被促成和不被促成的方式）的一种伦理责任。法律提供了应对此类实践的一种重要方式……[51]

换句话说，尽管这本书的重点是欧美帝国的法律历史，但并不意味着"在当今世界法律不可能成为一种具有合法性的政治理想"[52]。看到此声明后，人们当然会想知道络德睦心中的法律到底有多么理想化。值得庆幸的是，与法律的帝国遗产背道而驰，络德睦并未沉浸于对法律未来美好图景的描绘中；同样重要的是，他更没有选择犬儒主义，认为对法律的所有希冀都已化为泡影。在回顾了一个世纪以来的

49　参见注释31。
50　注释3络德睦书，第21页。
51　同上注，第56页。
52　同上注，第58页。

法律帝国主义之后，络德睦将立场陈述如下："法律的吸引力仍然让人抱持矛盾的心态，它对自由的永恒承诺一直受到法律帝国主义漫长历史的困扰。"[53] 同样，他坚持欧美法律的"解放潜力"，同时也指出："权利的自由只是一种自由，而非自由本身……"[54] 因此，在一般的法律问题上，络德睦并没有给我们留下非此即彼的论断；相反，他暗示了一个中间立场。

2. 法治

《法律东方主义》一书与法治理念有着复杂的关系。我们已经看到，络德睦一开始就使用法治来对比中国的无法性和美国的有法性。[55] 他很清楚"中国没有英美意义上的法治"[56]，从（缺失的）法治转向研究中国普遍的无法性显然无甚意义。相反，他在书中花费大量的篇幅来讨论中国的亲属法。这部分讨论也构成了总论点的一部分，即法治并非一个可被用来确认中国法律存在与否的明智标准。由此，络德睦对将法治当作一种普遍法律基准的做法提出了批评。然而，存在两个问题使他对于法治的论证变得棘手。首先，络德睦既批评法治概念的模糊性，但自己又接受此种模糊之处。其次，他虽认为法治不能提供任何有意义的批判标准，但他却还利用这个标准，指出了一些没有达到标准的具体问题。虽然我认为这些矛盾通过阅读全文是可被调和的，但我的首要论点是，法治在《法律东方主义》中的批判性立场与法律相同：此书肯定了它的批判性潜力，但也接纳了它不

53　注释 3 络德睦书，第 197 页。
54　同上注，第 234 页。
55　参见注释 6。
56　注释 3 络德睦书，第 58 页。

足的一面。[57]

诚如上文提及的那样，络德睦对法治概念的批判在于：这一概念没有足够地被区分。除了表达"限制国家权力的一种体系"外，法治还意味着"更大范围地促进自由、民主和市场经济"。[58] 他敏锐地观察到，"正是法治的模糊性才使它在政治意义上极具吸引力……在修辞意义上，法治就是一种'不言自明的人类之善'，任何正常与理智之人皆不会反对，无论是自由主义者还是保守主义者。同时，该术语的模糊性涵盖了不同的甚至是相互抵牾的议程"[59]。在这一点上，络德睦切入了自己的批判："这种政治性的分析错误，将法治等同于一种普遍的善，并不需要自身加以证成。"[60] "或许在最基本的意义上，作为一种概念，法治只是太过宽泛以及无所不包。这就不可避免地产生如此结果：较之其所阐明的，它遮蔽了更多。"[61] 对此，他建议"用更为适中与更可界定的概念"来取代法治。[62] 然而，正如前文所述，络德睦却也接受了这种模糊之处，并用以架构他的整个论点。

在建构《法律东方主义》一书的叙事脉络时，络德睦给出了法治的简洁定义："以具体方式约束国家的一种自由法律秩序……"[63] 此后，他列举了观察法治的不同视角：对国家权力的限制，自由，民主，市场经济。即便络德睦仍然通过不同的角度讨论法治问题从而接受了法治的模糊性，但我们也不应当假定其以同样的方式评价所有特

57　参照注释 29 和注释 53。
58　注释 3 络德睦书，第 12 页。
59　同上注，第 13 页，同时参见第 206 页。
60　同上注，第 58 页。
61　同上注，第 233 页。
62　同上。
63　同上注，第 12 页。

定的法治议题。在调侃他对中国法律实践的批判性评论时，我们也看到，络德睦对抗拒国家权力的权利做出的承诺很难得到改善。[64] 大体上，他对这一法治层面做出了如此阐述："对势不可挡的政治权力集中与国家对地球上实施合法性暴力的垄断，在今天，缺乏权利的政治生活几乎是难以容忍的。"[65] 另一方面，络德睦对法治的经济视角几乎没有抱持任何同情心。他指出，"法治意识形态成为自由贸易与自由民主规范之全球化过程中的一个关键要素"，世界银行和 WTO 成为其最热忱的拥护者。然后，他这样批判地问道："在处理中国问题时，WTO 与其他机构要求甚或强加一种法治制度，即便此等做法乃是对其自身规则的中止，这意味着什么？"[66]

络德睦不仅仅对于不同的法治主题进行了不同的评价。通过对《法律东方主义》文本更为辩证的解读，我们发现，正如络德睦对WTO 不同标准的虚伪性做的批判所表明的那样，他偶尔也暗示法治概念本身就是一个批判标准。当络德睦提到美国驻华法院"为中国提供一个法治模型，但其自身的运作却远不具有如此的示范性"之时，[67] 这种辩证法再次出现。络德睦是如何做出如此断言的？接着读下去，我们就会发现，"美国驻华法院建构出了一种特别怪异的美国法版本……既没有一个连贯的领土所指，也缺乏一个宪法所指"，以至于在华的美国人发现他们自己也陷入了一种"宪法黑洞"之中。[68]络德睦特别指出的宪法问题是，在华美国人缺乏"正当程序保障"。[69]

64　参见注释 38。
65　注释 3 络德睦书，第 210 页。
66　同上注，第 206 页。
67　同上注，第 156 页。
68　同上注，第 157 页。
69　同上注，第 171 页。

这样看来，宪法规则似乎成了一个可以作为批判基准的法治概念。最终，当我们读到这句表述——"在公共租界会审公廨（以及美国驻华法院）中，法治的矛盾如此明显以至于即便用肉眼也可看出"[70]——法治概念迎来了最后的辩证性转向。如果是这样，那么肯定有一个衡量这种矛盾的法治标准。当然，这并没有否认这些段落在全文中有着不同的功能。但这并不是它们所持的辩证观点。它们在《法律东方主义》的法治故事中增加的内容是：无论是在宪法层面抑或其他层面，它们暗示法治是一个批判的标准。

3. 对话

在将东方主义理解为一种话语的过程中，络德睦遵循了受米歇尔·福柯启发的关于此主题早期著作的话语分析传统。[71] 在这一传统中，话语与思想体系中的权力与规训的效用有关，并建构着我们如何看待现实。[72] 然而，有时《法律东方主义》中的话语概念似乎又转变为另一种截然不同的话语理论传统，这种传统将话语与对话、理性、论辩（argumentation）、伦理和市民社会联系起来。对于法律话语来说，这一传统也许在尤尔根·哈贝马斯的作品中得到了最突出的体现。[73] 接下来，我将讨论《法律东方主义》中的段落，这些段落暗示了福柯和哈贝马斯的话语理论传统的混合。记录这些转变对于了解批判性法律东方主义的进一步轨迹，至关重要。

当络德睦阐述他的东方主义伦理时，我们看到了第一次混合的迹象。他提出的伦理是针对这样一种反东方主义道德：要求我们在进行

70　注释3络德睦书，第194页。

71　注释4萨义德书，第23页。

72　Michel Foucault, *L'ordre du Discours* (1971).

73　Jürgen Habermas, *Faktizität und Geltung* (5th ed. 2014).

比较研究时避免任何形式的东方主义。鉴于络德睦认为"除了东方化之外，我们几乎没有选择"[74]，这样的反东方主义道德将"有效地结束所有的比较法"[75]。作为一种对不可能的反东方主义道德的替代，络德睦提出了东方主义伦理。这种伦理可以解释为什么我们的比较行为建构了被比较的客体，包含法律主体。比较形构了主体，由此产生的伦理需求即为：我们应该考虑我们在比较中臣服他人的方式。[76] 在此观念基础之上，络德睦随后指出："在根本上，问题不在于这些东方主义对于中国法律主体性不可避免地作出了诸多假定，而是这些假定使得美国法律主体与其未来将成为法律主体的中国对应体之间的关系协商变得极其困难。"[77] 此处"协商"是标志着混合的关键词。虽然主体形成问题仍然属于福柯的理论体系，但"协商"一词却为哈贝马斯的理论体系打开了大门。

这一点，我们可以通过再次观察络德睦对法治的论证得到验证。与其业已确立的立场一致，络德睦指出了"法治作为全球治理元话语的批判局限性"[78] 以及这些局限性的成因："这种政治性的分析错误，将法治等同于一种普遍的善，并不需要自身加以证成。"[79] 针对上述两种话语理论传统，我们将这一论点重述如下：法治没有成为一个普遍的臣服全球法律话语的法律命题，而是转变为一个特定的需要证成的法律命题。这就让我们从权力的话语再次转移到论辩的话语中：人们必须通过给出理由来证成自己的主张。最后，此书的终章再

---

74 注释 3 络德睦书，第 51 页。
75 同上注，第 54 页。
76 同上注，第 55 页。
77 同上。
78 同上注，第 22 页。
79 同上注，第 58 页。

次回到了协商的观念上。"由于美国法与中国法之间的关系尚需继续协商，法治理念过于拔高以至于更多地阻碍而非推动了这种协商。"[80] 作者接下来给出的建议我们业已引用过："用更为适中与更可界定的概念"来取代法治。[81] 但为何要这样做呢？其实在给出这个建议前，络德睦已经做出了解释："为实现更大的精确性并使得跨法律传统的沟通更为有效。"[82] 很明显，这种促使沟通更为精确和有效的想法更像是意在设计一套精致沟通伦理的哈贝马斯的话语理论，而非总是怀疑伦理对其主体予以规训的福柯的话语理论。

最后一个表明混合的重要段落涉及法律概念作为一种话语本身。在倒数第二页上我们可以看到，络德睦首先肯定了安东尼奥·葛兰西（Antonio Gramsci）的理念，即"依赖纯粹宰制的政治体制不能持久。为了存活下来，通过市民社会的霸权制度，它必须能够生产与再生产对其提供支撑的同意"。在此基础上，他又接着指出："法律显然是生产同意之主体的一种极其重要的制度。"[83] 虽然此处的语境已经清楚地表明我们不能将其理解为是在潜在地援用第二种话语理论传统，但我们应当注意到"市民社会"和"同意"是这一传统更大范围内的关键术语，这尤其体现在哈贝马斯的法律话语理论中。[84] 虽然这或多或少还算直截了当，但更令人费解的是络德睦建议将法律视为"能够产生其意在解决之对立的一种批判性的跨国话语"[85]。特别需要注意的是，为什么这种话语应当具有批判性？当然，如果有人将

80　注释 3 络德睦书，第 233 页。
81　同上。
82　同上。
83　同上注，第 234 页。
84　注释 73 哈贝马斯书，第 443—445 页（第 444 页援引了葛兰西的观点）。
85　注释 3 络德睦书，第 234 页。

《法律东方主义》理解为贯穿始终的批判性文本，并且理解为一个有时——尽管是无意识地——将其话语概念转变为与哈贝马斯传统存在密切联系之观念的文本，那就不再令人费解了。如果我们继续深入阅读，那么络德睦论证中的这种张力将可能进一步得到缓和。在他最后一次呼吁对东方主义的历史及其后续遗产抱持一种"批判性的意识"之后，络德睦指出：

> 这并不意味着我们不能继续就全球与地方层面的司法需求展开热烈的对话。它意味着我们应当放弃将法律普遍主义作为此等对话的基础——对于司法观念最终被理解并恪守的更为独特的表达，不要毫无批判性地推定或完全拒绝。[86]

这段文字完全符合利用论辩性对话（argumentative dialogue）的批判潜力来审视显而易见的正义观念这一话语传统。在这里，我们可以看到两种传统的最后一次混合。

因此，对于络德睦话语概念的理解可以概括为以下几点：第一，虽然络德睦明显立基于将话语理解为权力问题的传统之上，但他的分析偶尔会转变成一种话语观念，在该观念中，法律及其概念可以而且必须进行协商和论证。第二，这些混合可以被简洁地理解为是从福柯话语向哈贝马斯对话理论的转变。第三，这种对话依旧体现了这本书的批判性和法律本身的批判潜力。第四，这种批判性意味着我们应该放弃以普遍性作为基础的对话，放弃那些阻碍协商的固定概念。第五，然而，这种限定并不意味着不加批判或拒绝特定法律概念的批判

86　注释 3 络德睦书，第 234 页。

潜力。第六，这种批判性的对话是跨国的，跨越不同的法律传统进行沟通。第七，络德睦的立场不能被理解为是对上述第二种话语传统的认可。然而，这两种传统之间的对比为如何进一步推进批判性法律东方主义提供了有益的指导。

二、批判性法律东方主义

到目前为止，本文旨在表明《法律东方主义》采用的批判方法是此书系统性的、必不可少的特色。如果我们删去此书三个批判领域中的任何一个，它将变得截然不同。我们既然业已了解此书全方位的批判立场，现在的问题就不再是探讨它是否具有批判性，而是如何组织和完善其批判，以便进一步讨论法律东方主义。为此，本文的第二部分首先将法律东方主义作为一项批判性研究加以描述，并为该研究的范围设定了一些限制（第一小节）。接下来，它介绍了三个有助于更详细地规划该研究的领域：法律东方主义的界限（第二小节）、法律东方主义及其主体和系统（第三小节）以及法律文化之间的对话（第四小节）。第二部分最后以重新绘制批判性法律东方主义研究项目的图谱作为结尾（第五小节）。

（一）绘制研究的图谱

1. 东方主义

我们可以通过重述东方主义的定义来开始绘制批评性法律东方主

义研究的图谱。在本文中，东方主义被定义为"构建西方对东方理解的话语"[87]。在某些情况下，这样一个简洁的定义可能会提供有用的指导。然而，一种批判性的视角必须强调并解释：东方主义不应意味着西方对东方的任何理解。如若不然，建构西方对东方理解的话语将只是西方对东方的理解。换句话说，我们不能挑出西方关于东方的某一个具体命题或思维方式，然后将其看作是东方主义式的，因为任何这样的命题或思维方式都是东方主义式的。在原则层面上，东方主义式的概念将不会注意到西方对东方的不同态度之间存在差异，因此它缺乏批判性。用黑格尔的话来说：东方主义的观念，不允许区分西方对东方的不同理解，而变成了一个绝对化的概念；它的概念变成了黑夜，在其中所有的奶牛都是黑色的，一切都黑白不清，再也无法区分了。[88]

因此，对东方主义采取的批判方法必须区分西方对东方不同的理解，并反思这种区分是如何产生的。要从根本上理解这种操作，我们可能会问，东方主义是一个实质问题还是一个方法问题？应该被用来批判特定的西方命题，还是应该针对某些关于东方的思维方式？我认为在这两方面都可对东方主义概念做出有意义的区分。举一些熟悉的例子来说明这一点。"中国是一个无法之地"的观念现在已经可被简单地归类为一个纯粹的东方主义命题。而诸如"中国的法律体系未能达到法治标准"这样的说法，就其东方主义特质而言则显得更为矛盾。这种对法治的批判不一定仅仅因为其命题内容就显得无关紧要。东方主义者的问题可能是，这种批判涉及对东方的某种思考方

87　参见注释4。

88　Georg Wilhelm Friedrich Hegel, *Phänomenologie des Geistes* 22（Suhrkamp, 1970）（1807）.

式，而这种思考方式至今仍未得到反思。这就需要我们谨慎地处理东方主义谓词，而非在没有适当考虑的情况下将其轻易地附加到某个特定陈述上。我们应该记住，即便像络德睦这样的作者在合适之处也曾写道："事实上，中国在很多方面都是一个无法之地。"[89] 那种到处质疑东方主义的所谓批判态度，不仅忽视了对东方主义的批判分析需要在西方的理解中加以区分；更普遍地说，这种态度缺乏对自身局限性的自我反思，存在妄下论断的风险。因此，对法律东方主义进行批判研究，就必须从细节上来解决其界限问题（第二小节）。

2. 法律东方主义

到目前为止，法律东方主义一直是"指代关于何谓法律，何谓非法律，以及谁为其合适主体，谁非其合适主体的一套环环相扣的叙事"[90]。以这种方式理解，法律东方主义就是一种排斥机制：法律的东方是某些人和某些法律分别被排除在法律的适格主体和适格法律之外的地方。因此，对络德睦来说，法律的东方最终"并非在时间或空间上可以定位，而是处于法律自身的话语性结构和政治性结构之中"[91]。但更进一步地，我认为需要对法律东方主义的概念进行一些调整，因为它似乎既欠包容，又过于包容。一方面，法律东方主义不能只关注关于什么是或不是法律的问题，还必须包括对法律制度更具体的评估。这似乎与比较法学界关于中国的话语特别相关。因为在这里，人们通常不会倾向于质疑中国法律的整体存在，而仅在分析具体的法律领域时使用东方主义模式。其中最常见的模式可能是，中国解

89　注释 3 络德睦书，第 175 页。
90　同上注，第 5 页。
91　同上注，第 213 页。

决法律问题的方法——无论是在合同、财产、刑事诉讼还是行政法等方面——都尚未达到西方的标准。[92] 此外，将法律东方主义视为一种仅仅关注主体（无论是国家还是个人）的话语似乎过于狭隘。更为细致入微的法律现代性观念还应关注一种可超越个体性和集体性主体行为的社会视角。由于本专题需要进一步阐述，因此将在下文"主体和系统"标题下讨论（第三小节）。

另一方面，我认为，如果我们把法律东方主义的概念从任何地理和文化的参照中分离出来，将其仅仅理解为法律的话语和政治结构中的一种排斥机制，那就过于牵强了。法律东方主义可能会给法律理论家们提供一个巨大的机会，使他们能将复杂的工具付诸实践。然而，这并不意味着这一概念将提出与一般法律理论相同的问题。法律东方主义的概念可被正确地视为将法律反映为一种臣服（subjection）的话语（福柯），但它不应被理解为对这一话语的泛泛描述，而应将比较的重点放在东方与西方的分歧上。如果不考虑这种东西方的分歧，谈论东方主义式的法律话语就会变得令人困惑。因此，络德睦在断言法律作为国家权力的话语时不得不使用了吓人的引号："它用所有我们创制了'东方人'。"[93] 东方人，但又不完全是。如果我们在东西方仍有分歧的情况下保留法律东方主义的概念，就可以避免这种混乱。

92　根据我的经验，非专门研究中国的比较法学家似乎更容易陷入这种东方主义的陷阱，特别是当他们可以借鉴更广泛、更详细的司法实践和学说传统时，他们（往往不自觉地）将这些实践和传统视作一种（西方的）尺度来衡量一种法律体系必须能够处理哪些问题并因此达到何等标准。然而，有些人却认为事情恰恰相反，因为许多外国的中国专家对中国的法律制度有着详细的了解，但仍倾向于将其与他们心中理想化的中国法律进行比较，在这样的比较下，中国的法律体系自然看起来无比低劣和不足。See Randall Peerenboom, "The X-Files: Past and Present Portrayals of China's Alien 'Legal System'," 2 *Washington University Global Studies Law Review* 37, 89 (2003). 关于中国"达到标准"的概念，参见注释 3 络德睦书，第 207 页。

93　注释 3 络德睦书，第 213 页。

重要的是要认识到，这一点不仅仅是这一概念的一个适当限制。将地理和文化内涵置于法律东方主义的概念之中，将影响着我们如何将其作为一项批判性研究来建构；也就是说，法律东方主义不能满足于对臣服实践的分析，它还必须注意这些实践与来自不同地理和文化语境的法律传统相冲突的事实。因此，在法律东方主义的概念化过程中注意到东西方之间的分歧，自然就会产生一个问题，即如何理解东方并与之沟通。

3. 批判性法律东方主义

在引言中，我提出，批判性法律东方主义是一项批判贯穿其所有主要领域（西方、东方和法律）的研究。为了进一步探讨批判性法律东方主义的思想，我提出了两类区分：实践与反思的区分，描述性与规范性的区分。必须指出的是，这两类区分不是非黑即白的，而是相互关联的。它们在当前语境下的使用可概述如下。区分实践和反思有助于揭示"法律东方主义"一词的含混之处，因为法律东方主义既可以指话语实践，也可以指对这一话语的反思。可用关于中国法律的话语来说明这一点：反思东方主义的中国法律话语意味着问询为何有些人认为中国是一个无法之地，而实践这一话语则包括声称中国没有法律这样的东西。显然，批判性法律东方主义的出发点不是加入话语，而是反思其实践。那么，对话语的反思便可与第二类区分勾连起来，这种反思可从描述性或规范性的角度进行。现在，我将讨论第二类区分，因为它可以让我稍后解释项目的反思部分是如何与话语实践联系起来的。

因此，对法律东方主义的反思可能包括分析这种话语并描述其实践。对于研究项目的这一部分，应特别强调两点。首先，描述性的方法可以扩展到各个法律领域。例如，人们可以将东方主义法律话语作为一种宪法的或司法的东方主义来探讨。[94] 与这些方法相比，批判性法律东方主义可以作为一个总括性的项目，关注那些更具体的法律东方主义研究所隐含的一般性问题。其次，采用描述性的方法绝不意味着这是一种不加批判的努力。换言之，批判方法不一定聚焦在规范性上。事实上，这一领域的主要文本就是一个典型例证：《法律东方主义》在很大程度上限制了自身的规范性或评价性，而把重点放在了将法律东方主义作为一种话语来分析。[95] 例如，描述法律东方主义如何促进美国在中国的治外法权，无疑是一个重要的贡献。然而，我们必须清楚，如果描述性的方法想要以一种典型的方式解释某种现象，那么它将始终是规定性的。[96] 此外，如果我们从一个更加强调的意义上理解特定的描述是具有批判性的，那么我们将依赖某些规范性的假设。以美国在中国的域外帝国为例：我们认为管辖权应该是国家主权和领土问题。但是，描述性方法永远都欠缺其规范性假设或意涵这一事实，并不意味着描述性-规范性区分对于界定批判性法律东方主义的研究议程毫无用处。从规范的角度反思法律东方主义，会促发出截然不同的研究议题。

建构批判性法律东方主义的规范性层面可以分两个步骤。首先，这一方面将比较法话语中的评价性陈述问题联系起来，即评价不同法律体系针对类似情况的不同法律解决方案。短视的批判会把这看作是

94　Andrew Harding & Ngoc Son Bui, "Recent Work in Asian Constitutional Studies: A Review Essay," 11 *Asian Journal of Comparative Law* 163, 166 – 171 (2016); Michael Ng, "Judicial Orientalism: Imaginaries of Chinese Legal Transplantation in Common Law," in *Chinese Legal Reform and the Global Legal Order* 211 (Zhao Yun & Michael Ng eds., 2018).

95　参见注释32。

96　Pirmin Stekeler, *Hegels Phänomenologie des Geistes* 168 (2014).

批判性法律东方主义　119

规范性层面的全部（而规范性层面就是批判的全部）。至少，如果我们考虑到关于中国法律的公共话语，通常我们会采用一种"批判性方法"，来对不同的法律解决方案进行评估：指出中国的法律标准与国际标准不符。《法律东方主义》一书已经足够清楚地表明，这样一种"批判性方法"很有可能会重蹈东方主义模式的覆辙：国际标准往往只不过是西方标准；而它为何应该成为一个普遍的基准，这一点不言而喻。批判性法律东方主义会认同这一假设，但它不会从这一假设中推断出我们将避免对非西方法律体系进行评价。相反，鉴于法律文化之间的差异，批判性法律东方主义将特别关注我们应该如何明智地调和这种评价的问题。因此，该项目规范性层面的第二步是反思我们应该如何批判性地参与东西方分歧的比较法话语，而不是按照东方主义的老路来建构这种话语。因此，在这一点上，我们将着眼于理念上和方法论上的指导。络德睦的"东方主义伦理"属于这种规范性反思，[97] 而比较法中更普遍的方法论问题也促成了这种规范性反思——例如，功能主义是否为比较欧美和中国法律提供了一种合适的方法论。[98] 在此，我希望为这一规范性层面提出并更为详细地探讨的核心理念是：跨法律文化的批判性对话（第四小节）。

如果说对法律东方主义的规范性反思应该能够引导我们参与比较法话语，那么我们现在可以很容易地看到，反思是如何回到话语实践的。归根结底，对东方主义话语的描述性和规定性反思都旨在产生实际上的区分：对法律东方主义的反思应该揭示出哪些话语实践接受批

---

[97] 参见注释 36 和注释 75。

[98] 关于此点，可参见注释 9 勒格朗文，第 455 页；鲁楠：《功能比较法的误用与东方主义的变异——从络德睦的〈法律东方主义：中国、美国与现代法〉谈起》，《比较法研究》2017 年第 6 期；参见注释 3 络德睦书，第 32—34、62 页。

判性的见解，而哪些又抱持着拒绝态度。换句话说，反思使得我们能够区分被反思的东方主义实践和未被反思的东方主义实践。在下文中，我将这两种实践形式分别简称为"反思的东方主义"和"未被反思的东方主义"。

（二）法律东方主义的界限

批判性法律东方主义是一种反思自身界限的方法，至少在可能的范围内是这样。但我不确定法律东方主义是否已经达到了这种程度。因此，在本节中，我将从三个角度来探讨这些界限，我将它们分别称为西-东界限、东-西界限以及西-西界限。

1. 西-东界限

总体上，络德睦似乎相当确信东方主义对于现代法律话语的重要性。这种信念最能体现在他的主张中，即"并不存在纯粹的、非东方主义式的知识"[99]。换句话说，法律东方主义和随之而来的偏见无处不在。不过，事情不可能这么简单。当然，东方主义所关注的问题是：西方话语倾向于描绘一幅扭曲的东方知识图景；我们可能会从自己的角度理解中国的法律传统，从而误解其本土法律知识。但是，东方主义者误读的问题仅在于这一事实：还存在另一种知识——东方知识或中国知识。说得更极端一些，如果东方主义知识占据了所有涉及东方的知识空间，那么东方主义就不复存在了。从表面上看，络德睦关于东方主义知识领域的主张让我们陷入了这样一个悖论：因为只存

---

99 注释 3 络德睦书，第 6 页。

在东方主义的知识，导致不存在东方主义的知识。因此，东方主义的知识领域是有限的，这首先是一种概念上的必然：东方主义假定东方知识存在于西方知识之外。这即是我所称的东方主义的西–东界限。

为了避免包罗万象的东方主义知识的悖论，西–东界限将从全球和地方两个不同层面来观察法律话语。在全球层面，我们可以通过区分东方主义和非东方主义知识，进而区分西方法律传统和东方法律传统。然而，一旦我们开始从西方的角度来研究特定的法律问题，我们就会回到西方的地方性知识中去，而它带有东方主义对东方的偏见。因此，以这种方式构想法律东方主义是值得提倡的，因为它使不同的法律传统处于平等的地位。想象一下超越东方主义的全球领域，无论西方知识还是东方知识都不优先，这有助于我们将它们视为同样合理的出发点。另一方面，东方主义理论一直将自己锁定在我们应该如何正确理解甚至不能正确理解东方的问题上。法律东方主义是对西方法律意识提出的问题。如果我们将法律想象简化为这个概念，那么我们就很容易忽略法律思维有着截然不同的起点。当络德睦问我们为何不能将中国视为"一手（法律）知识"来源时，[100] 他显然同意这一观点。总之，西–东界限揭示出下述两点：第一，法律东方主义仍然关注西方对东方的看法；第二，我们应当具备非东方主义式的知识。

2. 东–西界限

西–东界限使得东方主义仍是西方视角下对东方的理解。在全球法律话语的图景中，我们可以说，法律东方主义通过西方之门进入了全球舞台。东–西界限却反其道而行之地提出了这样的问题：法律东

---

100   注释 3 络德睦书，第 221 页。

方主义如何通过东方之门进入全球舞台？因此，东-西界限要求我们考虑将这些不同的接入点传达给全球法律话语的概念。法律东方主义并不是一个合适的概念，因为它仍旧依循着西方的法律意识；而要掌握完全不同的东方路线，我们必须用偏向东方视角的概念来补充法律东方主义。[101] 为了说明为什么遵守这一东-西界限对于研究法律东方主义具有重要意义，让我们转向自我东方化的问题。

根据上文在西-东界限中所讨论的，我们需要承认不同国家的法律有着截然不同的起点，这在中国的传统中表现得尤为明显。然而，从概念上讲，必须承认存在一种非东方主义的视角，我们可能会认为这种视角实质上将受到限制并日渐消逝，因为中国无论国家还是个人都在日趋接受东方主义观念，继而自我东方化。总之，我们将中国的法律演进解读为一种自我东方化。中国政府发布自己的促进法治的政策文件，或者今天的中国公民表现出日益增长的权利意识，都可以作为这种自我东方化的例子。[102] 然而，络德睦警告我们："推定当下中国的所有法律话语纯粹只是自我东方化的花言巧语，乃是一个重大的理论错误和事实错误。"[103] 尽管这样的提醒很重要，但它也为我们提出了问题：究竟在何种程度上我们应把中国的特定发展理解为自我东方化，而不是其借鉴西方法律知识的一种内生的中国发明。此外，我们必须弄清楚是什么决定了外生发展和内生发展这两个选择。络德睦似乎是根据所涉及的法律想象的复杂性来决定这两种选择的。[104] 我并

---

[101]　一个合适的选择可能是法律意识，它似乎是一个能更灵活地适应亚洲视角的概念。See Lynette Chua & David Engel, "Legal Consciousness Reconsidered," 15 *Annual Review of Law and Social Science* 335（2019）.

[102]　注释 3 络德睦书，第 202、211 页。

[103]　同上注，第 213 页。

[104]　同上注，第 222、229 页。

不关心他的具体决定。与此相关的一点是，自我东方化从何处开始、在何处结束以及由谁来决定分界线的问题，成为法律东方主义另一个概念上的界限。法律东方主义反映了如何解释和如何对待东方的视角，但它并不渴望从东方的视角进入法律话语中。因此，我们不应期望在这一概念范围内对中国法律发展的性质做出适当的判断。东-西界限是提醒我们注意这一点的有价值的分析工具。

3. 西-西界限

西-东界限认为，东方主义假定我们应当具备非东方主义式的知识。然而，这只是东方主义问题的暂时解决办法。一旦我们希望理解东方的知识，东方主义旧疾就会卷土重来，因为我们别无选择，只能从西方的法律意识及其东方主义的想象中开始。就中国的法律而言，络德睦也做如此的推论："并不存在所谓不经中介即可通到中国法的渠道，亦不存在纯粹绕过法律东方主义历史的直接通道。"[105] 法律话语的全球视角可能是对东方主义进行理论界定的一项有益的思想实验。然而，对于比较实践来说，这种全球视角对我们而言仍然是无从落脚、无法使用的。因此，当我们踏入比较实践领域，东方主义者的自省就重新开始：既然我们别无选择，只能从我们本土的西方知识开始比较，这是否意味着我们对东方的理解和认识不可避免地变为东方主义者的理解与认识？络德睦的回答相当清楚："并不存在没有偏见的知识，除了东方化之外，我们几乎没有选择：我们会一直根据我们自己的偏见来先行理解中国及其法律传统。"[106] 换句话说，他得出的结论是，在西方关于中国法律的比较话语中，我们的理解和知识永远

105　注释3络德睦书，第24页。
106　同上注，第51页。

难以跳出东方主义的窠臼。在前面，我介绍了对这一结论的主要顾虑：在这样一种就西方对东方的不同理解不加区分的东方主义概念中，除了知道其涉及东方之外，我们实际上对此等理解一无所知。[107] 对于这样的理解，东方主义变成了一个整体性的话语——可以说是一种"不受限制的东方主义"。因此，我们现在必须更仔细地考虑如何在西方话语中界定东方主义。简言之，我们必须考虑西-西界限。

在西方话语中讨论法律东方主义界限的一个好的出发点将是更为清楚地阐释不受限制的东方主义是如何变得不具有批判性的。为了证明这一点，我将援用两个判决来说明西方法官是如何想象东方、东方法律以及东方主体的。络德睦也讨论过第一个判决，该判决详尽阐述了用以支撑所谓"排华法案"的主体性概念。1882 年后，一系列排华法案禁止中国人进入美国以及进行归化。[108] 在这一法律背景下，审理此案的法官对东方的主体性做了如下描述：

> 黄色人种或棕色人种是东方专制主义的标志，或在最初的归化法颁行之时曾是东方专制主义的标志。当时人们认为，这些专制主义的臣民——通过使个人屈从于作为国家象征的君主的个人权威而为其福利工作——秉持着他们对其文明类型的天生和根深蒂固的自满，不适合为一个共和政府的成功贡献力量。由此，应当拒绝授予他们公民资格。[109]

简言之，法官的主张是"东方人"不适合共和政体，因此被禁

107　参见注释 87。

108　更多关于这一议题的探讨，可参见注释 3 络德睦书，第 141—148 页。

109　Terrace v. Thompson, 274 F. 841, 849 (W. D. Wash. 1921).

止入籍。很明显，这是一个不折不扣的东方主义命题。现在让我们再看第二份判决。大约80年后，尽管案件发生在一个不同的地方，但仍然在同一法律传统内，法院不得不在中国法律或澳大利亚法律之间做出选择，以据之对一件国际侵权案进行裁决。事实涉及一家澳大利亚公司和一名澳大利亚公民，该公民在中国武汉的一栋两层楼的单元里从楼梯上摔下，受了重伤。[110] 在法官的推理中可以发现两点特别能说明我们为何反对不受限制的法律东方主义的原因。首先，虽然法官们并不怀疑中国法律有可能在该案中被适用，但他们在任何时候都没有停止考虑中国的无法性。其次，一些内容丰富的表述也体现了法官们是如何想象中国的政治和法律意识的。从法律适用技术角度的考量则是中国法院是否以案件所涉及的任何中国利益来适用本国法律。一名法官认为该案完全是澳大利亚的自家事，既没有中国的利益也没有政策原因阻止中国法院适用澳大利亚法律，[111] 但另一名法官强烈反对这种观点：

> 恰恰相反，本案关系到许多这样的利益和政策。其中包括：（1）一个新兴国家的自尊，建立自己的法律体系，根据《民法通则》，中国通常适用自己的法律处理外国人在中国发生的纠纷……（6）上诉人的主张中包括对涉嫌存在缺陷之住房的中国建筑商和提供者的批评；（7）如果案件是在中国提起的，则存在这些国家机构卷入诉讼的风险。上述这些考虑与其他一些特征可能会引起极大的公共利益或其他理由来导致中国法院自然而然

110　Neilson v. Overseas Projects Corporation of Victoria Ltd. [2005] HCE 54 (Austl.).
111　Id. ¶ 17 (Gleeson, C. J.).

地适用中国的法律。中国近代曾经历外国占领和屈从于外国法律的历史，在这样的背景下预设中国法院会适用《民法通则》第146条是冒险且不稳妥的。[112]

　　诚然，这些言论——尤其是关于中国近代史的言论——显示了言说者对中国视角的敏感性，我们可能会期待读者专注于《法律东方主义》，但不会期望有人受到东方主义者的蛊惑。然而，一种就西方对东方的不同理解不加区分的东方主义，必然会像东方主义者那样解读上述言论：它显然就是西方对东方的理解。在同一案件中，下面的言论也可做如此解读："无论如何，我都不准备说，公平或正义只能在澳大利亚法律而不是中国法律中找到。"[113]

　　这些判决上的言论直接引领我们进入了概念化批判性法律东方主义的核心。简单地将这两起案件判决中的言论对比，就足以说明我们必须有所区分，因为这些言论明显具有不同的性质：第二份判决中的言论显示了一种对中国法律体系的自然而然的尊重，这与第一份中自以为是的甚至是种族主义的论调截然不同。然而，从这一点出发，我们并没有因此简单地判定后者是东方主义者，而前者是非东方主义者。东方主义仍有可能被化约为是西方对东方的理解，然后在东方主义内部对东方的不同观点再进行区分，例如消极的东方主义和积极的东方主义。因此，对于这两份判决，我们可以一致地认为，他们的观点都是东方主义式的观点，因为它们都是西方对东方的理解，同时我们仍旧可以做出区分：将第一份判决定性为消极地想象中国的法律传

112　Id. ¶¶ 211–212 (Kirby, J.).

113　Id. ¶ 248 (Callinan, J.).

统，而把第二份判决定性为积极地想象中国的法律传统。

络德睦实际上似乎提出了这样一个东方主义的概念。正如我们所看到的，他认为，一方面，我们对东方的理解和认识绝不会超越东方主义，从而将这一概念等同于西方对东方的理解。另一方面，他又提道："对于中国，东方主义者可能既持积极观点也持消极观点。"[114] 这样的区别表明他认为第一份判决的言论是消极的东方主义，而对于积极的东方主义，他也提到伏尔泰对中国官僚国家的宗教宽容所表达的惊叹。[115] 此外，他还为广泛地理解东方主义提供了有力的论证。络德睦正确地指出，自从爱德华·萨义德关于东方主义的经典研究以来，东方主义这个术语就成为了一个明显的贬义词：称某人为东方主义者往往被视作类同于称呼某人为种族主义者。[116] 络德睦认为没有非东方主义式的知识，显然是打算放宽讨论。将西方对东方的所有理解都视为东方主义，无疑是实现这一目标的一种途径：没有人本身有足够的能力声称对东方有准确的理解，并根据他们的判断来评判其他人。如果是这样，控诉东方主义一词确实毫无意义。络德睦明确采用了这一观点，[117] 从而为发展出"更适宜"的方法奠定基础。正如他所说的，这种方法旨在"理解东方主义的历史与观念范围，以及它们如何建构——关于中国与中国法以及对应的美国与美国法的——可被言说与可被知悉的事物"[118]。

因此，在区分西方对东方的不同理解时，络德睦的东方主义概念

---

[114] 注释3络德睦书，第42页。

[115] 同上注，第46页。

[116] 同上注，第6页。

[117] 同上（"通过将对中国和法律的某些理解称为东方主义，我并不意在提出一项控诉……"）。

[118] 同上。

并不是没有批判性的，他也为自己的"只有东方主义"（Nothing but Orientalism）的整体性方法提供了合理的理由。不过，这似乎并不令人信服。首先，从道德的角度来区分积极的和消极的东方主义是不够的。因为如果这是唯一可供选择的类别，我们仍将被迫把前面提及的第二份判决中的法官与伏尔泰分在一起。特别是对于我详细引用的第二位法官来说，这意味着要把他对中国敏锐的看法与伏尔泰对中国宗教宽容的天真惊叹相提并论。这似乎并不十分合适。不可否认，络德睦的理解不一定是前后矛盾的。如前论及，我们只需假设确实存在反思的东方主义和未反思的东方主义之间的区别，并将此处积极的东方主义和消极的东方主义置于后者之下。我们甚至可以推测，络德睦的东方主义伦理恰恰彰显了反思的东方主义和未反思的东方主义之间的区别。因为这种伦理反思要求我们关注这样的事实：我们的比较会影响到其他人。络德睦的东方主义概念，似乎再次具备足够的批判性来准确地分析话语。所有的理解都是东方主义式的，但有些理解比其他理解更东方主义：第一份判决中的法官和伏尔泰代表的是未反思的东方主义，只不过分别是消极的东方主义和积极的东方主义，而第二份判决中的言论则是反思的东方主义。

这一立场可能是前后一致的，但远不像络德睦所说的那样，是"适宜地"理解、分析或描述东方主义的法律话语。[119] 络德睦忽视了他的提议的规范性意涵，因此也忽视了其政治意涵。当他继续理解东方主义是如何构建"可被言说也可被知悉"的中美法律时，他似乎没有意识到他的分析有着同样的效果，因为在对这一现象进行具体分析时，它重新构建了关于中美法律可被言说也可被知悉的事物。例

119　参见注释 118。

如，如果络德睦认为没有非东方主义的知识，他是在暗示我们所有人都应该关注我们对东方的理解。[120] 然而，络德睦在介绍他的东方主义伦理时，对东方主义的反思相当明显地转向了规范性："我们应当考虑我们在比较中影响他人的方式：既在通常意义上限制他们作为主体的能动性，又在主体化（subjectification）意义上承认他们是具有能动性的主体。"[121] 无论这种伦理如何精确地运作，它都会引入道德的东方主义和不道德的东方主义之间的区分。因此，东方主义仍然潜在地构成了一个代表价值判断的谓词。此外，络德睦的东方主义概念也具有鲜明的规范性特征。因此，络德睦对东方主义的理解存在的唯一的问题只不过是它仍然没有意识到自己的规范性。但这真的是唯一的问题吗？

迄今在我们的描绘中，东方主义仍然只是西方对东方的理解。根据络德睦的说法，我们现在都是法律东方主义者。那么，所有（必要）的区分都是在这种整体东方主义的理解中做出的。因此，东方主义这一谓词本身实际上并不涉及价值判断。只有经过进一步评估，我们才能得出结论：东方主义仍然没有经过反思，因此在道德上存在问题。因此，持有东方主义的观点本身并不是不道德的，因为任何这样的观点都可能成为一种道德的东方主义。络德睦立场的问题在于其并没有暗示上述结论。他的基本主张并非只是简单地表明：并不存在非东方主义式的知识，这使得我们除了东方化之外别无选择。相反，他说"并不存在没有偏见的知识"[122]。如果并不存在没有偏见的知识以及我们只能获得东方主义式的对世界的理解，那么，这就意味着所

---

[120] 就描述性观点所具有的规范性之探讨，可参见注释96。
[121] 注释3络德睦书，第55页。
[122] 同上注，第51页。

有东方主义式的理解一定且永远是有原罪的，因为它们分享了曾经那种有偏见的知识。但络德睦似乎希望两者兼得：东方主义本身不应该，但仍然是一种控诉；东方主义不应该，但仍然属于一个道德范畴。

仔细审视可以发现，络德睦的矛盾最终归结为一个范畴上的错误：他把认识论范畴与道德范畴相混淆。追随汉斯-格奥尔格·伽达默尔的观点，他认为理解总是包含偏见，但这种偏见应该在中立的意义上理解。然而，如果这种偏见是真正中立的，我们出于认识论的原因无法避免，[123] 那么，它既不应该是无辜的，也不应该是有原罪的。为了做出进一步的限定，我们需要一个道德上的理由。我们需要道德上的理由本不应这么具有争议性：如果理解本身是一件坏事，我们就会为理解某人而道歉，但我们不会这么做。相反，我们道歉是因为错误地理解了他人。络德睦的东方主义伦理遵循同样的逻辑，尽管他使用"比较"一词而不是"理解"。络德睦并不责怪我们进行比较，但要求我们关注比较的效果：我们应该意识到，我们的比较让某些主体失格之同时使其他主体成为可能。这样的比较本身并不是不道德的，正如上文引用的两项法院判决所表明的那样，只有特定形式的比较才是不道德的。然而，如果络德睦坚持认为既没有无偏见的知识也没有纯粹的知识可以获取的话，这其实并非其想表达的本意。[124] 在这种概念化中，原罪成了一个认识论循环，因为没有人能够逃避自己的理解：理解必须从不纯粹的知识开始，并无限循环地回到它。至于到底有没有道德上的理由表明某一理解是错误的，则毫不相干。只要我们一去理解，我们就已经有罪，不需要任何正当程序。这当然不是络德

123   Hans-Georg Gadamer, *Wahrheit und Methode* 299 (7th ed. 2010).
124   注释 3 络德睦书，第 24 页（"对于普遍的、纯粹知识的一种无望追寻"）。

睦愿意坚持的观点：这与他在没有贬义内涵的情况下使用东方主义一词的意图相矛盾。

对这种前后矛盾的反应现在可能是耸耸肩说："那又怎样？这只是一个范畴错误。"但这会令人忽略它背后更深层次的道德问题。从认识论的角度而不是道德的角度将理解视为不道德的，就意味着非难人们不是因为他们思考的内容或方式，而是因为他们思考的行为本身。如果这种认识论上有缺陷的理解与某一特定的人群（亚洲人、中国人、美国人等）有关，那就意味着要批判他们存在本身。然而，也许更重要的是政治意涵。即使是像络德睦这样非常睿智的作者，也被东方主义的道德说教式的内涵所困扰，这一事实应该使得我们警觉。[125] 尽管他的意图恰恰相反，但他的东方主义概念仍然暗含着一个欠缺批判性推理的结论。关于这个术语在东方主义的话语中的使用，这应该会告诉我们什么？正如我们所看到的那样，话语并不总是处于冷静和获得充分论证的位置之上。然而，《法律东方主义》及其部分被接受所引发的诸多问题却证明了相反的事实。在这样的语境下，像法律东方主义这样的术语将如何被使用（和滥用）？批判性法律东方主义必须对此进行反思：它的概念将在一个充满意识形态色彩的话语中运作，哪怕学术辩论也不例外。[126] 正因为如此，我认为"东方主义"这个词不适合用来指代西方对东方的任何理解。关于东方主义的话语似乎还不够成熟，还不足以为这样的理解正名。

我们可将法律东方主义在西方话语中的界限总结如下：东方主义

125　络德睦关于"无偏见的"或"纯粹的"知识的观念（这在他的东方主义概念中仍然是一个道德说教上的碎片）很可能追溯到萨义德对这个词的贬义使用上来。就此，可参见注释4萨义德书，第9页（详尽阐释了"纯粹知识和政治知识之间的区别"）。

126　围绕法律东方主义所展开的政治性争论，可参见注释11。

仍然应该被理解为一套构建西方对东方理解的话语，但不是与这种理解相一致的话语。区分积极的东方主义和消极的东方主义似乎是有帮助的。我仍然同意络德睦的观点，即我们需要区分道德的和不道德的东方主义，但我认为这种区分应与反思和未反思的东方主义的区分重叠。然而，我认为得到恰当反思的东方主义将不再是东方主义式的。因此，西-西界限不是在东方主义内部划定的，而是在东方主义和西方对东方的其他理解之间划定的。这种观念来源于道德和政治，源于一个对知识和理解的如下认知：反思决定了是否道德，同时反思也消除了使用/滥用东方主义一词去阻止任何此类批判性反思的可能性。以这种方式理解西-西界限对应于这样的告诫：我们必须谨慎地处理东方主义谓词，不能不经进一步思考就将东方主义标签轻描淡写地附加在某些言论上。[127] 例如，给我们引用的第二项判决中的言论贴上东方主义者的标签是没有意义的，我们甚至也不能再谴责这些言论是东方主义式的。[128]

（三）主体和系统

1. 法律东方主义及其主体

法律东方主义是一种涉及其实践主体的话语。例如，美国可以颁布一项法令，禁止中国人入籍，美国个人可以声称中国是一个无法之地。从这个角度看法律东方主义，就意味着关注主体及其行为。络德

---

[127]　参见注释89。

[128]　最近关于法律东方主义的研究成果使用了这里使用的术语。参见注释94 Ng文，第228—229页。

睦明确地采纳了这一看法，并进一步强化道："当代政治观念在本质上仅仅认同两种真正的主体：国家与个人。"[129] 在络德睦的论点中，国家与个人的二分法尤为重要，因为他认为国家是阐明普遍价值观的主要媒介，法律是表达普遍价值观的特权语言。[130] 就个人而言，法律的重要性也同样得到加强。法律不仅反映了一个预先形成的国家身份，而且还规定了这个身份；作为一个现代主体意味着："拥有自己的身体，有权获得自己的劳动成果并有权进行政治参与……"[131] 为致敬约翰·洛克，最终络德睦将国家与个人的二分法定位为"英美自由主义两极化的政治本体论"[132]。现在，如果我们回顾一下络德睦对这种自由主义的帝国主义倾向的批判立场，毫不意外，他感叹这种二分法是一种"贫乏的现代法律想象"，然后转向中国寻找"新的主体"。[133] 他寻求在中国经济中找到一些新的组织形式，这将有别于西方的商业公司。例如，他描绘了一幅相当吸引人的中国乡镇企业画面。在某些情况下，这类企业显然体现了一种由房地产交易巨额利润资助的再分配的法团主义。村庄从出售土地中获得的利润被用来扶持村民的福利项目：从日托、医疗保险到大学奖学金，再到生活费和丧葬费的财政资助。[134]

　　络德睦阐述和批判西方对主体的特殊关注的方式是非常有趣的。我曾详细地指出，他的批判从来没有变得偏激，只是抨击美国的自由主义，忽略其政治和法律理想，或者止步于惊叹中国在全球经济、政

---

[129]　注释 3 络德睦书，第 21 页。亦可参见第 2、99、109、209 页。
[130]　同上注，第 9 页。
[131]　同上注，第 23 页，同时参见第 38 页。
[132]　同上注，第 99 页。
[133]　同上注，第 209、213 页。
[134]　同上注，第 216—218 页。

治和法律的范围内展现出的新的梦幻图景。络德睦非常谨慎，不要将消极的东方主义替换成积极的东方主义。但即便如此，一名苛刻的观察者仍将很难发现中国乡镇企业的福利项目与西方福利国家的福利项目有什么区别。毕竟，络德睦所列举的福利项目的确包含了从"摇篮到坟墓"的全过程。法律东方主义及其主体的真正问题存在于更根本的层面。首先，虽然国家-个人二分法可能是分析东方主义法律话语的一个有价值的起点，但络德睦对这一二分法的解构并不能为我们提供一个好的选择。他在中国传统中寻找新的主体，但仍是在二分法的总体范围之内。针对这种方法，关键的问题是：除了分析以主体及其行为为重点的法律东方主义之外，我们还能做什么？为了找到一个更优的选择，我认为我们需要将注意力从主体转移到系统上。第二个问题是，络德睦把他的主体置于一个社会互动的网络中，有时很难看到故事的法律部分。他笔下的美国主体具有鲜明的自由主义特征，有时他们被视为权利的拥有者，有时他们代表着政治理想；他们也是自由贸易的支持者，偶尔会被认为是将民主和法治带给中国人的现代传教士。[135] 对法律东方主义进行如此浓墨重彩的描述，本身是没有问题的；况且平心而论，络德睦是有意识地将法律融入社会，而不是将其孤立。[136] 然而，我们应该提醒自己，区别原本紧密相连的事物仍可获得富有成效的分析成果。至少从马克斯·韦伯以来，我们知道现代社会产生了一个碎片化的生活世界，其中又充斥着诸如法律、政治、经济和宗教等不同的、常常相互冲突的社会理性。[137] 因此，有必要区分我们是在讨论法律东方主义还是政治东方主义，而络德睦所呈现的

135　注释 3 络德睦书，第 200—201 页。

136　同上注，第 36 页。

137　Max Weber, *Gesammelte Aufsätze zur Wissenschaftslehre* 603 – 605 (3d ed. 1968).

法律东方主义的社会领域有时对此未做充分的区分。

2. 法律东方主义及其系统

我们需要一个能为我们提供全局化的、细致区分的现代社会观的升级理论。对于这样的需求来说，尼克拉斯·卢曼的社会系统理论是一个既微妙又显而易见的选择。[138] 卢曼对超越主体及其行为的内容进行了独特而清晰的分析，他并不关注社会行为，他的重点在于沟通。如何区分沟通与行为呢？一个基本的直觉是：社会沟通是不会仅仅因为单个行为者的缺席而停止的。换言之，如果一名法官拒绝裁决案件，法律沟通不会停止；如果一些公司倒闭，经济沟通不会停止；政治沟通也不会随着某个政治家职业生涯的终结而结束。所以，在系统论中，没有个体是大而难倒的。当然，这并不是说行为者——或者就这一点而言，主体——与社会沟通无关，或者不是社会沟通所必需的。卢曼的观点是，社会本身不能被化约为行为者。我们可以借用一个著名的心理学比喻来说，卢曼提出将社会视为一种不等于个人"意识流"（stream of consciousness）总和的"沟通流"（stream of communication）来观察。[139] 这个比喻将有助于理解下一个核心点：我们能把意识流的焦点汇聚在个体之上，而社会沟通流中则没有这样类似的灭点可寻。社会既非一个放大了的主体，也非一个方便主体征服

---

[138] Niklas Luhmann, *Soziale Systeme*, 1984. 这一选择是微妙的，因为作为功能主义传统的一部分，系统理论长期以来一直对批判法律理论持怀疑态度，特别是在比较法的运用方面。See, e. g., Robert Gordon, "Critical Legal Histories," 36 *Stanford Law Review* 57, 59 – 67 (1984); Günter Frankenberg, "Critical Comparisons: Re-thinking Comparative Law," 26 *Harvard International Law Journal* 411, 434 – 440 (1985). 我希望上述评论能为重新评估这一信条提供进一步的理由。针对系统理论的一个最新的批判性重述，可参见 *Kritische Systemtheorie: Zur Evolution einer normativen Theorie* (Marc Amstutz & Andreas Fischer-Lescano eds., 2012)。

[139] William James, *The Principles of Psychology* 239 (1918).

世界的制高点。卢曼在这方面认同韦伯的见解，即现代社会分化出不同的理性。他进一步指出，社会分化为不同的社会子系统，每个子系统根据其自身的理性运作。因此，社会沟通流被划分为不同的社会系统，诸如政治、经济、法律、宗教和家庭。最后，在这样的子系统内，沟通遵循着特定系统的理性，采用行话来说，它展现了一种套套逻辑（tautology）。

这个系统论的大纲应该足以解释它如何能在分析法律东方主义方面发挥作用。我将再次依靠络德睦的分析来说明问题。在结束论证为何中国传统家族结构没有被西方观察者视作公司结构时，络德睦给出了一个很可能受到系统论启发的解释："本质上，法律的关键在于其对自身的解释。在法律东方主义自我反复的世界中，法律乃是一种将自身界定为'法律的'的一种叙事。"[140] 这正符合卢曼所描述的现代法的套套逻辑："法律就是法律所定义的法律。"[141] 卢曼和络德睦在这一套套逻辑上不谋而合，即法律沟通建立在法律沟通的基础之上。他们都通过合法-非法的二元代码将法律沟通与其他社会沟通区分开来。[142] 他们的显著不同在于他们将现代社会中的法律沟通语境化的方式。络德睦的主体驱动社会理论（subject driven society）导致他将法律政治化和地方化。他将法律与国家的权力紧密勾连，并由此与特定民族国家的政治密切联系在一起。"合法与非法的二元代码"彰显了"现代国家最终无穷的权力意志"。[143] 更确切地说，法律的代码代表着国家权力，并受其制约。如前所述，对于络德睦来说，法律是国家传

140　注释 3 络德睦书，第 105 页。
141　Niklas Luhmann, *Das Recht der Gesellschaft* 143 – 144（1993）.
142　同上注，第 165 页；注释 3 络德睦书，第 220 页。
143　注释 3 络德睦书，第 220 页。

达"普遍价值"的特权语言。[144] 因此，在全球地图上，法律东方主义反映了美国民族国家的普遍愿望，而他补充的东方法律主义概念（Oriental legalism）则体现了中国国家可以实现将其价值普遍化和法律中国化的观念。[145] 毫不意外的是，络德睦得出这样的结论："法律世界的未来首先是一个政治问题，更确切地说是一个地缘政治问题。"[146] 与之形成鲜明对比的是，卢曼的系统驱动社会理论（system driven society）导致他将法律非政治化和全球化。他将法律从政治系统及其国家中分离出来。[147] 合法-非法的二元代码既不代表国家，也不受国家的约束。因此，法律的地位变得更加重要。法律沟通将包括所有的法律沟通，而不仅仅是几个特定国家间的沟通。[148] 此外，伴随法律和政治的区分，它们之间的沟通将会发生公开碰撞，并可能产生冲突。同时，法律也变得不那么重要了，因为它现在只是与诸多其他系统（如宗教、媒体、经济等）一样的一个社会系统而已。那么，这对于反思法律东方主义造成了什么样的影响呢？

为了证明这一点，我将讨论引入这一理论的两点：从主体到系统的转变，以及随之而来的更具有区分性的社会视角。络德睦对法律东方主义的分析为这些问题中的每一个都提供了一个有趣的例子。在本文第一部分总结他对美帝国主义的批判时，我已经提到了络德睦的一个颇具见地的论断，即"二战"后借助自身的领导地位由美国所促发的全球自由主义话语，如"没有殖民者的殖民主义"那般影响了

---

[144]　参见注释 130。

[145]　注释 3 络德睦书，第 233 页。

[146]　同上。

[147]　See Niklas Luhmann, *Die Politik der Gesellschaft* 189‒227 (2000).

[148]　注释 141 卢曼书，第 570—571 页；也参见 *Global Law Without a State* (Gunther Teubner ed., 1997)。

今天中国的法律体系。[149] 向系统观点的转变是显而易见的：络德睦观察到一种法律帝国主义的话语，这种话语并不依赖殖民者（行为者）亲身存在于当地，而是通过一系列国际组织（包括 WTO、联合国、北大西洋公约组织、国际货币基金组织和世界银行）施加系统性的影响。[150] 也许正是络德睦的研究重点阻止了他得出这个结论。事实上，我们可能倾向于将这种法律帝国主义追溯到诸如美国和刚刚提到的国际组织那样的特定行为者身上。然而，我怀疑，将这种法律帝国主义强加给这些行为者会削弱络德睦观点的批判力。现代美国的统治（法治）已经成为没有殖民者的殖民主义，中国国家及其个人只是从一种系统的角度来自我东方化。[151] 如果我们意识到，某种法律帝国主义不再依赖于个别行为者，而是作为一个独立的社会沟通系统运作，那么即使某些相关的行为者被逐出舞台，这种影响也将继续下去。系统性影响不需要背后的特定主体来指导或引导它们，这使得它们极具影响力进而应当引起我们的注意。只有当我们认为"法律东方主义创制世界的力量"[152] 是一种特定的社会沟通流，在不同时代、不同地方，在不受制于个人行为的情形下系统地复制自身，我们才能充分地理解它。[153]

我的第二个批判是，络德睦法律东方主义的社会领域并没有被足够区分，特别是在他对国家权力和政治的关注上。这甚至使人偶尔怀疑把他的研究理解为对政治东方主义的探讨是否更为恰当。当然，络

149　参见注释 19。

150　注释 3 络德睦书，第 205 页。

151　参见注释 102。

152　注释 3 络德睦书，第 106 页。

153　最近的研究提供了香港司法实践中的精彩史料，强调了法律东方主义的系统性影响。参见注释 94 Ng 文，第 212—213、225、234 页。

德睿深知自己的学科定位，仔细阅读可以察觉，他并非没有意识到现代社会的碎片化理性。例如，他明确指出了法律主体性是如何在经济理性和法律理性之间"断裂"的，并评论说，作为法律主体并不意味着"只是法律的主体"。[154] 然而，我们错过了卢曼为我们提供的明确的区分化视角，在那里法律变得越来越不重要。不那么重要的是：因为络德睿认为法律的二元代码只表达了自由国家的权力意志，他提出将中国作为发现社会活动不法领域的特例；像黑市这样的不法的社会活动并没有被合法-非法的二分法所涵括。[155] 如果我们把社会分为几个子系统，我们就会立即对这种比较产生怀疑。可以肯定的是，除了合法与非法这种二元对立的区分外，法律上还有足够的空间供自由主义国家模式发展出足够的社会活动，比如科学、宗教、经济、家庭等。因此，需要进一步思考为什么中国就成了一个相对特殊的案例。

更重要的是，系统理论将法律与其他社会系统区分开来，从而使我们能够强调法律自身的理性。强调这种理性当然对批判性的视角具有吸引力，因为它引出了以下论点：将法律置于政治、经济或家庭的逻辑之下，可能并不明智，甚至可能是有问题的。当他坚持认为个人法律权利与国家权力对立时，或当他批判法治并非法律的统治，而是政治和经济议程的掩护时，[156] 络德睿也直觉般地遵循了这一论点。不过，我们也可以把这个论点运用到他所举的中国乡村法团主义和村社成员福利制度的例子中去。[157] 因为这个例子无法不言自明地表明其重点究竟是亲情逻辑、法律逻辑还是经济逻辑以及这些社会理性应当如

154　注释 3 络德睿书，第 39 页。
155　同上注，第 220 页。
156　参见注释 58 和注释 64。
157　参见注释 134。

何联系在一起。在这些理性之间进行区分将防止我们轻率地得出结论，比如称赞融合了家庭和法律的关系规范。虽然络德睦肯定会对这种融合进行批判，[158] 但正如我们所见，卢曼的现代社会地图解释了这种批判的机制：我们总是需要反思涉及了哪些社会理性，以及它们之间又该如何相互关联。由于这一规范性的挑战，卢曼的社会系统理论——区分法律、家庭、政治、经济和宗教——就特别有帮助。

3. 局限性

我们的结论是，有必要重申一下系统理论对批判性法律东方主义的贡献。我提出这一理论，是因为它使我们能够揭示东方主义法律话语中的系统性影响，也因为它为我们提供了一个更为细化的现代社会地图，帮助我们反思东方主义的法律部分，并揭示出其中可能涉及的理性冲突。然而，这种贡献也具有明显的局限性。系统理论可能对碎片化的现代性中不同的、相互碰撞的社会理性有着敏锐的观察，但它所展示的理性却反映了西方的理性。系统理论为我们提供的现代社会的地图，也是西方理性化所构成的世界。[159] 因此，盲目地遵循这一理论，就意味着复制单一的西方理性及其冲突。在全球范围内，我们将观察到的只是现代社会的单一碎片化。然而，批判性法律东方主义恰恰表明，"我们生活在一个法律现代性分布不均的世界"[160]。东方主义的知识可能在概念上是有限的，但实际上，世界是建立在西方法律理性的范式基础之上的，这种范式遮蔽了其他范式。[161] 因此，我们不能

---

158 参见注释44。

159 对西方理性化进程的经典分析，可参见 Max Weber, *Wirtschaft und Gesellschaft* (5th ed. 1980)；cf. Dirk Kaesler, *Max Weber* 855–857 (2014)。

160 注释3络德睦书，第106页。

161 参见注释102（关于自我东方化的论述）。

把对法律东方主义的分析局限于卢曼关于现代社会单一碎片化的特定理论视角。相反，法律东方主义使我们不得不面对世界社会的双重碎片化：在其中，理性冲突也与东西方分歧并存。[162] 换句话说，我们不能把自己局限在采用一张碎片化的西方理性地图来理解东方，因为这张地图几乎不能告诉我们存在什么样的东方的理性（如果有的话），以及它们又如何与西方发生冲突。因此，若从系统理论的角度解读中国的乡村法团主义，是不可能反映出这一现象的准确图景的。当一些中国村庄将其房地产利润再分配给村社成员时，可以看到彼此分离甚至可能是相互冲突的经济、法律和家庭理性在发挥作用，而这就引出了此等问题：这些理性是否有意义地表达了这种现象。

当我们将其和描述性与规范性的区分联系起来时，我们可以更清楚地看到系统理论的局限性，我在绘制批判性法律东方主义的项目图谱时介绍了这一区分。[163] 根据这种区分，法律东方主义首先是分析这种话语的描述性项目，而系统理论是一个描述西方理性如何展开及其对东方施以多大影响的极为有价值的工具。它使我们能够区分出这种话语所涉及的不同理性（政治、法律、经济等），从而更清楚地认识到法律东方主义的意义。它让我们能够理解法律东方主义为什么会成为如此强大的话语，因为它解释了社会沟通的自我稳定效应超越了个体行为者的影响。然而，当涉及对中国法律的描述时，系统理论并不能很好地完成这一任务，因为它对现代社会的把握所遵循的是西方范式，而不是东方范式。[164] 在对亚洲法的比较研究中，偶尔探寻一下到

---

[162]　关于世界社会的单一和双重碎片化之论述，可参见 Gunther Teubner, *Constitutional Fragments: Societal Constitutionalism and Globalization* 164（2012）。

[163]　参见注释94。

[164]　看上去，卢曼将不会同意这种观点。See Niklas Luhmann, *Ausdifferenzierung des Rechts* 78-79（2d ed. 2015）。

底涉及哪些子系统，也许会有些帮助，但如果假定这种分析能够准确地解释实地发生的情况，却是很危险的。对于中国法的比较分析而言，系统理论的贡献更多的是在批判性法律东方主义的规范性层面。在评估特定的法律标准方面，它提供了一幅不同理性及其潜在冲突的地图来提醒我们法律自身的理性也很重要。概括地说，法律理性具有不局限于中国宗族经济或单纯的政经商品的价值。然而，系统理论的规范性贡献到此为止：它只告诉我们理性冲突（的意义），而没有告诉我们如何解决冲突。[165] 为此，我们需要引入其他工具。现在，我们必须探讨"对话"是否可以作为一个概念来调和东西方分歧的理性冲突。

（四）对话

1. 设置舞台

络德睦明确表示，他不希望放弃"就全球和地方层面的正义需求展开对话"。同时，他也明确地表示，我们要放弃"将法律普遍性作为此等对话的基础"。本着同样的目的，他首先提出拒绝普遍主义："坚持认为任何地方或任何时间，较之任何其他地方或时间具有或多或少的普遍性，似乎并非特别有用。"但这显然并非完全拒绝了法律的普遍范围："在这些对立产生的那一刻，（法律）既是普遍的，也是独特的。"[166] 最后一句中近乎诗意般的模棱两可似乎掩盖了段落之间实际存在的张力，也掩盖了这样一个事实：缺乏普遍的法律基

165　注释 141 卢曼书，第 24 页。
166　注释 3 络德睦书，第 234 页。

础，我们如何进行普遍的法律对话？没有普遍性，我们如何将普遍性概念化？表述这种张力的一种更令人熟悉的说法可能是，络德睦一方面似乎在驳斥普遍主义，但另一方面又不赞成文化相对主义。他在文本中的这些表述意味着超越了普遍主义和相对主义之间的鸿沟，在我看来，这是其批判方法的一个关键特征，也预示着批判性法律东方主义的关键任务。

希望进行跨法律文化交流的批判性对话，必须超越文化普遍主义和相对主义之间的鸿沟。这一模式标志着我们所面临的概念上的任务。然而，它并没有提出自己的挑战。哲学家、汉学家弗朗索瓦·于连（François Jullien）以更切题的方式阐述了这种对话的实际利害关系。他将这一区别描述为"肤浅的普遍主义（将自己的世界观天真地投射到世界其他地方）"和"懒惰的相对主义（将各种文化禁锢在具有特定价值观念的特性中）"之间的区别。[167] 在法律东方主义的世界里，肤浅的普遍主义是把法治作为普遍标准，而懒惰的相对主义则秉持这样的立场：每一个法律传统都有自己的标准，而无论这些标准是什么。因此，懒惰的相对主义会在具体法治问题的任何批判性意见面前退缩。对于人权的概念，于连对这一二分法进行了如下有益的重申。在他看来，今天的许多辩论没有其他选择，只能要求"要么鼓吹一种傲慢的人权普遍性……要么出于理论上的愤怒，放弃可以先验地在我们星球上的每一个地方被用来作为抗议工具的人权武器……"[168]。

在更清楚地了解对话的任务和挑战后，我们现在应该澄清对话的

167　François Jullien, *On the Universal*, *the Uniform*, *the Common and Dialogue between Cultures* 96（Michael Richardson & Krzysztof Fijalkowski trans., Polity Press 2014）.

168　同上注，第115页。

动机。我们为什么要就东西方的分歧进行批判性对话？有些人可能认为这个问题已经得到了回答：对话是正义的要求。因此，正义要求我们参与对话。[169] 事实上，络德睦在阐述他对法律的批判潜力之信念时，似乎暗示了答案。"事实上，无论在中国抑或在我们本国，我们的确负有关注臣服实践……的一种伦理责任。法律提供了应对此类实践的一种重要方式……"[170] 我同意这样的观点，即正义是一个相关的动机。然而，如果说法律东方主义的历史教会了我们一件事，那就是：盲目追随要求我们关注与我们有差异之实践的冲动，很可能导致东方主义式的实践。此外，我不认为正义及其所要求的批判立场是参与对话的唯一动机。动机还可能是，我们可以从对方身上学到一些东西。这显然将是比较法研究的一个重要动机。如果我们以这样的方式推动对话，区分肤浅的普遍主义和懒惰的相对主义，则意味着这种学习应该伴随着对彼此的法律传统应有的尊重。最后，我们可能需要进行对话，因为存在着诸多跨国（法律）冲突和问题，而这些冲突和问题需要解决。

引入对话概念可能既是不可避免的，也是存在问题的。法律东方主义围绕着高度争议性的问题展开，而这种文明冲突的叙事方式很容易吸收这些问题：法律帝国主义、侵犯人权、自由贸易等等。在这种冲突背后的意识形态力量的对抗下，对话似乎是"一个极度脆弱的概念"[171]。如果我们再加上系统的观察，情况就会变得更糟：集体性或个体性主体之间的对话怎么可能与由系统驱动的碎片化现代性的冲

169　参见注释166。

170　注释3络德睦书，第56页。

171　注释167于连书，第157页。

突相匹配?[172] 在这方面，对话似乎更是一项不现实的工作。在许多方面，关注冲突确实可能是我们所发现的更准确的进入世界的指南。不过，推进对现代冲突的政治学或社会学分析来指导我们的方向是一回事，而将这种分析提升为我们行动的规范性理想则完全是另一回事。对话是由那些不认为冲突或恐慌是对意识形态冲突或碎片化后果做出的唯一或最明智的反应之人所选择的。因此，这一概念也进入了法律东方主义的讨论中，并不令人惊讶。然而，它可能出现在批判性研究项目中却更令人吃惊。这是因为，在致力于和谐，（或听起来不那么乏味但同样有问题的）致力于团结、共识或共同点的一种高尚的愿景面前，跨文化对话很容易会发现自己被利用了。寻求一种全球伦理或普遍法律被认为是这种愿景的一种表达。[173] 即使是希望通过对话解决冲突的善意的想法，也是一个值得质疑的想法。因为这种不惜任何代价必须解决冲突，不能去忍受或积极地管理冲突的观点，并不是那么不证自明的。如果对话要在批判性法律东方主义中占有一席之地，就必须正视这些困难。

2. 作为论证的对话

在络德睦关于法律东方主义的描述中，对话标志着他的话语观念的转变，即发生在福柯话语理论理想类型和哈贝马斯话语理论理想类型之间的转变。[174] 络德睦认为，我们不应该将法律概念视为普遍性的概念，而是作为跨国对话中需要进行证成的特定命题来对待。以这种方式安排对话，应能使中国和美国的法律在协调立场时进行有效的沟

172　参见注释 137 和注释 138。
173　注释 167 于连书，第 121、123—124、157 页。
174　详尽的论述，可参见注释 86。

通。然而，这种安排并不意味着对表达正义理念的具体术语不加批判。因此，在络德睦看来，描述对话特征的关键术语包括：证成、沟通与协商。因此，我们可以将他的对话概念置于论辩理论（argumentation theory）的范畴内。此处联系到哈贝马斯的理论有助于理解和发展如此设想的对话的界限所在。

如果我们用冲突-和谐的区别来描述哈贝马斯对于对话的理解，那么很明显，他并不属于那些会对现代冲突的现实视而不见之人。相反，他把社会的碎片化作为其沟通行动理论的出发点。[175] 然而，他仍然乐观地认为，政治和社会冲突可以在一种理性的话语中得到调和，这种话语将法治下的民主与市民社会的沟通结构结合起来。[176] 他的信心在于，理想的话语使得每个人都服从于更好的论证带来的非强制性力量，继而产生包含着我们行为的规范性规则的共识。而最终，没有人能逃脱调整这种理性论证话语的规则，因为会反对这些规则之人只能以非理性为代价。[177] 因此，哈贝马斯的理论设计有两个基本命题。首先，他将对话置于一套普遍规则的基础上以维护其理性。其次，他认为达成共识是这种理性对话的最终目的。早期就有观点反对这一策略："尽管初衷良好，但论证不足。"[178] 哈贝马斯的第一个命题与现代性不无关系，将自己的语言游戏理解为根本上是异质性的，而不是以一些关于彼此之间如何进行理性讨论的同质性规则为基础。出于相同的原因，第二个命题也是可疑的：我们不清楚为什么共识会成为对话

175　Jürgen Habermas, *Theorie des Kommunikativen Handelns* 207 (3d ed. 1985).

176　注释 73 哈贝马斯书，第 661—680 页。

177　Ralph Christensen & Hans Kudlich, *Theorie richterlichen Begründens* 58 – 82 (2001).

178　Jean-François Lyotard, *The Postmodern Condition* 66 (Geoff Bennington & Brain Massumi trans., Manchester University Press 1984).

的最终目的。[179] 从批判性法律东方主义的角度来看，人们很难忽视在理性话语中建构起来的渐进式达成共识的准则：如果每个人都能自由、理性地讨论，每一个政体都会以某种方式自然而然地演变成为法治下的民主国家。以这种方式去规划对话，接近于简单地将一种特定的政治模式作为西方的蓝图输出给世界其他国家。[180] 最后，法律东方主义的界限告诉我们，在全球视角下，我们应该考虑到东-西界限。这就要求我们进行以下的思考实验：从东方的角度进入对话意味着什么?[181] 不一定非得是人类学家或汉学家才会意识到，对话不可能被普遍认为是我们就某一特定的论点进行争论的过程，哪怕这种认识看起来多么合理。更合理的似乎是，我们在这一信念中也只是柏拉图和柏拉图学派的另一个注脚，而我们的对话概念最终也源于此。[182]

在此背景下，于连对对话的理解尤其值得关注。因为他不仅是一位汉学家，而且还是希腊哲学的专家。因此，他的对话概念有意识地反映了希腊的传统，从而试图为超越肤浅的普遍主义和懒惰的相对主义的跨文化论证打开大门。简言之，他认为跨文化"对话"（dialogue）应该包含这个概念的两个元素："dia"和"logos"。他用"dia"来辨识文化之间的差异和分歧，而用"logos"来阐述人类共同

---

179 Jean-François Lyotard, *The Postmodern Condition* 65 – 66（Geoff Bennington & Brain Massumi trans., Manchester University Press 1984）.

180 对于哈贝马斯更详尽的批判（其中引入了亚洲的视角），可参见注释 167 于连书，第 117—118、126—137 页。在最近的论辩理论中，寻找一个更有前途的对话概念，可参见 Harald Wohlrapp, *The Concept of Argument*（Tim Personn & Michael Weh trans., Springer 2014）.

181 参见注释 100。

182 See Alfred North Whitehead, *Process and Reality* 39（David Ray Griffin & Donald W. Sherburne eds., Free Press 1978）（1929）.

的智慧。[183] 这种共同的智慧并不是指代或针对共同的想法、价值或概念。它所引入的唯一的普遍性包括将人类文化描述为一种可理解的、可学习的和可交流的东西。因此，如此构想的逻各斯（logos）打开了这样一个视野：它为我们提供了能够持续不断地探索跨文化间思考的可能性。在强调差异的前提下，于连希望这一过程能被确保不会陷入统一性。把对话当作机器来安装，以创造统一的文化，就失去了人类思维的资源；然而，注入分歧，则意味着保持其张力；这种张力使人们在自己的文化中不断寻找未知的事物。[184] 于连用中文"东西"这个词来说明这个问题。中文中的"东西"一词由"东"和"西"两个字结合而成，因此它的字面意思就是"东西方"。对于西方人来说，至少从康德以来都倾向于将"东西"（thing）看成是一种最终无法穿透的实体，所以，这种组词的空间方法确实可以开启新的思维可能性。中国人没有从实体、物质、特性等角度去思考"东西"，而是用一种对立的方式，永远不会否认其两极之间张力展开的可能性。[185] 同一个东西，可以是两极分明的。大体上，于连认为，中国是与西方进行跨文化对话的一个特别重要的伙伴，因为两个世界独立地演化成文明，创造了一个同样被文本化的、可解释的、可评论的思想世界。因此，关于基本概念和思想的对话可以在平等和对称的基础上开始，而不是在与小众的不对称的比较中开始，因为此等比较事实上并不能提供相同的材料。[186] 如果我们再把这与进行跨文化对话的动机联系起来，于连的提议就能很好地解释相互学习的意义。在这样的"对话"

---

[183]　注释 167 于连书，第 160 页。
[184]　注释 167 于连书，第 91—92、136—137、138—139、141、146—147、168 页。
[185]　同上注，第 147—148 页。
[186]　同上注，第 78—79 页。

（dia-logue）中展示人类思维的不同资源显然在比较研究方面很值得称道。

虽然学习的动机是明确的，但我们现在必须进一步探讨一下于连的对话概念，探明对正义的关注和正义的理念是如何在其中被调和的。他又是如何解决一个没有普遍性的普遍性问题的？我们已经看到，他提出了一种普遍性：作为人类共同智慧的逻各斯。然而，我们已经看到，这种普遍性具有两个关键特征：第一，它标志着一个既不依赖也不创造普遍观念的过程；第二，它把人类文化的特点描述为可辨识的，因此是可以被理解、学习和交流的东西。简言之，普遍性变得普遍化和普遍开放。[187] 现在，于连关于人权的普遍性立场，有助于我们看到这一点如何能使我们超越普遍主义-相对主义的鸿沟。于连拒绝将人权当作一个普遍概念，但他捍卫人权作为一个概念的普遍性。他认为，在意识形态上，人权难以自圆其说：作为独特的西方观念，人权不可能被普遍化。认为这一概念正在被普遍化倒是有可能的。总之，不是从意识形态上，而只是从逻辑上为其辩护。[188] 因此，于连没有把人权理解为一个具有固定内容的肯定性概念，而是强调人权作为一个概念的否定性影响。[189] 他将这种向否定性概念的转变与以下后果联系起来。第一，作为一个否定性的概念，这些权利成为一种可被普遍用来捍卫和抗议任何形式的不公正的工具。第二，由于重点在于这些权利作为一个概念的否定性影响，在于它们逻辑上的使用，因此，并不是每一个援引这些权利的人都必然要服从西方的意识形态——他们甚至可能根本不知道意识形态，或意识形态对他们来说无

187　注释 167 于连书，第 116 页。
188　此处"逻辑上"必须被理解为"概念"意义上的逻各斯。
189　注释 167 于连书，第 113—114、116—117 页。

关紧要。第三，由于这些权利不再意味着对普遍真理的主张，因此没有必要在这些权利上做出妥协，以使它们被普遍接受。[190] 于连并不准备将这种尖锐的否定性退缩到这样的位置：将这些权利置于一个本意良好但终究无力作为的话语之中。相反，他提出了一个更一般化的说法，即不能就价值进行谈判。他问道："欧洲为什么要在自由问题上讨价还价，哪怕是最轻微的讨价还价呢？"[191] 这似乎是一个有区别的立场，足以让人摆脱肤浅的普遍主义。然而，如果不对价值进行谈判，这难道不是倾向于最保守的文化相对主义吗？不，因为同样对于于连来说，文化是普遍化和普遍开放的。因此，对于"自身的"文化，他同样毫不妥协："我不会捍卫文化认同（包括法国的文化认同）……对于认同的需求是一种完全不成立的僵化态度，除了通过外部的争论和立场的确立（最重要的是通过民族主义等政治立场），是不可能得以维持的。"[192] 相应地，他认为，如果一些文化本质主义认为某些价值观念不可能在对话中交流和分享，那么对话就不再有效，便会陷入一种懒惰的相对主义。他把中国的"中心主义""中国观念"或"亚洲价值观"等概念视为将自己的文化封存在一个不变传统中的例子，采用这些概念是在"不屈不挠地玩着民族主义复兴的游戏"。[193]

总之，由此得出，我们可以从中了解到的跨文化对话的总体情况并不是论辩、协商或相互和解。从西方的角度看，论辩性对话（argumentative dialogue）的概念也许是最恰当的。如果把对话仅仅理解

190　注释 167 于连书，第 114—115、117、109 页。
191　同上注，第 140 页。
192　同上注，第 152 页。
193　同上注，第 166—167 页。

为论证（argument），即不同意见的交流，那就要更加谨慎了。将对话理解为论证，不仅使对话与论辩拉开了距离，还使对话与冲突解决和协商脱离了关系。尽管我认为，如果完全将协商或冲突解决的想法从对话中剔除有些激进，但于连秉持的"人们不可能就价值进行有意义的协商"之观点却是一个明智的提醒，它让我们意识到在协商中并非所有的事情都可以妥协，并非所有的冲突都必须以任何代价来解决。对话留给我们的其他选项并没有使我们因此陷入冲突或恐慌之中。对话仍然可以继续作为忍受和管理冲突的工具。如果除了冲突和恐慌外的第三种选择，只是一种为了追求"其他利益"所必需的和平与和谐的妥协，这就值得探讨了。至少，这种做法的好处是让我们看到了参与对话积极的一面：相互理解和学习绝不能以虚伪地践踏一国传统、天真地欣赏他国传统抑或两者兼而有之为代价。

3. 对话与法律东方主义

现在，我们可以对法律东方主义中的对话概念和关于中国法律的比较话语进行重新确认。这种重新确认可以沿着在设定舞台阶段确定的跨文化对话的动机——正义、冲突解决和学习——来推进。我将依次对它们分别加以考虑。

对话与依赖对正义之关切的批判性法律东方主义的联系，已经初见雏形。如果我们把对话理解为一种论证，其允许正义的概念和理念不固定，而是具有普遍性和普遍开放性，那么在不推进法律普遍主义或法律相对主义的情况下，沿着西-东界限进行批判性对话是有可能的。就关于中国法律的对话而言，我们已经看到了这种效果，特别是对宪法问题的影响。公开地将人权从一种西方意识形态还原为一个特定的西方概念，使这一概念可被用来批判亚洲语境下的国家实践和国家法律。因此，我们从于连的比较哲学和络德睦对法律东方主义的反思中得到的东西是相辅相成的：放弃作为西方意识形态的人权就等于放弃法律普遍主义作为法律文化之间批判性对话的基础。同理，在跨文化对话中，超越一种肤浅的普遍主义和懒惰的相对主义，就等于在不放弃对中国法的规范性批判的前提下，找出一种东方主义式的实践止于何处。[194] 然而，于连的分析却让我们更能明确法律概念在这种对话中的作用。他认为应在逻辑上（否定性上）而非意识形态上（肯定性上）使用人权，这为我们提供了一个思考的方向：法治这一概念也可以作为批判的工具。我们已经看到，络德睦在批判这个概念的同时，仍然将其作为一个隐含的批判标准。[195] 这一矛盾现在可以优雅地获得解决了。与于连的提议相反，很明显，络德睦批判了将法治作为一种意识形态的做法，他指出，这一想法可以为非常不同的议程而服务。然而，这并不是说这一概念必须失去其否定性的影响。正如人权一样，法治也可以作为批判和抗议的工具。另一方面，络德睦关注的是，我们必须区分法治的应有含义，这有助于具体理解于连的否定性路径：人权也是一个需要区分为更具体主张的概念，以"实现更大的精确性，并使不同法律传统之间的沟通更为有效"[196]。

络德睦提出的中美法律协商的观点，要求我们在此重新审视东西方在解决冲突动机方面的对话。[197] 对话是重要的，当我们试图解决冲突，特别是基于不同的经济、政治利益和法律背景时，对话有时甚至是不可避免的。即便如此，将跨文化对话作为一种批判性论证的关键

194　参见注释 98 和注释 106。

195　参见注释 66。

196　注释 3 络德睦书，第 233 页。

197　同上。

在于，并非所有的事情都需要协商，也不是所有的冲突都必须不惜一切代价地解决。络德睦提出放弃法治概念以求中国和美国法律的进一步协商，这种做法乍一看似乎与于连的批判标准相抵触。但如果对络德睦法治论点进行详细的分析，我们就能证明他确实将这一概念作为批判标准。因此，我建议，我们应该将他与于连的立场都理解为是对这个概念的逻辑辩护，不令法治变成可以妥协的东西。与此相呼应，络德睦的法治批判表明，在人权对抗国家政权的问题上，他似乎和于连一样毫不妥协：权利对抗国家政权不能成为讨价还价的筹码，特别是在中国和西方的政治和经济协商中更不能。[198] 与其在价值上妥协，还不如忍耐和管理这些彼此冲突的价值。

最后，通过跨文化对话来学习的动机为法律东方主义和中国法律的比较话语增添了一些重要的启示。在于连看来，学习是我们为什么要进行"对话"的关键。对话应该使我们能够通过与另一种文化的接触来了解一种文化中未知的东西，以此更充分地获得人类智慧的资源。络德睦似乎也有类似的想法，尽管他没有将其与对话的概念联系起来。他认为，或许中国"不仅能为美国主导的法律改革提供一个实践目标，而且也能作为不同视角的（法律的与其他的）一个来源"。同样，他坚持认为，"中国法律传统与现代性的关系绝非简单地一厢情愿"。[199] 这里有两点特别重要。首先，如果我们不确定络德睦法律东方主义路径的批判性质，也不确定中国和西方之间批判性对话的概念，那么将中国视为不同法律和其他愿景之来源的建议很可能会被降级理解为是天真的，是一种伏尔泰式的积极东方主义。然而，

198　参见注释 38 和注释 64。
199　注释 3 络德睦书，第 28、207 页。

我们从络德睦和于连那里获得的中西方对话的概念，显然支持这样一个命题：学习的前提是尊重自己和其他的传统。因此，我们可以把这种对话理解为双方都在向对方学习，而不需要任何一方扮演教师的角色。其次，络德睦建议在中国（法律）传统中寻找不同的愿景，这似乎很像于连对未知事物的追寻（例如，"东西"）。事实上，我们看到络德睦在中国亲属法和公司法的语境下寻找新的主体时，试图采用中国人的思维去拓展西方的法律想象。[200] 从于连的角度来看，我们一方面可以对这种做法表示赞赏。因为中国的文明提供了一个不同的、对称的文化传统的视点，它可以成为比较法学研究的一个特别重要的对话伙伴。另一方面，不能说络德睦在寻找新的主体时，真的是在寻找根本不同的东西。相反，他对西方法律思想进行了重构，尽管是优雅地重构。[201] 顺带一提的是，于连对这种比较法学研究的评论是："（欧洲）权利的概念是多种多样的，但并没有受到任何干扰。它仍然是预先就已设定的最初框架，只有在其核心部分才有可能进行交流。"[202] 然而，我们应该理解，络德睦的意图与这一批评是一致的："中国法律传统与现代性的关系绝非简单地一厢情愿。"

（五）重新绘制研究项目的图谱

"法律东方主义"这个词指的是两种截然不同的言语行为。一方

200　参见注释133。

201　络德睦将中国传统的家族结构视为现代美国商业公司的功能对等物的比较论点也会遭到同样的反对（参见注释3络德睦书，第三章）。关于功能主义的讨论，可参见注释98。

202　注释167于连书，第162页。

面，人们可以表达诸如中国是一个无法之地之类的东方主义言论。这类言论就是在实践法律东方主义，实践法律东方主义永远不会是一种批判性的努力。相反，实践东方主义意味着陷入西方对东方的批判性思维缺席的叙事和话语中。因此，批判性东方主义实践的概念是近乎矛盾的。另一方面，东方主义也可以作为一个谓词，将西方对东方的某种特定理解单独作为东方主义式的理解。如果有人声称中国是个无法之地，我们可以指出这就是法律东方主义。以这种方式使用法律东方主义的概念，是对东方主义实践反思的结果。[203] 这种对法律东方主义的反思，在过去几年里，已经成为比较法学研究的一个项目。究竟在什么条件下，我们可以称其为批判性项目？这就是本文以"批判性法律东方主义"为题意在探讨的问题。这个问题的灵感来源于《法律东方主义》一书在中国发生的政治转向。我认为，《法律东方主义》本身就隐含着一个批判性项目的观念，因为它的批判贯穿了其所有的中心领域：美国、中国和现代法。因此，络德睦的文本之所以具有批判性，是因为它并不满足于西方的自我批判。然而，这一命题仍然引出了一个问题：超越西方的自我批判是否是东方主义法律实践批判项目的必要条件。本文的基本前提是，超越西方的自我批判确实是一个必要条件，然而，为什么要这样做并不十分明显。如果说分析法律东方主义意味着西方法律意识对东方理解的批判性自我反思，那么，法律东方主义本身为什么不具有批判性呢？答案是，单纯的东方主义分析缺乏对自身理论立场的自我反思。它可能是批判性的，但这种批判性是不足的，因为不反思自身立场的批判最终仍是幼稚的，尤其是在政治意涵上的批判。因此，对法律东方主义进行彻底的批

---

[203]　参见注释94。

判，我们就不能满足于西方话语对东方理解的批判，还必须反思其自身的批判及其政治、伦理和规范意涵。[204] 总之，我们既要加强对东方主义法律实践的分析，也要加强对这种分析的反思。由此，批判性法律东方主义把分析与（对分析的）自我反思结合在了一起。在分析东方主义法律实践的层面上，如我在第二部分所认为的那样，从主体视角向系统视角的转变，可能有助于我们更全面地理解法律东方主义创制世界的力量。在自我反思的层面上，事实证明，有必要辨明法律东方主义的界限，并勾勒出一个对话的概念，使我们能够在不同的法律文化中展示法律的批判潜力。

结　论

批判性法律东方主义讲述了西方的自我及其法律意识的演变过程，分为三个阶段。[205] 在第一个阶段，这个自我是现代主体。它享有权利和民主自由，而传统的法治和人权等概念代表了这些权利和民主自由。它相信这些观念的普遍性、有用性和价值，并将它们出口到世界各地，哪怕是这个星球最遥远的角落。它难以想象在其自身基本标准得不到维护的情况下，法律可能还会存在。因此，它将世界大致划分为无法之地和有法之地，这取决于它的比较视角是否能够在其他文化中发现存在相同的或至少在功能上等同的权利。缺失法律的地方就

204　参见注释 119 和注释 125。

205　此处借鉴黑格尔的三阶段理论（参见注释 88 黑格尔书，第 465—466 页）。为了在当前的语境下解释它们，我同时借鉴了此书：Pirmin Stekeler, *Hegels Phänomenologie des Geistes* 625‑627 (2014)。

必须接受法律的约束，使之成为有法的地方。第二阶段的西方自我演变为开明的主体。它已认知到东方主义本身的偏见以及西方对东方理解的偏见。它以熟练掌握批判性比较研究和法学理论为荣，沾沾自喜于自己以此成功解构了有法社会和无法社会的简单二元对立。从其批判的角度看，它以其极为天真的法律普遍主义来俯视现代主体，宣扬法律文化的相对主义，而接受这种相对主义，要么是带有讽刺意味的英雄主义，要么是悲剧。在其对批判的狂热中，它虽看到了法律东方主义无处不在，但并不会停下来思考西方对东方的理解是否可能存在差异。因此，它采用了一种不受限制的法律东方主义，宣称东方主义是任何亚洲法学比较研究的宿命，其结果往往是，由于欧美法律帝国主义的过去，东方主义始终是有罪的。

西方自我的第三阶段是自觉的主体。它意识到，其法律概念是地方性知识，并对其东方主义遗产有着批判性的认识。它并不认为自己必然会因这一遗产而有罪，而是将其作为一种持续的责任来铭记。在反思其东方主义分析时，它意识到，法治等理念是传统的一部分，而这种传统使它首先成为一个批判的主体。这使它没有理由在将自己的传统与其他传统进行比较时，因自己的法律和政治特权变得高傲。然而，自觉的主体意识到了西方法律在现代社会中的特殊理性价值及其阴暗面。同时，它也意识到，其他传统对（现代）法律和社会有着截然不同的思考方式。与它们保持对话是学习的良机。这包括学会质疑自己的传统，而不将其置之不理，或对其认为在其他法律传统中不公正的社会实践保持沉默。因此，它将在自己的公开讨论中和批判性的跨文化对话中仔细评估不同的法律标准。对于自觉的主体来说，这个对话过程永远不会终结。正如它的文化特性一样，它的法律也从未永久确定下来，而是一直在移动。在其描述性与规范性的比较中，它是一位试图永葆活力的法律漂浮世界的艺术家：

> 这是一种令人不安的感觉，要看清自己时代的教条主义狂热是多么困难；我更担心时间和历史终将表明，尽管基于良好的意图，人们却支持了一项错误的、可耻的甚至是邪恶的事业，并将自己最好的年华和才能浪费在了其中。[206]

206　Kazuo Ishiguro, *An Artist of the Floating World*, at xii－iii (2016).

"无法"的中国如何缔造现代的美国

[英] 陈玉心　著[*]

吴雅婷　译[**]

一、现代法律的世界地图

《法律东方主义》开篇即展现了一幅现代法律的地图。在这幅地图上，美国和中国位于相反的两端。在美国自己看来，它建立在一套具有"独特的普遍性"的政治价值之上；在这套价值体系中，法律占有特殊的地位（第9页）。从这个角度来看，中国及其法律被认为具有"普遍的独特性"（第9页）。基于此等独特性，法治和民主与其无缘。美国是世界的"首席执法者"，而中国却被单向度地污蔑为"头号人权侵犯者"（第1—2页）。络德睦教授这部在理论上颇为精致的著作描绘了美国法所走过的一段历史旅程。这趟旅程开始于美国为其公民获得"治外法权"的 1844 年。这是美国在帝国主义道路上的一个里程碑。这样说主要是因为当时出现了一套并非普遍而是独特

＊　陈玉心（Carol G. S. Tan），英国伦敦大学亚非学院法学院教授。正文中所标页码，皆出自《法律东方主义》一书英文版：Teemu Ruskola, *Legal Orientalism: China, the United States, and Modern Law*, Harvard University Press, 2013。

＊＊　吴雅婷，中国政法大学比较法学博士，闽江学院法学院讲师。

的国际法，且其出现在一定程度上是为了给美国在中国的治外法权提供正当理由。接下来的发展便是美国驻华法院的设立。该法院的判决与中国法院的判决同样武断，而那些法院被指控的武断性恰恰是外国人主张治外法权必要性的原因。之后，美国还接管了上海的一家中国法院，从而使美国法官获得了中国法律具体内容的界定权。美国通过排斥华人的移民法案，使之正当化的理由是这样一个断言：中国的"无法性"（lawlessness）导致中国移民只知道专制王权的规则，因此并不适合在美国的法治之下生活（第 8、46、49、143 页）。美国最高法院认为联邦政府具有制定移民法案的不受宪法限制的绝对权力，因此维持了这些排华法案（第 143 页）。

《法律东方主义》主要讨论了中国法为何不被认为是法，以及此项排除在观念和实质上的效果。在该书的结语（第六章）中，络德睦声称，尽管自 20 世纪 80 年代以来，中国法律的数量大幅增多，然法律东方主义却没有简单地成为历史。他写道，中国为加入 WTO，必须调整其法律体系（第 205—206 页）。虽然中国的加入申请是出于自愿，但情况还是让人联想起 20 世纪初的情形。那时中国被告知，若想结束治外法权，必须先将其法律体系现代化（第 205 页）。络德睦由此得出结论认为，殖民主义对现代法律的散布获得了胜利："如今，法律的确是普遍的了。"（第 208 页）更甚者，现代法律作为国家的延伸，其自身便倾向于实施"无需殖民者的殖民主义"。即便这一事业尚未完成，且还有一些行为与生活领域在络德睦看来最好被视为"非法律的"（unlegal）（第 220 页），另一项现代法律事业的成功却是显而易见的，即"创制了渴求法律并根据法律的方式构想政治的中国主体"。中国公民"越来越多地起诉他们的雇主、房东、其他公民甚至国家"（第 208 页）。络德睦并未致力于现代法的观察分析（虽然他有说"我们现在所生活的世界在本质上是一个法律的世界"［第 14 页］），尽管如此，他指出了在中国日益增长的权利意识，并承认，在中国这样一个中央集权国家，政府侵犯个人权利的危险更大，而法律作为一个"反霸权"的武器相当重要（第 211 页）。在为《法律东方主义》打上句号之时，络德睦评论道，虽然中国的政治和经济正在崛起，但"受制于法律东方主义长期历史的困扰，'中国法'的概念继续给很多人一种自相矛盾的印象"（第 235 页）。

像《法律东方主义》这样一部丰富宏大的著作是开放的，可以有多种解读方法。在对东方主义与法律这一主题之下的早期作品展开简要考察之前，本文的切入点是把《法律东方主义》置于法律解构的脉络中。接着，本文将检验该书提出的关于中国无法性迷思的诸多主张，并考察该书对美国为何向中国争取治外法权所作的论证。在此之后，本文将考察这部著作中的一个实证面向——美国在华治外法权的实践——并思考东方主义对法学研究的贡献及其在法学研究中的未来。

二、解构与法律东方主义

作为一项分析方法，解构是审视法律及其表层话语的一个途径。在法律技巧作用于界定某种行为或状态并提供相应法律后果的地方，解构却鼓励对法律的对立二分特征进行质疑。例如，在适用于法律学说之时，解构鼓励对固有的主要规则及其例外或附属规则之间的关系进行审查。事物的差异本是前提，但解构将差异问题化，并揭示相似性，从而使得法律的二分法看起来不再站得住脚。在适用于法律学说的理论根基时，解构意味着：如果有一个我们借以理解法律概念存在意义的主导型叙事，那么就可能还存在着一个能够产生"反视角"的边缘化叙事。[1] 如果我们识别出了一个被假定为普遍的价值，那么我们或许要问一下它在事实上是否只是地方性的。

在《法律东方主义》中，解构技巧无疑得到了大量应用。在关于中国公司法（该部门法的主要特征是，它被推定不存在于近代以前的中国）的案例研究中，我们看到，有关中国亲属法与美国公司法结构相当并发挥了后者功能（第 67 页）的论证颠覆了中国法与美国法的二元对立。该论证聚焦于中国家族组织的诸方面及诸如祭祀公业这样的载体。在此等将中国亲属法视为一种公司法的解读当中，一个重要的元素就是透过儒家思想这一国家意识形态来观察个体对经济利益的追求。在美国法中，集体型的实体是例外情况，因此必须运用法律拟制赋予其法人资格。在儒家思想中，情况则截然相反：其出发点就是集体型的，个人的逐利活动必须隐藏在亲属关系之后（第64—65 页）。络德睦提出，如果仔细观察就会发现，亲属关系隐藏了基于合同而达成的关系。[2] 他的这一论断立刻让那种认为中国只关注家族而不关注合同的看法问题化了。接下来，关于当代美国公司法诸多方面带有家族主义痕迹的论述从反面推进了此番审视。作者引人入

1　关于解构的探讨，可参见 Jack M. Balkin, "Nested Oppositions," 99 *Yale Law Journal* 1669（1990）。

2　络德睦将入赘婚作为例子。与儒家理念相背，入赘婚是指女婿被一家没有儿子的家庭纳入家门，并嫁给他新姐妹中的一位（第 77 页）。而童养媳这一婚姻实践却与之不同：一名女童被纳入另一家庭，待其成年后嫁给她新兄弟中的一位。See Arthur P. Wolf, "Adopt a Daughter-in-Law, Marry a Sister: A Chinese Solution to the Problem of the Incest Taboo," 70 *American Anthropologist* 864（1968）；Arthur P. Wolf, "Childhood Association, Sexual Attraction, and the Incest Taboo: A Chinese Case," 68 *American Anthropologist* 883（1966）.

胜的考察由一连串的正反论点组成，利用了汉学、宗族关系学、人类学和法律史学的最新研究成果。此等考察动摇了中国法与美国法之间基于"个体/集体身份"二元对立的表面差异。

尽管如此，解构既不能提供规范性指引，也不能充分解释法律当中某一价值优位于另一价值的原因。所以，并不能将解构延伸适用于对以下问题的审视：我们何以会拥有某项具体的法律学说甚或整个法律体系，以及其他概念和模式为何会被拒绝。通过运用从后殖民研究中获得的直观洞见，《法律东方主义》解决了这一局限。该书因而能为"东方主义如何影响美国法、中国法和国际法之发展"提供一种解读（第3页）。络德睦观察到，这些类型的法律，包括"法律"本身，都不是"先在的知识客体"（第3页）；基于此，他借用了桑托斯的"合法间性"（interlegality）理论来阐释法律东方主义诸多本质化话语[3]——关于中国法律的美国式偏见、关于美国法律的中国式偏见、中国人对于自身法律的偏见以及美国人对于自身法律的偏见——之间的"主体间联系"（inter-subjective links）。

三、东方主义与法律

为了领略《法律东方主义》是一部多么宏大的著作，本文首先要对现存的可能受到爱德华·萨义德教授著作影响的一些法律研究作简要回顾。对比之后将会发现，《法律东方主义》的规模显然是前所未有的。

---

[3]　See Boaventura de S. Santos, *Toward a New Common Sense* 385 (1995).

如果在此之前不理解，那么在萨义德的《东方学》出版后，[4] 我们已经明白，权力的维持不仅依靠对武力的悍然使用，而且还依靠殖民者和被殖民者之间存在差异性的话语。因此，仅仅凭借对法律的恐惧并不足以解释服从权力的必要性。在保持被征服者和他们的外来统治者适得其所方面，东方主义的话语扮演了重要的角色。这些话语如此强大，以至于即便在脱离殖民统治之后，它们仍然发挥着作用。鉴于我们所考察的中国未被正式殖民化，因此值得指出的是，萨义德的思想同样适用于半殖民地和非正式帝国的情形。

萨义德的《东方学》和其他著作最为显著的贡献在于促使我们重新审视自己对于非西方法的认识。法律界具体是如何参与对他者或其法律之东方化操作的？人们可以非常合理地暂时假定，为实现有效的殖民统治，广义上的法律学者参与了对"地方性"或者"东方的"法律知识的观察、收集和堆砌。对地方法的研究本身就与殖民主义不可分离，因为殖民主义提供了通向观察地点的入口。套用萨义德的理论，由此所得的知识就不是基于中立立场，而是基于殖民主义的特定意识形态和观察者与被观察者之间的不平等关系。因此，关于他者及其法律的知识并不"纯粹"；相较于这些知识所描绘的非西方法律，从它的这种不纯粹性当中，我们可以对西方的法律想象获得同等程度的了解。在西方观察者的凝视中，法律与"东方"文化中的其他方面一样被本质化、同一化、异国化、边缘化，并被欧洲法律标准塑造成原始的。

由于萨义德的著作所促成的对东方主义的敏感性，"地方性法律"这一范畴本身现已被视为一种殖民立法暴力的行为结果。之前，

4　Edward Said, *Orientalism* (1978).

那些被殖民当局识别为法律的旧法以及未被判定为与"文明"规则冲突的旧有惯例享有"法律"的地位，[5] 这些法律随后被贬低为"地方性法律"。英国法因而得以去填补由此清理出的空间。正如约翰·斯特劳森（John Strawson）已经指出的那样，在英国的殖民实践中，这种重新配置法律空间的做法至少可以追溯到 18 世纪印度的瓦伦·哈斯汀（Warren Hastings）和威廉·琼斯（William Jones）。[6] 用斯特劳森的话来讲，"被占领的法律文化""在殖民法律秩序当中"被置于"一个从属地位"。[7] 达成此等结果的操作方法表现为以下形式的法院判决，即要求一种"可承认的法律体系"（及政府形式），并对此等法律体系加以界定。由于对"法律"概念采用了一种完全自我指涉性的定义，类法律规范体系（通常会预设某种治理形式）的存在往往就不足以满足要求。"地方性"法律的适用范围还被限缩于土地权利和私人生活领域（通常包括结婚、离婚、收养和继承，但不包括动产和合同）。

在英国吞并缅甸这一具体个案中，安德鲁·赫克斯利（Andrew Huxley）教授指出，基于如下论断，即那些地方性法律都是从其他地方（比如该个案中的印度）借鉴而来的，地方性法律及建基其上的

5　其中的一个例子就是《1901 年枢密院威海卫法令》第 19 条。威海卫是英国在华的租界，英国无须宣示主权便可在该地行使司法管辖权。该法令是英国统治威海卫的宪法性文件。第 19 条将英国法律引入威海卫，同时保留中国法在"本地人之间的民事纠纷"中的作用，但仅限于"这种法律或习俗不得违背正义和道德"（《1901 年枢密院威海卫法令》第 19 条）。有关中国法和习惯——它们不得与英国法的基本原则相抵触——在香港留存的讨论，可参见 Peter Wesley-Smith, *The Sources of Hong Kong Law* 209 - 210（1994）。

6　John Strawson, "Orientalism and Legal Education in the Middle East: Reading Frederic Goadby's Introduction to the Study of Law," 21 *Legal Study* 663, 666（2001）.

7　同上注，第 668 页。

地方性法律职业群体遭到弃置。[8] 尽管有些英国殖民地官员如此推崇缅甸法律以至于倡建了缅甸佛教法研究所（Research Institute of Burmese Buddhist Law），[9] 但是他们的看法却被致力于贬低缅甸佛教法的在政治上更加强大的势力所边缘化。在"边疆专家"（frontiers experts）伪造的考古发现的帮助下，缅甸的佛教法被说成是从印度传过来的。[10] 由于英国对缅甸的吞并已获得印度曾殖民缅甸这一宣传的证成，这种法律东方主义的行径也就成功地将大英帝国主义的元叙事（metanarrative）套用到了该地区。[11]

在缅甸造成的最终结果是英国法的引入以及法律职业和司法机关工作语言向英语的转变。与"地方性"法律相比，英国法是"全球性的"。尽管诸如印度法或中国法之类其他形式的法律也会通过英国殖民机构从一个殖民地传播到另一个殖民地，但在实践中，唯有英国法才被假定为如无例外情形均可加以适用。它能够通过英国人进行传播，能够移植适用于遥远的地方，以对那些被所有当代论述认为是非常不同于英国文化的当地文化进行治理。在整个大英帝国内部，这种对不同地方法律的重新排序和再定位的情况一再发生。此等重新安排带来的一个直接且具有讽刺意味的效果就是，那些其法律已被地方化的主体自身被教导以新殖民主义的视角来看待法律，以至于他们也认

8　Andrew Huxley, "The Anglo-Buddhist War (1875–1905): The Circumstances Under Which Christians Developed Their Theory of Buddhism," 7 *Journal of Comparative Law* 18, 24 (2012).

9　同上注，第23页。

10　同上注，第22页。

11　同上。See generally Andrew Huxley, "Is Burmese Law Burmese? John Jardine, Em Forchhammer and Legal Orientalism," 10 *Australian Journal of Asian Law* 184 (2008).

为他们自身的法律在殖民法律体系中是边缘性的。[12] 由于殖民地也是一种精神状态，因此，教导那些研究他们自己法律的殖民地，让他们以殖民主义视角看待法律，实现此等目标的过程就是殖民统治维护程序的一个重要环节。

探讨法律当中及以法律为媒介的东方主义的作品数量相对较少；其中的许多作品都聚焦于法庭审判；[13] 而法庭审判一直以来也确实是东方主义发挥作用的重要舞台。庭审过程中往往有机会出现"文化调查"的环节；在该环节中，关于文化（包括法律在内）的东方主义民族志知识会得到审理、认可，并被记载到庭审记录当中。[14] 凡审判，尤其是对抗式的，皆鼓励以最鲜明及最夸张的形式提出主张，这往往导致了对复杂现象的夸张描述和本质化。这些文化调查带来的实质性后果对"土著人"且最终对法律而言通常是不幸的，因为它们往往会为终止公民自由权和调用镇压叛乱或紧急情况的措施铺平道路。[15]

同时，法庭审判也是很容易重新调用过去的东方主义话语的一个

---

12 See generally, e. g., John Strawson, "Orientalism and Legal Education in the Middle East: Reading Frederic Goadby's Introduction to the Study of Law," 21 *Legal Study* 663, 666 (2001). 此文对埃及法学教科书和巴勒斯坦法学教科书进行了探讨，解释了埃及法混乱地杂糅了法国和伊斯兰法律传统。

13 See generally, e. g., Gerhard Anders, "Testifying About 'Uncivilized Events': Problematic Representations of Africa in the Trial Against Charles Taylor," 24 *Leiden Journal of International Law* 937 (2011); Maitrii Aung-Thwin, "Recovering Peasant Politics in Colonial Burma: Orientalism, Rebellion and the Law," 7 *Journal of Comparative Law* 39 (2012); Nandini Chatterjee, "Images of Islam: A Murder in Colonial Calcutta," 7 *Journal of Comparative Law* 78 (2012).

14 Nandini Chatterjee, "Images of Islam: A Murder in Colonial Calcutta," 7 *Journal of Comparative Law* 78 (2012).

15 See, for example, Amrita Mukherjee, "Colonial Continuities: Criminal Tribes and the Cult of the Thug," 7 *Journal of Comparative Law* 96, 106 – 110 (2012).

地方。比如说，在探讨近来有关利比里亚前总统查尔斯·泰勒的战争罪审判时，对控方证人如何被要求提供有关非洲文化恐怖表现（包括嗜食人肉、活人献祭和秘密社团的入会仪式等等）的证据，人类学教授格哈德·安德斯（Gerhard Anders）给出了重要的说明。[16] 安德斯指出，这类证据对于控方来说不是绝对必要的；与此相反，作为编造有关非洲宗教和精神信仰故事之策略的一部分，它们被用于将查尔斯·泰勒塑造成超出理性范围采取行动的疯狂独裁者。[17] 这相当于是重复了殖民时代将非洲作为一个暴虐横行、黑暗和无法的大陆加以呈现的做法。[18] 通过在原呈现产生的特定时期之外对该呈现加以重复，"非洲"，除被描述成同一化的之外，还被描述成了静态不变的。

毋庸置疑的是，当今也存在新东方主义的新行径，而且"存在于帝国中心而非殖民地的外围"[19]。在英国法院审理的涉及少数族裔儿童福利判决的案件中弥漫着一套基督教话语；在该话语中，非基督或非西方文化只有通过参照作为一名基督徒的意义才能得以呈现。如此一来，一种对于其他宗教和文化的东方化的、种族化的和确凿无疑的基督教式理解遂应运而生。[20] 这提醒我们，东方主义仍然在发挥作用并且仍然会给人类造成实质性后果。[21]

尽管上述某些议题在《法律东方主义》中亦有所体现，但该著

16　See generally Gerhard Anders, "Testifying About 'Uncivilized Event': Problematic Representations of Africa in the Trial Against Charles Taylor," 24 *Leiden Journal of International Law* 937 (2011).

17　同上注，第 958 页。

18　同上注，第 937、939—940、953—956 页。

19　Suhraiya Jivraj & Didi Herman, "'It Is Difficult for a White Judge to Understand': Orientalism, Racialisation, and Christianity in English Child Welfare Cases," 21 *Child & Family Law Quarterly* 283, 307 (2009).

20　同上注，第 286 页。

21　同上注，第 307 页。

作以其跨国性的广博超越了其他学者之前所做的努力。该书视野从美国穿梭到中国，并回过头来主张，我们如今所居住的世界是一个由东方主义构造的世界。本书还具有独特的反身性，因为它深刻地指出了（现代）法律这一概念本身就带有东方主义的印记。如前文所提到的，法律当中所呈现的向来是二元对立或者两分的。络德睦的理论探讨展示了法律何以在其结构上就是东方化的。用他的话来讲，作为"一种国家权力话语"，法律"把我们所有人都变成了'东方人'"（第213页）。

四、"无法的"中国

《法律东方主义》所讲述之故事的经验性起点是有关中国无法的观念。这种观念的意义，以及它产生并最终确立起来的时间、方式和原因，均为重要的问题。

由于"无法的"（lawless）会让人联想起多种不同情形，因此我们应当搞清楚络德睦在《法律东方主义》中如何使用这个术语。尽管络德睦有时候用"无法性"指代无序，[22] 有时候又用它表示制定法的缺失，但当"无法性"这一术语被用于紧邻该书主要论点处的时候，它指的是法治的缺失（或者推定缺失）和与之相反的人治实践的存在。

就现有的材料而言，《法律东方主义》关于中国被认为无法的主张证据比较单薄。我们被告知，第一章的分析大多是"援引有关中

22　关于此点的一个实例，出现在络德睦对清政府在帝制晚期衰败时中国处在"事实上的"无法性的论述（第50页）。

国（我们假定包括中国法）的大众化且纪实性的论述"（第31页），但实际上在该书中很难找到此等论述。尽管该章引用了欧内斯特·阿拉巴德（Ernest Alabaster）和葛兰言（Marcel Granet）分别在1899年和1934年出版的著作（第11—12页），但这两部当时西方世界的重要的中国法权威作品并不能被视为"大众化且纪实性的论述"。不唯如此，阿拉巴德对于外国人和某些学者不知道存在中国法所发出的悲叹是否应该按其表面意义去理解，也是存疑的。

与认为欧洲人对中国法抱持相当负面之印象的主张相反，一些正面的论述在第二章中得到了简要的引述。这些论述包括一位16世纪在华的西班牙耶稣会传教士所作的一份关于中国刑事司法的正面报告——报告指出"这些异教徒非常用心地在确保刑事正义"（第46页）[23]，以及利玛窦的一些看法——他之所以被提及，是因为据他观察，中国法具有很多值得称赞的特点（第251页注释73）。该书随后再次简要地告知我们，近代早期的耶稣会士对中国法的描述"大多是正面的"（第252页注释81）。考虑到传教士的论述在汉学研究中的重要性——因为传教士获准入华的时间远在商人之前——以及络德睦自己所承认的从19世纪30年代一直到60年代美国传教士在美国政府对华联络当中扮演的重要角色（第138页），[24] 该书对传教士处理的普遍不足，着实令人感到意外。

《法律东方主义》中的另一项相关缺失也令人感到相当意外，即它未对涉及中国贸易的一手资料展开任何讨论。乔治·斯当东爵士

23　作者引用了此书：John Henry Wigmore, *A Panorama of The World's Legal Systems* 178（1928）。

24　主要参见 Michael C. Lazich, "American Missionaries and the Opium Trade in Nineteenth-Century China," 17 *Journal of World History* 197（2006）（主张传教士影响了美国东亚政策的制定）。

（Sir George Staunton）曾任职于英国东印度公司并于 1810 年出版了
《大清律例》主要规定的首部英译本。而该书谈起他，仅仅是因为他
在序言中所作的关于中文对学习中国法的学生构成极大挑战的评论，
关于中国法如此"专断"以至"有悖于一切理性和正义"的评论
（第 47 页），[25] 以及他认为服从权威对中国政府至关重要的主张（第
66 页）。斯当东的译者序言长达 35 页，包括了许多其他的评论。比
如，他把中国说成是"文明世界中极为有趣的一部分"[26]；简要地解
释了《大清律例》只不过是中国法的一部分；[27] 并且建议他的读者遵
循威廉·琼斯爵士的建议，要按照法律与作为其适用对象之人民的性
情、习惯、宗教成见及被承认的古老惯例相符合的程度来对之进行评
判。[28] 斯当东甚至预见到读者对中国法普遍的第一印象将会是中国法
经常采取肉刑，因此，他告诉读者："若对中国法做一番更为细致的
考察，就会发现，减轻刑罚的理由如此之多，利于特殊阶层和考虑特
殊情形的例外情况如此之多，以至于可以认为该刑罚体系事实上已近
乎完全废除了那些体现其外在显见特征的部分。"[29]

　　在《中国丛报》（Chinese Repository）刊登了一篇对斯当东译著的
书评之后，该期刊收到了一封反对斯当东对中国法之正面描述的读者
来信。该读者在信中极力抗议称，中国法的文本与实践之间有着巨大

---

[25]　作者援引了斯当东的评论。

[26]　George Thomas Staunton, "Preface" to *Ta Tsing Leu Lee, Being the Fundamental Laws, and a Selecting from the Supplemental Statutes, of the Penal Code of China*, at iii (George Thomas Staunton trans., 1810).

[27]　同上注，第 xvi 页。

[28]　同上注，第 xxvi 页（引自 William Jones, "Preface" to *Institutes of Hindu Law*, at iii [1796]）。

[29]　同上注，第 xxvii 页。

差距，并对法律实践中常见的贿赂和腐败现象提出了抱怨。[30]

"学术研究构成了一项重要传统，我们关于中国法的现代理解从该传统中产生"（第32页），基于这一正当化理由，第二章事实上承诺对学术研究——"比较法、比较法哲学以及比较政治学这些学科中的东方主义学术研究"（第31—32页）——做一番考察。尽管人们有理由认为美国对中国的想象建基于更早的欧洲东方主义思想的基础之上，但该书却带我们回顾了横跨包括20世纪在内的三个世纪的一连串西方思想家，包括孟德斯鸠、黑格尔、伏尔泰、马克思、韦伯、福柯和德里达（第42—47页）。该书大量引述了黑格尔的作品，并提醒读者，尽管他并没有发明有关中国的东方主义，但其著作却充分体现了人们对中国所持的经典欧洲东方主义立场的一些重要元素（第42—44页）。这种经典欧洲观念认为，像许多原始国家一样，中国受传统束缚且一成不变，这在很大程度上是因为受到了儒学和理学的影响。基于这些特性，中国被置于文明的对立端。与可溯源到孟德斯鸠的思想一致，在黑格尔看来，中国代表着文明终极目标自由的对立面——专制主义（第43页）。中国的专制主义根源于一切中国最为明显的与众不同处——对家族关系的重视、家国不分及道德和法律的混同。其结果就是，个体服从法律只是出于对惩罚的恐惧。韦伯、福柯和德里达的观点有助于展现东方主义遗产的顽固性——这些遗产将被一代又一代的伟大思想家继承。《法律东方主义》主张，关于中

---

30 1－2 G. W. Keeton, *The Development of Extraterritoriality in China* 98－99（Howard Fertig 1969）. 有关英国期刊对斯当东作品大量负面评价的讨论，可参见 S. P. Ong, "Jurisdictional Politics in Canton and the First English Translation of the Qing Penal Code（1810）, Winner of the 2nd Sir George Staunton Award," 20 *Journal of Royal Asiatic Society of Great Britain and Ireland* 141, 148－151（2010）.

国缺失法律或中国人缺失主体性的话语导致了19世纪中期诸多不平等条约的签订。在探讨此等话语的根基之时，就对于那些谋求美国治外法权的执事者的影响而言，我们能够说斯当东、对华商人和传教士的思想一定就弱于孟德斯鸠、黑格尔和韦伯的思想吗？除此之外，对于年代顺序的忽视导致该书可能在无意中重复那种认为中国静止不变的东方主义神话。

五、鸦片战争之前的美国和在中国的治外法权

《法律东方主义》的目标之一，就是让读者了解美国治外法权的历史。许多论及凯莱布·顾盛（Caleb Cushing）（议定《望厦条约》的美国公使）的著作，在评价其赴华任事的成就时，都会对这段历史给予不同程度的关注。[31] 基顿（G. W. Keeton）关于在华治外法权的两卷本专著（下文将会提及）[32] 以及佑尼干（T. R. Jernigan）的《中国的法律与商业》[33] 对美国在华的治外法权均有探讨。这两部著作首版于八十余年前，而对于这段历史全新且专门的考察则迟迟没有出现。

美国为何会突然为其国民谋求在华治外法权？络德睦认为，其转折点就是中美《望厦条约》[34] ——在19世纪末美国取得西班牙殖民

31　See John M. Belohlavek, *Broken Glass: Caleb Cushing & the Shattering of the Union* (2005); Ping Chia Kuo, "Caleb Cushing and the Treaty of Wanghia, 1844," 5 *Journal of Modern History* 34 (1933).

32　1 – 2 G. W. Keeton, *The Development of Extraterritoriality in China* 98 – 99 (Howard Fertig 1969).

33　T. R. Jernigan, *China in Law and Commerce* 193 – 204 (1905).

34　Treaty of Peace, Amity, and Commerce, U.S.-China, July 3, 1844, 8 Stat. 592.

地之时，这一条约为美利坚帝国的正式形成铺平了道路（第110—130页）。设定该章节讨论框架的是这样一套叙事：何以美国在其创建之始坚持基于主权平等的国家间关系并反对欧洲殖民主义（第108页），到最后却迫使中国签订不平等条约并且实际上完善了治外法权制度从而使之超越了英国的类似实践（第140页）。络德睦简要勾勒了美国对治外法权所持态度的历史，以之引出了他的论证起点——"不同于像英国那样的欧洲帝国主义国家，在1839年中英鸦片战争爆发之前……美国实际上在意识形态和政治两方面皆倾向于尊重像中国那样的东方国家的主权平等"（第123页）。

认为美国政策存在突然变化的叙事依赖于一系列事件，其中之一是美国人在1805年明确承认了中国对外国人享有司法管辖权（第122页）。这种承认以美国领事和27名美国商人向两广总督提出抗议的形式出现。他们在抗议书中表示，诉请中国施以救济的美国人行事"严格遵守并尊重帝国法律和惯例"（第122页）。[35] 他们还援引中国对"所有文明国家中古老且公认的法律和惯例"的承认，从而使得美国人能够期待"主权独立的（中华）帝国"对其人身和财产加以保护。[36] 然而，正如基顿所指出的那样，"考虑到如下事实，这种声明的价值就会打上一些折扣，即该声明的作出并不是为了承认中国人对美国人的司法管辖权……而是为了获取中国协助以反对英国海军当局的压迫行为"[37]——在拿破仑战争期间，该国海军曾惯于到美国船舶上搜寻逃兵。

络德睦用以说明美国人在司法管辖权问题上所持立场不同于英国

---

[35] 络德睦引用了此书：Tyler Dennett, *Americans in Eastern Asia* 84（1922）。

[36] Tyler Dennett, *Americans in Eastern Asia* 84（1922）.

[37] 1 G. W. Keeton, *The Development of Extraterritoriality in China* 49（Howard Fertig 1969）.

人的另一个事件是 1821 年的德兰诺瓦（Francis Terranova）事件（第134 页）。埃米莉号（Emily）美国商船上的一名水手德兰诺瓦被指控，因在向一名女性商贩购买水果时不满卖方不肯多给，一怒之下向该妇人投掷了一个陶罐。据称该陶罐击中了妇人头部，致其坠海溺亡。

根据对此事件的常见表述，美国人承认了中国法院对在华美国人的司法管辖权以及中国法律对他们的适用，并将被告交给了中国政府，就表示承认了中国法院的司法管辖权和对在华的美国人适用中国法律。《法律东方主义》没有挑战这种说法，且基于这种版本，德兰诺瓦事件作为该书对中美关系历史之速写的一部分，被用以为后文的主张奠定基础，即凯莱布·顾盛明显背离了美国的既有政策，因此他不得不为自己的行为寻找一个有说服力的解释。

诚然，德兰诺瓦是从 1804 年到 1834 年间唯一一个交由中国审判并被执行死刑的外国人。但这并不意味着，美国人在该事件中没有反对中国对该事件的司法管辖权。事实上，有证据指明了美国人一方的伪善和种族偏见。他们拒绝将德兰诺瓦交付给中国审判。[38]

考虑到"美国社群中有很多人想当然地认为德兰诺瓦只是生气地向一个死人投掷陶罐"，他们这种不肯向中国政府交人的做法颇值得注意。[39] 更重要的是，美国领事威尔克斯（Wilcocks）曾在该妇人死后两天查看了她的尸体，其结论是，死者死于陶罐造成的头部创伤，且该种创伤不可能在死后形成。威尔克斯甚至已做好打算，如有必要，将采用外国人导致中国个人伤亡时的普遍做法，即支付大额资

---

[38]　See Joseph Benjamin Askew, "Re-visiting New Territory: The Terranova Incident Re-examined," 28 *Asian Studies Review* 351, 357 (2004).

[39]　同上注，第 357 页。

金买通死者家属以息事宁人；[40] 然而，在威尔克斯这样做之前，死者的丈夫就向中国政府提出了控告。[41]

约瑟夫·奥斯基（Joseph Askew）教授对德兰诺瓦案仔细的再评估还表明，威尔克斯和埃米莉号的船长库普兰（Coupland）之间存在着明显的意见分歧。出于某些原因（虽然尚不清楚具体内容，但很可能涉及埃米莉号所载货物几乎全是鸦片这个事实），库普兰看上去决意要维护其无知的船员。在妇人死亡后的两天之内，他从埃米莉号和其他船只的船员那里获取了十余份真实性可疑的证言。这些证言在语言、内容和表明船员看到妇人从船上落水之后不久其帽子和瓦罐都"完好"无损的意图上，都存在相似之处。[42] 库普兰还迅速从美国人社群中召集了15名支持者来为其行动提供合法性，[43] 这一做法使得威尔克斯无法按照他自己的直觉去采取行动。这个委员会起草了对德兰诺瓦审判方式的要求。它建议，即便威尔克斯希望一位合格的翻译——莫里森博士（Dr. Morrison）——出庭协助的请求遭到拒绝，经由总督启动的审判亦应当继续进行。[44]

这些美国人要求"一种公平中立的审判——在这种审判中，对一切辩护证据应不分中外予以平等中立地认受，被告的朋友应出席

40　See Joseph Benjamin Askew, "Re-visiting New Territory: The Terranova Incident Re-examined," 28 *Asian Studies Review* 352–353（2004）.

41　See George Thomas Staunton, *Miscellaneous Notices Relating to China* 429–430（1822）（quoting a May 6, 1822 article in The Times），1–2 G. W. Keeton, *The Development of Extraterritoriality in China* 189, 199（Howard Fertig 1969）.《纽约时报》对该事件报道的版本表明：死者家属的敲诈勒索也是辩护律师所提出理由的一部分。

42　See Joseph Benjamin Askew, "Re-visiting New Territory: The Terranova Incident Re-examined," 28 *Asian Studies Review* 355（2004）.

43　同上注，第357页。

44　同上注，第358页。

对他的审判，应准许囚犯继续由库普兰船长监护"[45]。可以确定，这些美国人获准出席了在埃米莉号船上举行的审判。在仔细研究了审判的报告之后，奥斯基注意到这个审判具有西方的对抗式和纠问式审判的某些特点。[46] 这就与后来不允许外国人参加对德兰诺瓦的审判的做法形成了强烈对比。在后来的陆地审判中，据说德兰诺瓦承认了他的罪行；依据中国的法律他迅速地被处以绞刑。[47] 奥斯基认为，关于初审的报告表明，事实上中国政府在适应美国人需求上已然表现出一定的灵活性，而美国人对法官拒绝考虑被告特殊情形的抱怨并不合理。正如奥斯基所说的那样，"美国人确实得以在法庭上讲述了己方版本的故事；但法官并未采信他们说的话"[48]。他们抱怨法官在未充分采信其意见的基础上预先对该案作出了判决；此等抱怨在他们看来可能有一定的道理，但这不过是对法官具备调查职能之审判程序的误解——相较于普通法传统，此等程序所属之法律传统更接近于大陆法传统。[49] 综合看来，这些不同的报告表明，法官准许两造向自己提出主张，且其对案件的审理自始至终都相当合理。

在埃米莉号船上进行审判之后，由于美国人仍然拒绝把德兰诺瓦交出来，中国政府遂颁行了对美国的贸易禁令。按照与外国人贸易的制度，对埃米莉号的行为负有保证责任的中国商人——"保商"（se-

---

45　See Joseph Benjamin Askew, "Re-visiting New Territory: The Terranova Incident Re-examined," 28 *Asian Studies Review* 357 – 358 (2004).

46　同上注，第 359 页。

47　See George Thomas Staunton, *Miscellaneous Notices Relating to China* 430 – 432 (1822).

48　同上注，第 362 页。

49　同上。

curity merchant）⁵⁰——遂被就地逮捕。逾两周后，尽管美国人仍旧声称中国法律有缺陷并宣称德兰诺瓦无罪，但他们却明确表示，如果中国政府要从埃米莉号上带走德兰诺瓦，他们不会作出抵抗。于是，德兰诺瓦于 10 月 24 日被中方带走。⁵¹ 美国人为什么会采取此等立场，随后对德兰诺瓦的审判和处决为什么会如此迅速，以及美国人为什么没有提出任何官方的抗议，这些问题均尚未得到充分的探讨。最终，或许正是这些问题巧妙地实现了中国人和美国人在恢复贸易上的共同利益。德兰诺瓦身体的余热尚未散去，两广总督就宣布，"鉴于（美国人）现在已经将杀人犯交了出来……为了表示我们的怜悯心，可以准许重新对他们开放贸易；并放开货物运输管制"⁵²。他命令广州行商（Hong merchants）重开贸易"以及向美国长官传达一项指令表示其可以通知该国商船，它们可以像以前那样从事商贸并开舱买卖"⁵³。

奥斯基最终得出如此的结论："德兰诺瓦罪证确凿，一个理智中立的陪审团也会判定他犯有谋杀罪"，且"没有任何证据证明德兰诺瓦在中国对他的审判中曾遭受某种具体的不公正对待"。⁵⁴ 我们仍然不清楚为什么美国人、英国人和其他外国人会坚持他是无罪的，即便

50　"保商"制度的建立可追溯至 1755 年。此等商人是公行（Co-hong）的成员，为外国船只在港口停留期间向地方政府承担保证责任。他被认为是地方政府与那些船上人员间进行沟通的唯一渠道。公行本身成立于 1720 年，是广州的商人公会组织，与外国人进行贸易并负责调节物价。在 1782 年后，根据广州实行的制度，外国人只被准许通过公行进行贸易。

51　See Joseph Benjamin Askew, "Re-visiting New Territory: The Terranova Incident Re-examined," 28 *Asian Studies Review* 363（2004）.

52　Paper Issued by the Viceroy of Canton on Sunday, October 28th, 1821, reprinted in George Thomas Staunton, *Miscellaneous Notices Relating to China* 416 – 417（1822）.

53　See George Thomas Staunton, *Miscellaneous Notices Relating to China* 429 – 430（1822）; 1 – 2 G. W. Keeton, *The Development of Extraterritoriality in China* 193（Howard Fertig 1969）.

54　See Joseph Benjamin Askew, "Re-visiting New Territory: The Terranova Incident Re-examined," 28 *Asian Studies Review* 366（2004）.

他们之中也有许多人并不那样认为。奥斯基认为这是美国的种族主义和英国对清朝司法管辖权的抵抗使然，前者在欧洲人殖民北美之初陪审团拒绝判定谋杀"非白种人"之欧洲人有罪的行径中就很明显了，而后者在一定时期内已经成为外国人与中国政府关系的一项特征。[55] 奥斯基还指出，没有明确的答案可以回答为什么中国政府坚决要起诉德兰诺瓦，尤其是考虑到死者出身于在经济社会上处于边缘地位的蛋户。[56] 尽管如此，就德兰诺瓦为什么会被处决，当时的一则资料为我们提供了线索：

> 对外国人不顺从的特征，中国当地政府普遍有着强烈的印象。这种印象促使它非常倾向于抓住任何机会对外国人施以在它看来有益于杀鸡儆猴的打击；更深层次上，此等做法乃是受到中国人民普遍的主体感的驱使，对他们而言，那些外国水手尤其令人厌恶……[57]

拒绝交出德兰诺瓦、要求进行公正审判以及随后的诸项抗议表明，在所谓美国对中国司法管辖权的"承认"及对中国法律的服从背后，其实是对中国法律和司法程序的深度不信任。二十年之后，在英国于鸦片战争中打败中国以后，及大约《望厦条约》签订两周以前，还出现了另外一个美国人拒绝（至少一开始是如此）将自己人交付审判的实例。

55　See Joseph Benjamin Askew, "Re-visiting New Territory: The Terranova Incident Re-examined," 28 *Asian Studies Review* 366 – 367 (2004).

56　同上注，第 367 页。

57　George Thomas Staunton, *Miscellaneous Notices Relating to China* 415 (1822).

六、凯莱布·顾盛、美国商人和传教士

对在华美国商人和传教士态度的研究也动摇了那些认为美国尊重中国主权平等并反对在华治外法权的主张。同时，这些态度也为我们理解美国在华正式的治外法权如何开始提供了一种替代性方案。

络德睦对《望厦条约》的讨论聚焦于凯莱布·顾盛本人及其在该条约的谈判中所取得的成就。顾盛所获取的规定了美国公民享有治外法权的条约超出总统对他的授权，这一事实在该书中被赋予了相当重大的意义（第131页）。络德睦指出，在由顾盛负责呈递的泰勒总统致中国皇帝的国书中，美国对中国法律的尊重得到了承诺（第131页）。与此同时，络德睦也表明，正因为顾盛本人很清楚他的行为超出了他所受的指令，为了使其行为合法化，他改写了当时在美国与其他国家交往中适用的那个版本的国际法历史（第132—135页）。

顾盛对远东贸易的兴趣源于其父亲和表兄的影响。[58] 他还是新英格兰商人之友——这些商人担心，中英《南京条约》的签订将使英国商人垄断对华贸易。[59] 顾盛甚至致函泰勒总统，试图说服他相信，为议定一份商贸条约，有必要派遣使团前往中国。[60] 亲历过广州外贸制度对其商贸活动之阻碍的美国商人早在1839年就已经申请派遣商

58　See John M. Belohlavek, *Broken Glass: Caleb Cushing & The Shattering of The Union* 153‑154 (2005).

59　See Richard E. Welch, Jr., "Caleb Cushing's Chinese Mission and the Treaty of Wanghia: A Review," 58 *Oriental History Quarterly* 328, 330 (1957).

60　I Claude M. Fuess, *The Life of Caleb Cushing* 407 (1923).

务代表与中国商讨缔结通商条约。由于担心中国人的攻击，他们还曾请求海军保护他们的财产和安全。在 1840 年初，他们的申请书就被呈递给了美国的众议院。[61]

大多数学者认为，顾盛在获得中方对他起草的条约——包括有关美国人享有治外法权的条款——的同意上不存在真正的困难。有一份研究表明，对于中方来说，最要紧的是阻止顾盛前往北京。[62] 一旦顾盛撤回了其要赴京面圣的威胁，被派来与他交涉的帝国专员就感到如此释然，以至于谈判开始后不到 13 天条约就获得签订，而且对于攸关利害的实质性问题不存在持久性的争论。[63]

其他评论家更加关注治外法权问题本身，但他们很少会强调它在该条约的谈判中所占据的核心地位。[64] 佑尼干自 1893 年至 1897 年担任美国驻上海总领事，后来又成为上海的一名私人执业大律师。他写道，"（顾盛）从中国那里获得大量的条约权力，并不是一件困难的事情"，因为"根据中国自己的行为先例，中国已经做好了赋予西方诸国治外法权的准备"。[65] 这不仅仅是参照了《南京条约》赋予英国的诸多权利。甚至在那之前，中国和浩罕汗国（Kokand）就缔结过一份类似的条约，允许来自浩罕汗国的官员与商人在中国的喀什以及其他地方居住，并赋予外国人自己的商务官员治外法权。[66]

61　William J. Donahue,"The Caleb Cushing Mission," 16 *Modern Asian Studies* 193, 194（1982）.

62　同上。

63　Ping Chia Kuo,"Caleb Cushing and the Treaty of Wanghia, 1844," 5 *Journal of Modern History* 42 – 54（1933）; See Richard E. Welch, Jr.,"Caleb Cushing's Chinese Mission and the Treaty of Wanghia: A Review," 58 *Oriental History Quarterly* 338 – 345（1957）.

64　William J. Donahue,"The Caleb Cushing Mission," 16 *Modern Asian Studies* 212（1982）.

65　T. R. Jernigan, *China in Law and Commerce* 195（1905）.

66　See Harry G. Gelber, *Opium, Soldiers and Evangelicals* 149（2004）.

而且，尽管要说服中国实行欧洲诸国所采取的外交关系模式对谋求治外法权者仍构成一项重大障碍，但是哈里·吉尔伯（Harry Gelber）却认为，治外法权与中国要求外国人由其首领自行监管的做法并无太大差异。在其详论鸦片战争的史学作品中，他解释道：

　　　　承认这些港口设立的领事官员及其对所属国侨民行使的相应职权，这种做法也与认为外国首领应自行监管其人民的传统中国观念高度一致。数十年后中国民族主义者及其西方同情者对治外法权条款的强烈谴责与 19 世纪 30 年代和 40 年代的观念情绪截然不同。无论是彼时的中方谈判代表还是帝国政府，两者都不是特别介意治外法权。[67]

　　无疑，认为外国人首领应对受其监管者的行为负责，这种观念不仅违背了西方个人责任思想的成果，同时也是与中国政府发生冲突的根源。然而可以说，在治外法权正式确立以前，该制度已经实行有一段时间了。前后两者的主要区别在于，对拥有国家贸易公司的多数国家而言，充当该国商人首领的是公司高级职员而非政府任命的领事。英国东印度公司就是此类公司，它曾就公司旗下商人的司法管辖权事宜与中国达成协议。其他欧洲国家的商人（和商船雇员）至少也在某种程度上享受了此等治外法权实践带来的利益，即便这些权利并没有正式获得条约的承认。这个事实有助于解释为什么很少有外国人会

　　67　See Harry G. Gelber, *Opium, Soldiers and Evangelicals* 150（2004）. 就近代中国人对治外法权总体倾向的讨论，可参见 He Weifang, *In the Name of Justice: Striving for the Rule of Law in China* 22（2012）（"道光皇帝统治期间，在人民的眼中，外国人就是理所当然地应当受到他们自己法律的规制。他们将治外法权视为解决事情的最便利且最直接的方式"）。

因为犯罪而在中国法院接受审判。

因此，在吉尔伯看来，作为《南京条约》之附约的 1843 年《虎门条约》[68] 给予英国公民在英国法院接受审判的治外法权，这种做法不过是正式化了彼时实践中盛行的此类司法管辖权。[69] 基顿的观点也是如此。他在早了一个世代的作品中写道，经条约规定的正式治外法权"体现出了欧洲对华政策的延续而非根本性改变"[70]。尽管如此，用理查德·E. 韦尔奇（Richard E. Welch）教授的话来讲，对于"让治外法权原则以一种将会在中国随后的外交史上造成如此重大之影响的形式获得中国首次正式认可"，顾盛负有首责。[71]

更加棘手的一个问题是，既然争取一份写明治外法权的条约已超出其所获授权，顾盛为什么还要这么做。已有人提出的一个可能答案是，顾盛下定决心不要两手空空地返回美国。[72] 在抵达澳门后不久，他获悉中国政府已经明确表示所有对英国开放的口岸也都会对其他外国商人开放。[73] 在有些人看来，顾盛耗费长达八个月的时间航行至中国已无必要。尽管如此，由于把诸多事项写入条约仍然具有可取之处（防止中国后来改变主意），因此，对当时情形的一种解读是，中国将授予英国的特许权扩展至其他外国人，这种做法刺激了顾盛，使其要"努力争取一份能够为美国获得更多特许权的条约"[74]。一部晚近

68　1843 年 10 月 8 日中英两国签署《虎门条约》。

69　See Harry G. Gelber, *Opium, Soldiers and Evangelicals* 152 (2004).

70　1-2 G. W. Keeton, *The Development of Extraterritoriality in China* 70 (Howard Fertig 1969).

71　See Richard E. Welch, Jr., "Caleb Cushing's Chinese Mission and the Treaty of Wanghia: A Review," 58 *Oriental History Quarterly* 350 (1957).

72　T. R. Jernigan, *China in Law and Commerce* 165 (1905).

73　See Richard E. Welch, Jr., "Caleb Cushing's Chinese Mission and the Treaty of Wanghia: A Review," 58 *Oriental History Quarterly* 335, 337 (1957).

74　同上注，第 341 页。

的传记表明，对于顾盛而言，将他指派到中国，除可满足他的旅行癖之外，实则是一个政治机遇。[75] 由此看来，能够带着令许多商人欣喜的对治外法权做出清晰明确规定的条约从中国归来，对他而言具有非常重要的个人意义。

对前述问题，络德睦的回答是，顾盛在抵达澳门之后屡次遭受"无礼对待"（第132页），而且执行转达泰勒总统给皇帝国书的任务也遭到阻挠。就像几年前的英国公使律劳卑（Napier）那样，顾盛等候了几个月。[76] 这些经历让顾盛接受了英国人所得出的观念：中国人很傲慢，他们对外国商人未加欢迎是一种侮辱（第132页）。随着"侮辱"及其伴生词"尊荣"被引进外交语汇当中，在美国人看来，遵从中国司法管辖就成了一种在欧洲人面前自贬身价的行为，而美国人希望与欧洲人维持平等地位（第136—137页）。有鉴于此，争取治外法权是完全有必要的。为证成接受治外法权的合理性，顾盛撰写了一份致美国国务院的备忘录。络德睦对该备忘录作出了有趣且详尽的评论。该评论说明了顾盛如何通过将国际法的适用范围限定于基督教国家，来操纵国际法历史以否认其普适性，从而实现了一种"相当重大的修辞创举"（第135页）。

当顾盛赴京计划受阻时，他无疑发出了进行对华战争的威胁。相比于由他负责转达的总统致皇帝国书本身的语气，这种威胁行为表现得尤为值得关注。[77] 然而，络德睦的论证并没有去考察那些显示顾盛可能已经认为治外法权实属必要的证据。在致美国国务院的备忘录

75　T. R. Jernigan, *China in Law and Commerce* 150 – 153（1905）.

76　同上注，第164页。

77　顾盛告知中国政府，美国的军舰包括太平洋舰队将会抵达中国海域。See Richard E. Welch, Jr., "Caleb Cushing's Chinese Mission and the Treaty of Wanghia: A Review," 58 *Oriental History Quarterly* 339（1957）.

中，顾盛解释道，在进入中国之时，他就怀有一个"普遍的信念"，即若某国不是基督教国家，则美国不应该容许该国对任何美国公民行使司法管辖权。[78]

不论顾盛此前是否已对要求治外法权的做法表示支持，但在澳门，他身边大抵遍布的是那些认为此举绝对必要的商人和传教士。斯图尔特·C. 米勒（Stuart C. Miller）教授研究了约 50 名从事对华贸易的美国商人的私人文件。他发现，没有证据支持"友好商人的概念——在对于早期美国人对中国的看法和想象所做的诸多抽象归纳中，这一概念至关重要"[79]。相反，他发现，在华从业的多数美国商人都支持战争。正如他们的英国同行那样，他们也由于贸易限制而遭遇到相同的挫折。彼时，他们中有许多人正从事非法的鸦片贸易。此外，米勒还发现在英美两国商人之间有一种即便两国交战也不会受到影响的友爱气氛。美国商人经常会借用英国工厂的设施（图书馆、小教堂和诊所）。[80] 很少有人会怀有反英的情绪。[81] 与他们的英国同行一样，美国商人会对中国的社会政治制度及其法律感到不满。[82] 米勒写道："每一个商人都有一段他自己的轶事，用来说明在中国发现的令人压抑的不公正。"[83] 这些从广州和澳门（贸易季节过后的商人退居之地）两地商人的私人记录中得出的结论表明，很可能，不仅在要求与英国享有同等贸易权利一事上，而且在获取治外法权一事上，

---

[78]　See Richard E. Welch, Jr., "Caleb Cushing's Chinese Mission and the Treaty of Wanghia: A Review," 58 *Oriental History Quarterly* 351 (1957).

[79]　Stuart C. Miller, "The American Trader's Image of China, 1785 – 1840," 36 *Pacific Historical Review* 375, 395 (1967).

[80]　同上注，第 381 页。

[81]　同上注，第 380—381 页。

[82]　同上注，第 383 页。

[83]　同上注，第 382 页。

顾盛均获得了极大的支持。

　　从前述提及的《中国丛报》所表达的观念中可以推断出，在鸦片战争与治外法权两事上，美国传教士所持看法均与商人相同。正如络德睦指出的那样，伯驾（Peter Parker）（一位在广州的美国传教士医生）和裨治文（Elijah Coleman Bridgman）牧师（首位美国赴华传教士，后来曾任皇家亚洲学会华北分会［North China Branch of the Royal Asiatic Society］首任会长[84]）二人都曾在《望厦条约》谈判中担任凯莱布·顾盛的"中文秘书"（第138页）。伯驾和裨治文均是创办于19世纪30年代的《中国丛报》的创始编辑。[85] 他们曾发起一场凸显中国法律制度缺点并一再向中国施压以谋求治外法权的持久运动。特别是在治外法权上，裨治文曾对中国、中国法尤其是中国法的实践提出过诸多批判。他还曾撰写长文探讨治外法权的必要性。其他的传教士也会描写他们对中国的庭审和刑罚的认识，以及描写地方的法官和官员经常如何不恪守法律。

　　顾盛一到中国就着手针对一个名为徐阿满（Hsü A-mun，音译）的中国男子死于一名广州美国人所致枪伤的事件与中国政府展开交涉。[86] 正如发生在德兰诺瓦身上的情况那样，面对中国广州政府的再三要求，顾盛仍然拒绝交出罪犯。[87] 在顾盛致函福布斯（Forbes）表示自己决定"将当即拒绝任何要求交出杀害徐阿满者的申请"时，

84　1 - 2 G. W. Keeton, *The Development of Extraterritoriality in China* 97（Howard Fertig 1969）.

85　《中国丛报》创办于1832年。1 - 2 G. W. Keeton, *The Development of Extraterritoriality in China* 97（Howard Fertig 1969）.

86　Ping Chia Kuo, "Caleb Cushing and the Treaty of Wanghia, 1844," 5 *Journal of Modern History* 43 - 44（1933）.

87　1 - 2 G. W. Keeton, *The Development of Extraterritoriality in China* 183（Howard Fertig 1969）.

他已经考虑到了治外法权问题。[88] 他将治外法权置于一种国际法的语境当中；用络德睦的话来讲，此等国际法是独特的而非普遍的——所谓独特，尤指专属于一个"文明与宗教"的共同体。[89] 这正是顾盛随后在撰写有关他缔结《望厦条约》之成功的报告时所发展出的同一套国际法——在遵从法律的问题上，这种国际法并未赋予所有国家平等地位。尽管有顾盛主事该案的外交争辩，但该案最终仍归于败诉；如果他并没有一开始就决意争取治外法权，那么这个案件很可能对于使他清楚地认识到在条约中明确规定此等权利的必要性具有关键作用。

在结束治外法权这个问题之前，我们有必要做一下回顾。关于美国对在华治外法权的热衷，《法律东方主义》给出的论证乃是基于英帝国主义在华扩张的背景下该议题所具有的中心地位。对中英关系的"简略勾勒"所指出的导致《南京条约》签订的主要原因是，英国人对自由贸易的要求，以便恢复鸦片贸易，确立英国人对中国人的优越地位，以及——"借助于愈发具有权威性的法律东方主义话语"——确立治外法权，因为"英国人坚称他们不可能屈从于武断且残暴的中国司法实践"（第125页）。英国人由多个利益集团组成：未受雇于东印度公司的散商（私商）、伦敦的政治精英、英国的制造商以及绝不能遗漏的印度裔商人和行政官员。这些利益集团并不必然秉持相同观点，其中一些的立场还会随着时间的推移而发生摇摆或改变。除了来自于利害关系方的呼声，其他更为紧迫的事务占据了英国

---

[88] Ping Chia Kuo, "Caleb Cushing and the Treaty of Wanghia, 1844," 5 *Journal of Modern History* 44–45 (1933).

[89] 1–2 G. W. Keeton, *The Development of Extraterritoriality in China* 181–182 (Howard Fertig 1969).

政府的精力，并且从在广州之英国商人的视角来看，这些事务使得中国在相当长的时期内都只是一个边缘化的问题。

同样，在中华帝国外交礼仪上遭遇的持续困难也引起了不同的反应。此等对中英关系的勾勒还忽略了两国在有关英国商人的控制和监督这一实际问题上所产生的争端。正如我们业已看到的那样，中国政府期望英国人能够控制他们自己的商人。在东印度公司在华贸易的鼎盛时期，这个制度是相当有效的。当时由这个公司对其雇员和受其许可的商人担负责任。在 19 世纪初期，所谓"散商"的人数已然上升。这些商人不受东印度公司的控制。从英国政府的角度来看，未经中国皇帝适当外交承认就对这类商人进行控制，即便不会引起中国不满，也将是很不寻常的。在 1833 年，英国任命了一位商务监督以对广州数量大增的私商进行一定程度的控制。然而，直到 1843 年这个职务才被赋予足够的立法权或者执行权力。[90] 到 19 世纪 30 年代中后期，英国政府已明显无法控制在华从事非法鸦片贸易的英国人。当中国政府强力开展禁烟运动时，他们期望英国的监督官员能够强化对非法鸦片贸易的管控。当然，有一些学术研究指出了此等对英国商人司法管辖的缺失，以及这种管控缺失与英国人所认为的中国法存在缺陷在同等程度上都导致了英国提出在华治外法权的要求。

可以肯定，那些赞同动用武力的人援用了中国的无法性和说服中国加入为欧洲人和美国人所熟悉的国际关系秩序的必要性。虽然对保护英国的"尊荣"也有人持不同意见，并认为若英国无法控制其商人的走私行为，"英国的威望"将蒙受损害，但一直到私商成功地改

---

90 An Act for the Better Government of Her Majesty's Subjects Resorting to China, 1843, 6 & 7 Vict., c. 80（Eng.）

变英国公众舆论之前，这些观点都没有获得广泛认同。我们不妨考察一下 1840 年斯当东在下议院中发表的演讲。[91] 当时，英国议会正考虑应当如何应对广州实行的封锁和虎门事件（在该事件中，中国政府扣押和销毁了属于英国的鸦片货物）。斯当东表达了他认为"国际法"必须适用于中国的看法，但他也表示中国有权决定外国人与自己交往的规则。[92] 他并不否认中国拥有法律，也没有说可以将中国的"规定和限制"弃之不顾。[93] 他接着讲道，尽管中国政府此前未能执行反对进口鸦片的法律，但是，一旦他们表示要严格执行，英国就必须接受："毋庸置疑，中国政府有充分的权利……坚持对其法律的真正执行。我们只需要了解那些法律具体是什么。"[94]

他能够描述出几条适用于外国人的法律原则：

> 在杀人的情况下他们应该被处以死刑，在所有其他情况下他们应该被送到他们自己的国家接受惩罚。这是根据中国政策当地法庭不能审判外国人的必然结果……在所有其他情况下，由从最早期一直到钦差大臣林则徐到来时的中国法律和惯例决定，对于外国人的所有犯罪行为或者被认为是犯罪的行为，官府首先问责的是对其负有担保责任的行商；其次才会对该外国的商人整体施以暂停贸易的惩罚；最后的手段才是把所有该犯罪可归责之人全

---

91 Sir George Staunton, Speech on Sir James Graham's Motion on the China Trade in the House of Commons 11 – 12 (Apr. 7, 1840).

92 同上。

93 同上注，第 8 页。

94 同上注，第 12 页。

数逐出中国。[95]

借用几年前颁布的允许在某些情况下没收外国人货物的一部中国法，斯当东完成了他对法律的描述。[96] 我在这篇书评当中多次提及斯当东，不是因为他的观点完全可信，而是因为他很明显是中英贸易关系中的一个关键人物。由他翻译的《大清律例》1810 年版英译本所引起的反响本身就表明了，情况远比眼前所见要复杂得多，涉及东印度公司的利益和当时的政治分歧。[97] 显然，英国如何获得在通商口岸的治外法权，远非新世界对抗旧世界的叙事所描述的那么简单。这些复杂性中的一些本来可以在《法律东方主义》一书中得到考虑的，因为美国在中国的治外法权之旅最初被认为是对欧洲殖民模式和英国治外法权模式的拒绝，这两种法律东方主义在话语上皆与东方化的中国法形象勾连在一起。

七、在华司法管辖权的美国实践

在签署了《望厦条约》之后，美国于 1848 年建立了一套领事法庭的制度。受困于能力不济、效率低下以及腐败盛行，这些法庭最终

95　Sir George Staunton, Speech on Sir James Graham's Motion on the China Trade in the House of Commons 12（Apr. 7, 1840）.

96　同上。

97　一篇强调斯当东的译本在保护东印度公司在华利益所发挥作用的文章，可参见 S. P. Ong, "Jurisdictional Politics in Canton and the First English Translation of the Qing Penal Code（1810）, Winner of the 2nd Sir George Staunton Award," 20 *Journal of Royal Asiatic Society of Great Britain and Ireland* 141, 148 – 151（2010）。

被 1906 年设立的美国驻华法院这种新的法庭取而代之（第 160 页）。络德睦对此法院设立目的的讨论表明，美国参议院和美国国务院打算向中国出口包括宪法保障在内的美国式法治的益处，而且他们认为，只有让驻华法院完全隶属于美国宪法才能够实现此等目的（第 157—162 页）。尽管美国法院的司法实践显示出与英国在其他地方形成之司法实践的相似性，但《法律东方主义》却将这些情形放在如下叙事中加以处理，即（本该理性的）美国法如何变成非理性的东方他者，这种处理方法异乎寻常。

络德睦利用案件报告、美国国务院的记录和其他材料对美国驻华法院的司法实践所做的有趣分析表明，尽管这种法院可能拥有崇高的目标，但在一系列的判决中，美国式法治却被证明是伪善的。该法院所做的判决往往基于一己之利害而非法治之原则，以及基于以下认识，即美国治外法权之运作只需要一种稀释版的法治，甚或更糟糕的，可以漠视法律。正如络德睦所理解的那样，对中国而言，该法院远非法治的模范，其在面对"无法的"中国之时，并未将其标榜的"普适的"法律适用到其在华行使司法管辖的"特殊"情形之中。结果，在法律和法律的东方之间，诸多矛盾就产生了，且两者之间的界限也最终归于消亡。欧美法律毕竟不是普遍适用的。而且，如果上海要清除卖淫和酗酒的底层美国人的其他恶劣活动（他们的行为展现出一个糟糕的美国形象），欧美的法律模式也起不了什么作用。美国法院最终践行了它原本所要取代的那种专制主义。美国法在中国表现为一种"特殊化的特殊"（particularly particular）形式。络德睦借鉴博尔赫斯虚构的中国百科全书对中国动物的分类来给中国的美国法分类，这是非常有意思的。博尔赫斯和络德睦所提出的分类都完全值得我们分别加以引述。博尔赫斯对于中国动物的分类如下：

> （在中国）动物可被划分为：（1）属皇帝所有；（2）有芬芳的香味；（3）驯顺的；（4）乳猪；（5）鳗螈；（6）传说中的；（7）自由走动的狗；（8）包括在目前分类中的；（9）发疯似的烦躁不安的；（10）数不清的；（11）浑身有十分精致的骆驼毛刷的毛的；（12）等等；（13）刚刚打破水罐的；（14）远看像苍蝇的。[98]

络德睦对在中国的美国法的分类如下：

> 在中国，美国法可被分为：（1）属于皇帝的牙行惯行；（2）在枪口下签订的不平等条约；（3）除了美国宪法之外的任何美国法；（4）除了无法适用之时的阿拉斯加领地法典；（5）（或许包括）哥伦比亚特区法典的部分内容，但并不包括它规定的刑罚（除非我们对它们感兴趣）；（6）数不清的；（7）普通法，但只是真正古老，且不能太老的；（8）寓言般的；（9）再强调一次，不包括美国宪法；（10）位于菲律宾的监狱；（11）不被包含在当前分类中的；（12）等等；（13）刚刚在阿拉斯加被废除的；（14）从远处看貌似法律的。（第 174 页）

对于那些研究同时代英国通过其在殖民地的法院和行使治外法权

98　Michel Foucault, *The Order of Things*, at xvi（Routledge 2002）（1970）（借鉴路易斯·博尔赫斯所作出的分类）.

的法院所进行之权力扩张的学者而言，有关美国驻华法院及其关于自身管辖权和法律渊源之司法实践的多数讨论将会是令人感到熟悉的。英国的这些法院要处理适用何种法律的问题，判定其所在领地是否继续从有关立法机关获得制定法，以及是否存在一个不予适用新制定法的分界点。如果法律包括了普通法，那么在某法院设立之后，从其他法院的新判决中得出的原则能否作为法律适用？一般而言，到达殖民地的法律往往是一系列非常有限的权利、一套更为严格的刑罚制度，以及更倾向于——并非总是有意识地以自我为中心——让本土居民继续适用他们自己的法律。英国有着最大经济利益的法律领域——合同法和商法——通常会最大程度地受到英国法的干扰。上文已提及的这种对法律体系结构（legal architecture）的根本性重整无疑是对原本只承认某种"地方性"法律的法律框架所做之整体变动的一部分。对于英属殖民地和海外领地来说，普通法本身发展出了确定英国法对英国人何时应予适用以及何时不应予适用的诸多原则。在这些原则中，英国如何取得领地、在取得领地之际该领地是否已经存在法律，以及这些法律是否与英国法的基本原则冲突，都是起决定性作用的因素。[99]

英国自己的驻华高等法院常设于上海，但是它的法官却需要前往各地去巡回审理案件。这种法院由一名首席法官和一名助理法官组成，后者必须要在英格兰、苏格兰或爱尔兰的律师界有至少 7 年的执业经验。在该种法院之下，每一个领区都设置省级法院，接受总领事、领事或者副领事的领导。来自任何省级法院的上诉都要提交至在

---

[99] 关于讨论这些和其他原则的著作，大体可参见 Kenneth Roberts-Wray, *Commonwealth and Colonial Law* (1966)。

沪高等法院，并且来自高等法院的上诉都要提交至英国的枢密院。[100]
除此之外，受国王委派的驻华公使可以就在华英国国民的治理立法。
由国王任命并得到所属领地主权者承认的领事来实施公使的法令，这
种实践早已确立起来。赋予驻非基督教国家的领事以司法权和强制性
权力这种实践的情况也是如此。在中国的通商口岸行使司法管辖权，
是对这些实践的一种延续。[101]

尽管美国驻华法院所处理的问题颇为令人熟悉，但较之于迄今有
关英国治外法权的任何讨论，络德睦对于美国驻华法院司法实践的探
讨却更为深入。他将美国法院的司法实践与上海会审公廨的司法实践
勾连起来，认为最终接管这种中国法院会导致一种由外国人决定何为
中国法的局面（第 157、185—196 页）。在对法律及其东方的他者之
间界线的崩溃做出解释之后，络德睦主张，另一项同归于崩溃的界线
是治内法权与治外法权之间的界线。考虑到外国人对包括法院以及中
外居民管控等城市事务的广泛控制，络德睦认为上海实际上就是一个
殖民地（第 187—188、195 页）。从英国帝国主义的实践来看，这并
没有什么引人注意之处。在英国法中，尽管英国的治外法权及其在英
属殖民地所享有的治内法权之间的严格界线在形式上仍有维持，但是
除了对相关主权国家条约权利的尊重之外，并没有什么法律规定可阻
止治外法权的行使扩张得如同英国在其拥有领土主权的地区行使司法
管辖权一样。

100　The China and Japan Order in Council, 1865, in *Digest of British Orders in Council Relating to China and Japan* 1 (1879).

101　Henry Jenkyns, *British Rule and Jurisdiction Beyond the Seas* 148 (1902).

八、东方主义和比较法

现在，我们来考察一下《法律东方主义》对研究外国法的方法
所做的贡献。在学术界，仍然普遍存在许多以"外国法和比较法"
或"国际法、外国法和比较法"为主题的研究机构或期刊。这些主
题暗示，这些不同类型的法虽相互分离，但能被聚合在一起。就这些
区分而言，络德睦坚持认为，"外国法"和"比较法"是密不可分
的，因为比较是"不可避免的"；甚至当我们并未刻意比较之时，我
们的起点也总是我们自己的体系（第35页）。在络德睦刻画的关于
法律东方主义的路线图中，比较法和国际法是相互勾连的。在涉及美
国和中国的具体路线图中，"将比较法学科所产生的知识转化为政治
制度的主要工具是新兴的现代国际法专业"（第110页）。

尽管如此，该书的主旨却是责备"比较法学家"（第109页）和
"法律学者"（第110页）犯下的关于中国法的错误：推定其在法治
意义上的缺失，宣称其内容只包含刑法以及缺少公司法，等等。尽管
《法律东方主义》很少对较为晚近的西方学者关于中国法的学术研究
提出批评，但是东方主义的危险却隐藏于有关外国法的研究中。然
而，比起放弃对外国法的研究，络德睦的出发点却是"并不存在纯
粹的、非东方主义式的知识"（第6页）。我们研究的进行因而要基
于一种"东方主义的伦理"（第24、54页）。鉴于东方主义"作为一
种法律知识结构"（第23页）创造出了我们自己和他者，络德睦认
为应该负责任地行使这种比较的权力，以免我们对他者造成不良的实

质性影响（第24页）。正如先前看到的那样，这些影响都是持久性的。同样，法律东方主义的思想遗产也是持久性的：正如络德睦自己也借用从黑格尔到德里达的西方思想家的思想进行论证那般，一旦东方化便永远东方化。

那么，一种合乎伦理的比较法是什么样子的呢？首先，络德睦解释了"伦理"与"道德"之间的根本区别。后者是"一种假定了先在的道德主体并由该主体阐发出适当行为准则的规范性系统"（第54页）。相反，"伦理"作为一种规范性系统关注的恰恰是该主体的建构；"在此意义上伦理规定了该主体形成的条件"（第54页）。避开道德是为了防止把某些研究排除在外。因此，络德睦呼吁，"我们应当考察我们的比较是如何建构他者之主体性的：既要在通常意义上加以考察，即我们的比较如何限制他者作为主体的能动性，又要在主体化的意义上加以考察，即比较如何将他者识别为具有能动性的主体"（第55页）。

散布于该书的一些有关合乎伦理的比较法的准则可以表述如下：（1）我们可以使用一种功能主义方法，而无须搜寻一种精确的对等物；（2）我们绝不能认为所有的法律和法律体系都遵循相同的发展道路；（3）我们应当更加关注两个比较对象之间的相似性，以确保"存在于本国的法律矛盾"不会被简单地投射到其他地方（第55页）；（4）我们绝不能误认为，通过膜拜他者，我们就可以避免东方主义，因为即便是正面的东方主义也可以将他者简化为"法律上的高贵野蛮人"（第56页）；[102]（5）我们需要了解历史如何通过比较塑

---

[102] 络德睦列举的一个例子是，西方认为中国人支持"和解和调解"。这种观念通常来源于"西方对于儒家意识形态拟制的一种不加鉴别的接受，认为中国人天生喜欢将他们自己受制于集团道德的支配"（第56页）。他强有力地指出，尽管这种东方主义是正面的，但是在它被与西方及其内在的现代性（包括现代法）进行对比中，仍然将中国从法律与现代性中排除出去。

造了知识领域；（6）我们必须将传统的叙事和观念视为暂时性的，并借助比较研究对之加以重新审视；（7）我们必须认识到，传统的叙事和观念无论如何都并非是预先建构出来的，因为就如自我塑造了他者一样，自我也是在他者化的过程中被塑造出来的；（8）除了将甲与乙加以比较的通常模式之外，我们还应当将甲比作乙；并且（9）正如络德睦在《法律东方主义》第三章中所论证的那样，我们应当从广泛的文献中汲取知识。事实上，正如上文所提到的那样，这一章是关于比较法方法的一个绝佳实例。

在更宽泛的层面上，络德睦建议应当更加诚实地评价法律的潜能及其缺点，尤其是欧美法的缺点，纵然我们冒着"令对法律纯洁性的信仰遭受一定损失"的危险（第233页）。由此可得出的任务是，在"管控"法律的矛盾（第15—16页）的同时，抑制住我们将法律的缺点投射到他者身上的倾向。较之于法治与人治的二分法，现实主义提倡一种对立性没有那么鲜明的二分法，从而为"更有效的跨法律传统之沟通"铺平了道路（第233页）。

通过坚持主张东方主义不可避免并提出一种合乎伦理的比较法，络德睦为捍卫比较法做出了很大的努力。他甚至将比较法研究的必要性提到了头等地位，因为现代欧美的法律观念只能通过有关法律东方主义的历史来加以理解。尽管在年代上有些瑕疵且某些论点的前提不太可靠，但是《法律东方主义》仍不失为一部令人印象深刻的、富有想象力的著作。

迈向一种真诚的法律东方主义

[法] 皮埃尔·勒格朗　著[*]

郭宪功　译[**]

　　《法律东方主义》主要研究"在 19 世纪的进程中,一套广为流传的关于中国法的欧洲偏见如何发展成为一种美国意识形态"。作为两个大型国家,中国与美国之间的紧张关系很大程度上左右着当今世界的地缘政治。后者郑重其事地自封为"世界头号法律输出国兼首席执法者,受其管理的法治促进项目遍及全球",前者则被其对手轻易地污蔑为"东方的头号人权侵犯者"。确然不假,"存在一种将美国与法联系起来的强烈的文化倾向……以及相应的一种将中国与无法联系起来的历史倾向"。对此,络德睦教授有着犀利的系统阐述。具体而言,按照他的说法,美国认为它的标准具有"独特的普遍性"(它可以提供一套"民主法治"的"范例",因为它"没有简单地按照欧洲模式去反映启蒙运动的解放价值,而是更好地彰显了这些价值——比欧洲当前或曾经所做的都要好")。同时,站在美国的优势

　　*　皮埃尔·勒格朗(Pierre Legrand),法国巴黎第二大学法学教授。正文中所标页码,皆出自《法律东方主义》一书英文版:Teemu Ruskola, *Legal Orientalism: China, the United States, and Modern Law*, Harvard University Press, 2013。

　　**　郭宪功,上海交通大学凯原法学院 2018 届法学理论硕士。

地位上，不论怎么看，中国的体制都是"绝对不民主的"，或者可称其具有"普遍的独特性"。2001年中国加入WTO的议定书恰恰表明了西方眼中的"中国"是如何"持续被'没有法律'定义的"。它进一步说明，诸如美国这样的一批国家坚持要让中国合法化。相应地，"作为首次加入WTO的代价，中国不得不改变它的法律制度以符合北大西洋的标准"。然而，有意思的是，络德睦强调，WTO对中国的要求恰恰与其自身的规则相冲突（第206页）。

但这种中国与WTO的两极化对立以及WTO的自我矛盾都不是什么新鲜事物。比如，1844年《望厦条约》授予美国在中国的治外法权，利用这项授权，美国国会于1906年创设了"美国驻华法院"，这一做法便是基于"中国人不能理解个人权利与法治的美德，遑论彰显它们"这一直觉观念，也就是说，是因为如此这般的"中国人法律认知的倒错"。该法院坐落于上海，"对在'中国辖区'的美国公民行使民事与刑事管辖权"。如络德睦所释，这一司法机构等同于联邦地区法院：它的判决可被上诉至位于旧金山的美国联邦第九巡回上诉法院，并可从那里进一步上诉至美国最高法院。异乎寻常的是，"（该法院）在中国适用的法律整体……包括停留在美国独立前状态的英国普通法、一般性国会立法、哥伦比亚特区市政法典以及阿拉斯加领地法典"——但却不包括联邦宪法，其结果是"在那里，没有获得陪审团审判抑或享有宪法规定之正当程序的权利"。与络德睦就WTO相对中国之地位所指出的矛盾并无不同，可以看出，恰恰是在美国法院设法与设想中的中国无法性作战的时候，它自身的合法性最为可疑，虽然此问题未能阻止这一司法机构一直存续到1943年。

尚不止此，该书还展示了龃龉的中美关系中另一项重大冲突。19

世纪 50 年代，时值加利福尼亚淘金潮，出现了一股意义深远的中国人前往美国的大规模移民潮。在此之后，美国国会于 1882 年通过了一部《排华法案》。该法案是美国历史上第一部对移民施加广泛限制的制定法。该立法文本禁止所有中国劳工移民，而不论他们是否有熟练的技术。其中弥漫着浓重的反华情绪。不仅是随淘金难度上升而加剧的竞争激起了此等情绪，就连中国劳工向饭店和洗衣店经营的转型也引发了不满——美国人认为，转型到新行业的中国劳工对薪资水平的下降负有责任。该法案随后还得到了扩展与补充。1888 年，国会就通过了这样一项更为严厉的制定法，按其规定，即便是已经成为美国合法居民很长时间的在美华人，到中国访问后也不可能再度进入美国——这项措施从根本上阻断了美国的华裔居民拜访其中国亲属的可能。

1889 年，在美华人对 1882 年和 1888 年的立法文本提起了诉讼。这场法律挑战恰恰表明，与流俗观念相反，中国人确然有着他们的个人权利意识（第 49 页）。然而，此番基于宪法的质疑并未达到目标。相反，联邦最高法院支持了这两份立法文件，其理由是，联邦政府享有对移民事务的"绝对权力"，也就是说，它可以行使"一种不受宪法约束的自由裁量权"。换言之，中国人离开了清王朝式的法律专制主义，到头来却在美国面临另一种形式的法律专制主义。而这正是络德睦在其著作中探究的更深层次的紧张关系。虽然《排华法案》（初始设计期限只有十年）一直到 1943 年才被废止，但最高法院的判决至今仍有效力。实际上，联邦最高法院的排华法案判决不仅仍然保有"良法"的名誉，而且它至今依旧是影响深广的法律，因为它仍然是判定行政法是否合宪的重要渊源。具体而言，它的治理效力不仅及于中国人这一特定群体，其影响甚至超过了外国人这个总体范畴。络德睦指出，通过提供"最低限度（低到近乎没有）的行政程序标准"，最高法院的这一判决实则亦包含了"美国对其公民行使权力的方式"。

如络德睦爽快表明的那样，其作品中的主张很大程度上借鉴了爱德华·萨义德对东方主义所做的开创性研究。20世纪70年代，萨义德使用"东方主义"一词指代"一系列构建了西方对东方之理解的话语体系"。其时，萨义德此举乃是要回应这样一项事实，即"在一系列帝国姿态中，我们将'东方'化约为一种被动的客体，而我们——'西方'——则是在认知意义上高人一等的主体"。尽管多年来萨义德的开创性研究已然催生了大量有关不同种类之东方主义的考察，更不必说大量对其主张的反思（当然，本文所评之书是承认该主张的），但不知何故，法律话语却未能引起什么关注。鉴于法律在西方国家中扮演的重要角色，这一遗漏是令人震惊的，而《法律东方主义》正是要弥补这一缺漏。

通过包括公司法（第60—107页）与主权（第108—151页）在内的丰富的个案研究，络德睦集中探讨了这个议题：西方是如何运用法律以中国为特定参照系来建构他异性（alterity）的。甚至更为扼要地讲，此处所评之文本着重处理了这个基本问题：在美国眼中，中国如何就成了一个特别重要的法律内的他者（other-in-the-law）——或者，更确切地说，一个意义重大的法律外的他者（other-out-of-the-law）或一个引人注目的违法者（out-law）。有了这种定性的过程，美国才得以坚定地从事一套通过法律进行自我拔升（self-edification）的实践："不论我们认同与否，如果缺乏一个无法的、专制的东方作为陪衬，那么一个法律现代性的世界也就不会存在。"换言之，美国若想要担当法治与人权的全球执行者，它就必须能够将它的模式与另一个全球性大国区别开来，且在其叙述中，另一个大国的构造必然是同时欠缺法治与人权特征的。因而，在诸多关键方面，为了成为理想中的自己并塑造这样一种理想形象，美国需要中国。

因而，络德睦关注的焦点是认识性的（epistemic）：他感兴趣的是，"中国是如何被建构成法律知识客体的"。本文所评之书侧重认识论（epistemology），这意味着它最关心的不是本体论（ontology）。在我看来，这样做是恰当的。正如络德睦所述的那样："法律东方主义的实证基础终究是且一直以来都是无关紧要的。它是一套基于法律理由（legal reason）而非事实真理（factual truth）的话语。"事实上，对美国的宪制主义者而言，"要论证阻遏中国人入籍美国的维续将近六十年之久的一系列排华法律的正当性"，中国的无法性作为一项"真实事实"（veridical fact），从来都是不证自明的。

或许没有什么能够比反思"法律"一词本身的语义外延更能够凸显此等认识论问题了。《法律东方主义》指出，美国法律职业共同体骄傲地自视为立基于"法治"之上。"法治"与"人治"的明确区分由约翰·马歇尔首席大法官在"马伯里诉麦迪逊案"（1803）中作出。[1]"法治"一词的定义千差万别，但不论其具体含义为何，宽泛而言，它们都指代"一套旨在广泛促进自由、民主与市场经济的国家权力限制机制"。照此理解，"法治承诺以一种不偏不倚的方式治愈从经济腐败到政治暴政的所有社会疾病"，如此一来，对它的追求

---

[1] 这是一项得到不断重复的描述，例见：Paul W. Kahn, *The Cultural Study of Law*, University of Chicago Press, 1999, pp. 67-70。

似乎也就无可置疑了。就此而言，法治就像众所周知的苹果派一样塑造了美国的自我认知。但络德睦恰切地指出，此等美国的自我理解几乎经不起任何检视。毕竟，如果个人力量真的无关紧要，那么"围绕是否确认总统对最高法院法官的提名而展开的斗争将会令人费解"。不过，对处理中美之间辩证关系的美国比较法学者而言，首要的挑战仍然是，"中国在政治上的自我理解历来都建立在人治理念的基础之上，一种道德乌托邦，在这种道德的乌托邦中，执政者的统治权威来自他们的崇高美德（传统中国的儒家美德，或社会主义中国的共产主义美德）"。

中国并不因此就没有法律，"只有最粗心的观察者才会忽略这样的事实：中华帝国曾以拥有可追溯至唐代（公元 618—907 年）甚至更早时期的法典而自豪"。只有在"法律"作为当今美国所理解的那种特定范畴时，也就是说在其作为"一种以特定方式约束国家的自由主义法律秩序"的意义上，才能够说中国没有"法律"。用络德睦的话说，"如果法治意味着不是人治，那么任何自诩的中国法都是一种自相矛盾（oxymoron），一种对东方专制主义之下法律败坏的明显托辞"。可以预见，将研究者自己的分析范畴投射到另一套法律上，以从其优势地位来评判其他法律，不太可能得出对另一种模式有利的看法。而贯穿于任何一项比较活动的基本信条恰恰是要避免这种情形的出现。比较文学专家苏源熙（Haun Saussy）辨明（并谴责）了黑格尔"总是把中国当作充满缺陷而有待改进之靶子"的做法。[2] 类似地，德里达批评了莱布尼茨——对莱布尼茨而言，中国体制就是被用来"标示缺陷并阐明必要之修正"的。此等策略无法被接受为合格

2　Haun Saussy, *The Problem of a Chinese Aesthetic*, Stanford University Press, 1993, p. 179.

的比较分析。[3] 举例来讲，《法律东方主义》令人信服地提出了一项主张，即以下看法绝对不能得到赞同：开化的"美国法律主体"可以跟愚昧的"中国的无法律非主体"截然分清，以及"历史的普遍性主体"将不间断地与"生活在历史的专横之下的庸碌的……乌合之众……愚蠢的顺民"（只能是历史的"客体"）相对抗。

络德睦义正辞严地断言："没有什么跨文化标准可以帮助我们达成一个普遍的法律定义。"相应地，其著作"并不寻求普遍化中国或美国当中的任何一个"。不可化简之差异的不可调和性乃是一项既定事实，在此前提下，任何"普遍法律"的提法都是明显自相矛盾的。法律是作为文化而存在的（我在下文对此还有详论），而"文化之间的差异无法在一个普遍性框架内得到安顿"[4]。可以说，作为象征性策略，对于"普遍主义"的使用事实上隐藏了某种最自以为是的本质主义形式。无法消除的差异塑造了人类，而此等做法将这些差异压缩成为一套狭隘的特征，并将其说成是在某些根本层面上属于全人类的。在这里，"共同的人性成了一个陷阱，因为它把差异界定为次要的"[5]。

无疑，由之必然得出一个颇有争议的观点，即与"全球人权"（global human rights）抑或"全球正义"（global justice）并无不同，另一个不堪重负的概念"普遍人权法"（universal human-rights law）只能像威拉德·冯·奥曼·蒯因所说的那样在作为其言说者赋予词语

3　Jacques Derrida, *Of Grammatology* (rev'd Eng trans.), Gayatri Chakravorty Spivak (trans.), Johns Hopkins University Press, 1997 (1967), p. 79.

4　Homi K. Bhabha, "The Third Space," in Jonathan Rutherford, *Identity*, Lawrence & Wishart, 1990, p. 209.

5　Isabelle Stengers, "Comparison as a Matter of Concern," *Common Knowledge*, Vol. 17: 62 – 63 (2011).

的指称意义上才存在，否则无法抽象地存在。[6] 事实上，"有关人权普遍性的问题是一个西方文化的问题"[7]，"是欧美人带给他者的东西"[8]，"是白人人权狂热分子编织的将其与殖民地行政人员、手持《圣经》的传教士以及自由企业的商人连接起来的坚固锁链"[9]。举例来讲，将苏丹或印度尼西亚（更不必说中国）的人权运动作为评判这些国家的尺度实际上是美国或者法国的实践。这些在某种程度上被转换为"非此即彼"之宰制结构的实践被视为可散播至各处的，并且被宣称是值得出口的，以实现改正或替代地方性模式的目标。结果，奇妙的是，流行的"普遍性"人权话语就成了这样一套言辞，在其中，"人们轻易就能感知到资产阶级自由女权主义、联邦最高法院阐释的美国宪制主义或者当今欧美中产阶级犹太教-基督教传统下的家庭生活等"[10]。事实上，远非一种利益无涉的主张，普遍主义从来都只是某些人的"普遍主义"。

实际上，借由人权加以维护的断言中的普遍主义不过是一种特殊主义。其特殊性体现在它的诸多重要运作方式中。通过这些方式，它将对手的知识定义/贬低成是具有拙劣殊异性的。这表明，此等对普遍价值的追求被极权化（totalization）甚或极权主义（totalitarianism）的思想给玷污了。就此而言，这样讲倒也算是公道话，即"如果我

6　WVO Quine, *Word and Object*, MIT Press, 1960, pp. 26 - 79.

7　Boaventura de Sousa Santos, "Human Rights as an Emancipatory Script? Cultural and Political Conditions," in Boaventura de Sousa Santos, *Another Knowledge Is Possible*, Verso, 2007, p. 12.

8　Laura Nader, "Human Rights and Moral Imperialism," *Anthropology News*, Vol. 47 (5)：6 (2006).

9　Makau Mutua, *Human Rights: A Political and Cultural Critique*, University of Pennsylvania Press, 2002, p. 155.

10　Richard Shweder, "Comment," *Current Anthropology*, Vol. 49：377 (2008).

们西方人能够在种族中心主义上多些坦诚，而在普遍主义上少些虚伪，那么在尝试让所有人更像我们时，我们西方人使用的修辞将会获得改进"[11]。（似乎没有必要再多说一句，反对以普遍、超验或永恒的语言理解和呈现人权的方式并非反对人权。因而，我的主张不是应当停止人权工作，而是对于人权的追求应当以一种在有权文件中有明确规定的可以在当前定位并探明的意识形态的名义为之。）

在我看来，络德睦的书不仅是对普遍主义的适时抗议以及法律相对主义的一个雄辩案例，它还提供了许多其他的理论回馈。《法律东方主义》带来的最为重要的启示是，法律在根本上是作为文化而存在的，且需要被作为文化来研究（例如，"法律仅仅存在于具体的历史与政治情形中，不能脱离它们而对其进行独立的评估"；"即便是看起来最为自然的法律范畴归根结底也是文化的典型产物"）。为对"文化"的概念做出详细说明，络德睦集中论述了反抗法律人（legal agents）对自身所持看法的必要——例如，美国宪法的稳定性是靠原旨主义的提倡者维护的观点，以及真正的"亚洲价值"是靠东方原真特性（authenticity）的虔信者来维护的主张（第51—54页）。他还强调了，法律文化并非统一的，它们有着天然的复杂性，对这些的理解非常重要。举例而言，络德睦揭示了中国和美国存在着"内部东方主义"，"二者共享着对于作为关键差异标记之性别的聚焦"——当然还有其他的"内部东方主义"也在发挥作用，比如美国的"印第安部落"。甚至于，络德睦主张，基于所谓"反恐战争"，"我们都已经成了美国的'内部东方人'，或者有这样的风险"。

11　Richard Rorty, *Philosophy as Cultural Politics*, Cambridge University Press, 2007 (1997), p. 55.

仍然是在文化这一话题上，《法律东方主义》对采取静态观点的倾向发出了警告。络德睦如此认识到，随着政府在国内和国际上寻求合法性，中国已经在发生改变（举例来讲，他观察到，"如今法律东方主义话语在中国与在美国一样普遍"，且进一步指出，现今，"在中国的法律想象与法律政治中，美国扮演着一个异乎寻常的重要角色"）。《法律东方主义》并不试图贬低中国已然取得的发展程度。因而，该书坚称，"一项独一无二的历史事实是，从未有国家像1978年后的中国那样迅速地产生了如此之多的组织法、程序法以及实体法"。（在此方面，我发现一个有趣的现象，在参照"中国语言及其文学传统"的基础上，一位比较文学专家也谈到了中国文学中大规模吸收了西方文学和文艺批评的现象，也就是说，事实上在该领域也出现了"抽搐式的转化"［convulsive transformation］。[12]）因此，可以说，"在20世纪末要想在原生的中国与外生的西方之间划出明确界限，这在认知上几乎已经是不可能的"（第29页）。由此可见，"中国的独特性只能在其与其他地方性与其他历史的深刻关联中才可得到界定"（第256页）。

尽管络德睦"当然并不反对中国的法律改革"，但值得庆幸的是，他令人耳目一新地克制住了对于某种先验标准的积极追求，此等标准将会促成法律的融合或者均质化，在此情形下，不管怎样，中国法都将被鼓励与美国的法律越来越像。实际上，他的"目标并非指导亦非评价特定的法律政策，而是要更为深刻地理解中国法律改革的性质、历史及其政治与文化的重要性"。因而，络德睦拒绝了那种粗糙的同构（similarization）策略，那种策略将令比较法学者得出这样

12　Lydia H. Liu, *Translingual Practice*, Stanford University Press, 1995, p. 105.

的结论：就像美国一样，中国也有公司法。他也拒绝了那种比较方式，该方式将会用那种对立的或者对抗的语词来刻画受分析的模式，从而会给异己者一个坏名声。实际上，《法律东方主义》说明了差异在很大程度上也可以是一种学习机会。举例来讲，如果此等庸俗的阐释可以被允许的话，对我来说，重要的不是参与一场与某个对英格玛·伯格曼执导电影《羞耻》看法和我相同的人的对话，也不是重构我的对谈者的观点，以使他对该电影的理解看起来与我一样。相反，对我有利的且因而作为我持久任务的是，在我的对话者从另一个角度切入这一事物的情况下，时时刻刻对她别样的立场表示承认和尊重，就电影的意义与她展开商谈。唯有反对那种简单地确保一种我自己观点的再度确证，我才能学习到一些东西。（对于从他人身上学习，络德睦还有更多要说。我将在下文论述其带来的挑战。）

在法律变革的话题上，《法律东方主义》适切地提醒我们，尽管特定的话语可以是从外国进口的，但从来都不会发生什么对该话语毫无变化的重复，也即对别处思想的"纯粹复写"（mere reinscription）。在我阅读此书的过程中，络德睦对模仿的谬论（mimetic fallacy）提出了异议，也就是说，他反对艾伦·沃森（Alan Watson）定义的所谓"法律移植"的可能性，[13] 尽管他在致谢中对那些仍然相信"从西方自由民主制进行直接移植"的人慷慨地表达了感谢。络德睦援引霍米·巴巴（Homi Bhabha）的观点论证道，任何中国引进的对应于西方的构造都将是"貌似近乎相同，实则并不尽然"，也就是说，在

13　See also Sujit Choudhry, "Migration as a New Metaphor in Comparative Constitutional Law," in Sujit Choudhry (eds.), *The Migration of Constitutional Ideas*, Cambridge University Press, 2006, p. 19.

从外国进口的旅途上，必然会"或增或减"，也就是会有所转化。[14]
这让我想起了以奥尔特加·伊·加塞特（Ortega y Gasset）所说的
"过度表现"（exuberances）与"表意不足"（deficiencies）的形式表
现出来的翻译中的舒张（diastole）与收缩（systole）。[15] 不唯如此，
经此提示，我还想起了德里达的肺腑之言（*cri de cœur*）："一直以来，
引导我的都是不可译性（untranslatability）。"[16] 换句话说，地方性知
识持久地存续着——且与其说"全球化"倒不如说"全球本土化
（glocalization）"。[17] 换种方式讲，地方性知识乃是通过集聚（assem-
blage）而非移植（transplantation）建构起来的。

换句话说，络德睦选择信奉的一套东西类似于"任其自然"
（*Gelassenheit*）——马丁·海德格尔将其界定为"将自身从对超验再
现（transcendental representation）的追求中释放出来"[18]。如果问题是
比较法学者如何必须栖居在这个"世界间、历史间、记忆间、话语
间以及语言间不宜居住的纷乱（unlivable discord）"中间，[19] 络德睦
的答案（我完全赞成）似乎是，要这样做，只能是基于"一种复数
的知识构造……一种不会引发融洽（harmony）、一致（concordance）
或者和解（conciliation）而是接受断裂（disjunction）或歧异（diver-

14　Homi K. Bhabha, *The Location of Culture*, Routledge, 1994, p. 89.

15　José Ortega y Gasset, *La reviviscencia de los cuadros*, in *Obras completas*（2nd ed.），Vol. VIII, Alianza Editorial, 1994（1946），p. 493.

16　Jacques Derrida, "［Interview］," *Magazine littéraire*, Vol. 430：26（2004）.

17　Roland Robertson, "Glocalization：Time-Space and Homogeneity-Heterogeneity," in Mike Featherstone, Scott Lash & Roland Robertson（eds.），*Global Modernities*, Sage, 1995, pp. 25－44.

18　Martin Heidegger, *Discourse on Thinking*, J. M. Anderson and E. H. Freund（trans.），Harper & Row, 1966（1959），p. 79.

19　Jacques Derrida, *Mémoires*（2nd ed.），P. Kamuf（trans.），Columbia University Press, 1989（1988），p. 163.

gence）的全新安排：此等安排并不做整理（compose）而只是并置（juxtaposes），也就是说，让每一个发生关系的术语互外于彼此，将尊重并保持这种外在性（exteriority）和距离（distance）作为所有意指（signification）的原则——这一原则一直以来饱受破坏。并置（juxtaposition）与阻断（interruption）在这里承担了一种非同寻常的正义力量的角色"[20]。

不过《法律东方主义》还有更多的信息要传递给它的读者。举例来讲，络德睦主张，由于"一定意义上对他者的理解总是比较性的"[21]，比较研究的概念必须足够宽泛，以将由外国阐释者进行的对于某国（仅局限于该国一国）法律的研究也包括在内。他观察到，"对于外国法（包括中国法）的描述一直都是比较法的例证，这似乎是无可避免的。即便是'纯粹的描述'，隐含的参照系，即目标文化被拿来作比的对象，也总是比较者自己的体系"。我同意此等观察。此外，《法律东方主义》还出色地阐明了，一项严肃的比较法研究应当将自己建构成一种跨学科的考察。从现存的学科领域来讲，本文所评之书的地缘政治主张至少处理了美国研究、中国研究、比较法学研究、国际法、全球化和后殖民研究（第198—235页），尽管络德睦提醒我们，中国从未被殖民过。

络德睦呼吁比较法学者接受，比较研究应当是"诠释性的"（hermeneutical）（第31页）——在我看来，这种"诠释性"毋宁说是"诠释学上的解构主义"（hermeneutically deconstructive），从而维护一种异端的诠释学（heretic hermeneutic）——也就是说，它并不是

20　Maurice Blanchot, *The Infinite Conversation*, Susan Hanson（trans.）, University of Minnesota Press, 1993（1969）, p. 308.

21　Charles Taylor, *Philosophical Arguments*, Harvard University Press, 1995, p. 150.

要开发出一套程序或者问题的解决方案，而是要澄清理解得以产生的条件。在论述中，他强调需要规避愚蠢但却有影响力的教条。这些教条，大体是指，功能主义乃是"所有比较法的基本方法论原则"，以及"任何比较研究致力于研究的问题都必须以纯粹功能性术语来呈现"。[22] 关于功能主义，我的态度要比络德睦更为严苛（第32—34页），不仅是因为，像他自己所确认的，这种进路根本不足为信："寻找其本来就打算寻找到的东西实在是富于进取心的功能主义者的显著标志。"在我看来，对法律作为文化的认知与功能主义是完全不相兼容的。类似地，乔治·弗莱彻（George Fletcher）将功能主义视为"一种旨在压抑差异的思考方式"，其运作离不开"对那些使法律成为人类智识之珍贵创造物的理念和主张的牺牲"。[23] 理查德·海兰德（Richard Hyland）评论道："功能主义已被普遍证明是与比较不相兼容的。"[24]

值得注意的是，本文所评之书揭示出接受这一点的必要，即比较的心智是不能在认知上被约束的，也就是说，它鼓励研究者与对他异性客观论述之不可能性相妥协（例如，"偏见……只能被管控，不能被消除"，"不存在完全清白无辜的知识"）。因而，《法律东方主义》阐明了建构一种"反功能主义比较模式"的重要性，换句话说，此等模式承认任何诸如关于他异性之真如本相（veritative）的论述的不可能性（例如，"只有解读中国的不同方式，某一些必然要比其他的更为有益，但没有任何一个是'正确的'以至于可以排斥掉所有别

---

22   Konrad Zweigert and Hein Kötz, *Introduction to Comparative Law* (3rd ed.), Tony Weir (trans.), Oxford University Press, 1998 (1996), p. 34.

23   George P. Fletcher, "Comparative Law as a Subversive Discipline," *American Journal of Comparative Law*, Vol. 46: 694 (1998).

24   Richard Hyland, *Gifts*, Oxford University Press, 2009, p. 101.

的解释"）——在结构上，此等声称的真实性与研究者不可避免的置身所在（situatedness）并不相容（没有人不在任何地方，且也没有人无所不在）。

络德睦因而引入了对这一事实的认可，即，当研究者从事中国研究时，"某种绝对的反东方主义道德明显是不可能的"。他提议承认，"我们别无选择，只能进行东方化——总是以我们自己的偏见去设想中国和它的法律传统"（当然，至于对美国的理解，中国人亦会采取类似的方式）。这样，要求比较者"摆脱自己的学说和司法前见并把自己从自己的文化背景中解放出来"[25] 的未经检视的正统指令就被暴露为幼稚的构想。事实上，"所有的解释都是从偏见得出的，且如果没有偏见，也就不会有解释"[26]。在这一倾向问题上，哪怕研究者尽最大可能断绝与自我的关系，他也必定会通过思想中的"我"（I）来生产他者（第54—55页）。于是，事实上唯一明智的追求就是，"负责任地"从事对他者的生产——也就是说，对于他异性的回应应承认和尊重外国法律。事实上，我们又回到了理查德·罗蒂（Richard Rorty）关于种族中心主义必要之坦率性（ethnocentric frankness）的主张。[27] 至于中国，据络德睦所言，比较学者在认识论上面临的挑战就是"如何向全球观众展示中国法"。《法律东方主义》因而煞费苦心地提倡"一种东方主义的伦理"，同时也是"一种比较的伦理"。

本文所评之书通篇都将对否定性的保持（preservation of negativity）作为一项"资源"（resource）加以培育。[28] 事实上，标题

25　Zweigert and Kötz, *Introduction to Comparative Law*, supra note, p. 10.

26　Frank Kermode, *The Genesis of Secrecy*, Harvard University Press, 1979, p. 68.

27　Richard Rorty, *Philosophy as Cultural Politics*, supra note.

28　Jacques Derrida, *Writing and Difference*, Alan Bass（trans.）, University of Chicago Press, 1978（1967）, p. 259.

为"广州不是波士顿"（第 108—151 页）以及"中国辖区并非哥伦比亚特区"（第 152—197 页）的主体篇章最佳地体现了这种策略。否定性远非意指一种情绪——为培育一种否定的辩证法，一个人不需要成为一个消极的人——而是一种对于肯定己见（positing）、肯定性（positivity）、肯定主义者（positivists）以及肯定主义时代精神（positivistic *Zeitgeist*）的一种不信任，一种背离或者反对。作为压抑有意义之比较分析的最重要因素，这些东西必须被暴露出来。在此意义上，否定性集中体现了理论作为反话语（counter-discourse）或者反指定（counter-signature）的改造作用。它促成了一种反抗的政治。它是越界的（transgressive）——不是在严格的发泄意义上（in a cathartic sense），尽管模糊宣泄维度（purgative dimension）所具有的建设性意义可能并不明智，而是在一种狂喜的模式中（in an ecstatic mode）。准确地说，它是一种不满的、不顺从的、不守纪律的姿态。它是截然相反的（contrarian）——或者像乔治·弗莱彻可能给它的定性："颠覆性的"（subversive）[29]。换句话说，它批判性地提倡比较法律研究领域内部进步性的智识发展，以及它为我们的时代培育了一种不同的地缘政治，在此意义上，我们说，《法律东方主义》是否定性的。

值得一提的是，《法律东方主义》对他者采取了支持的立场——这可以说是该书最为振奋人心的美德之一。与将他异性从古怪（oddness）、离奇（weirdness）、怪诞（bizarreness）或者相异（alienness）中挽救出来相比，对此等立场的采用意义更为重大。在下决心提出可从法律中的他者身上学习的观点时，络德睦提到了这样一项事实，过去三十年间，中国经历了"这一星球上任何经济体都无法匹敌"的

---

[29] Fletcher, *Comparative Law as a Subversive Discipline*, supra note.

重大经济增长，而这种成就是在没有物权法的条件下达成的——事实上，物权法直到 2007 年才获颁行（第 219—220 页）。重点不在于中国在财产事业上所发生的是不法的（illegal）。事实上，它既非不法亦非合法，而只能算是一种络德睦所说的"无法"（unlegal）——一种存在于他认为一位精通非此即彼之界分的美国理论家很难安置的常见的二元划分之外的第三空间。但如此沿《法律东方主义》的论证必然得出，"在法律上可执行的明确界定的财产权利"这一表述中所理解的法律不可能是"配置物质资源的唯一有效方式"。然而，正如络德睦所强调的，从西方的优越立场看中国似乎注定是外围的（peripheral）、无关紧要的（insignificant）角色。那么，基于何种根据可以允许中国经验来质疑受西方珍视的一些假定？对此，络德睦大胆地作出了这一反驳（rejoinder）："中国研究为何不能产生一手知识（理论自身），而仅仅只能产生证成或证伪异域成熟理论的二手资料？"

这一展现了比较法学者可以且必须对他者采取支持立场的挑战就是要接受此等观念：中国"潜在上有能力给美国传授经验"。《法律东方主义》因而坚持认为，从美国立场上发生的比较协商（comparative negotiation）要求"动摇的不仅仅是美国对于中国的看法，还有对于美国法律的研究"。警惕地对抗每一种篡夺的权威（usurping authority）或者挪用的事例（appropriating instance），向着其他法律（being-toward-another-law），事实上就是支持其他法律，为其他法律说话——通过设定这样的初始条件，比较法律研究变成了另一种模样，也就是说，就将其自身与他者要求认可与尊重的主张联系起来的需要而言，它将变得更加机敏（astute）。络德睦一再向我们传达的信息是，"预设中的中国理应"比西方的恩赐态度或者"法律自

恋情结"所能给的"更好"——应当明确的是，这完全不会导致
"将中国的法律实践与批评相隔绝"（举例来讲，本文所评之书并未
疏于提到"中国自己在东亚的帝国实践"）。借用娜塔莉·梅拉斯
（Natalie Melas）对于非洲的观察，《法律东方主义》强调了这样一种
可能性，即"（中国人的）性格（characters）与（中国人的）生命
（lives）可能多于陈词滥调和刻板印象所能包含的内容"[30]。

对于准备以某种比较伦理的名义允许外国法律有其他指称
（signify otherwise）——也就是说，施行一种合乎外国法律独特性的
研究——的比较法学者而言，对于因而打算从事另一种比较主义事
业——也就是说，培育一种与传统研究不同的研究样式，因为老样式
总是残酷地想要用它的同构化策略（similarization tactics）占据整个
比较法研究领域——的比较法学者而言，对于因而有能力将自己打造
得充足谦逊、摆正他者地位以至能够聆听其故事而又足够强大到不会
感到被他异性威胁的比较法学者而言，络德睦明智而审慎地提倡异发
性学习（heterodidactic）的比较法学研究进路——对能够反抗宰制
（mastery）并拒绝秩序（*Ordnung*）的非权力（non-power）的寻
求——意味着一个非常丰富的解释性产出。

若被普遍采用，络德睦样式的比较主义将及时地、恰当地且决定
性地标志着来自汉堡的比较法研究模式的死亡。这样说是因为其将会
最终摧毁肯定主义（positivistic）与种族中心主义/法律中心主义（eth-
nocentric/juricentric）的比较模式，而那正是正统比较法期待成为且已
通过常规的制度渠道去推行的模式。同时，由于对促成一种不同比较
模式的出现有所贡献，它将被写进一个替代性比较法的起源当中。事

---

30   Natalie Melas, *All the Difference in the World*, Stanford University Press, 2007, p. 53.

实上，它将帮助发起那种即将到来的比较法律研究，其意义并不亚于它将通过允许他者以其自己的术语得到承认与尊重而培育法律中他异性的原生性（primordiality）。它将会帮助开创一种比较法。此等比较法接受，当一个人全身心地去阅读一部外国制定法或者一项司法判决时，他就被牵连进一个矩阵（matrix）当中。这一矩阵完全是杂语性的（heteroglossic），与此同时，它有着不可耗尽的单一性（inexhaustibly singular）。他实际上是在追求一个永无止境的意义赋属（ascription of meaning）过程，而这一过程只有比较法学者所能调用之资源的穷尽或者编辑的截止日期才可以终结（任何结束本身将成为一种打断、一种休止、一种非故意的路径切断以及一种必须有所牺牲才会到来的中断）。

我也遭遇了这种提早结束的困境，尽管《法律东方主义》以自己为例向我们展示了比较法律研究也可以如此迷人（不，它无须关乎纠错或者平衡——抑或它本身是合乎均衡性的吗？），以及比较法可以使自身与当今世界如此密切地关联（不，它不需要卷入一个对于法律普遍内核或者其他法律幻象的不切实际的追求）。本文所评之书摆脱了对规则即立法文本及其司法或学说重述的狭隘关注，从而也阐释了比较法研究该如何避免无用性。（我仍能听见约翰·梅利曼的大声疾呼："很明显，基于法律规则陈述而展开的比较是一种相对琐细的事业。"[31]）顺带说一下，值得指出的是，络德睦不仅仅分享了很多关于中国的信息，而且他还积累了一笔关于美国法律的跨学科的知识财富，比如关于治外法权的话题。此外，对实定法的研究也并未脱离《法律东方主义》的视野。

31　Pierre Legrand, "John Henry Merryman and Comparative Legal Studies: A Dialogue," *American Journal of Comparative Law*, Vol. 47: 4（1999）.

络德睦为其读者提供了一个通篇具有浓重个人特色的文本。令我印象深刻的是，其个人的思想轨迹——尤其是其对中国文化日渐熟悉的经历，以及随着远离土生土长之欧洲而在外生活工作年限的增长，美国文化对其的更深浸染——深刻地影响了其作品。换句话说，络德睦的书有着强烈的自传性，尤其是该书的呈现方式是热情好客的。然而，这并不表明，络德睦是在"极度孤独"的状态中写作的。[32] 事实上，其大量的致谢对象表明，对于作者具有的"不可消除的居次性"（irreducible secondary），他有着非常清醒的认识（第223页）。络德睦亦接受"我"实际上是由许多人构成的，也明显可以从《法律东方主义》庞大的（且坦率的、令人印象深刻的）参考文献与引文清单中得到确证。这些素材大多取自中文文本，无疑说明络德睦热衷于让他者通过他单一的声音来说话。举例来讲，对于中国法律理论现状的讨论，其特色就是囊括了大量对中文作品的节选（第222—229页）。但络德睦也将其广博的学术知识应用于中国法，因为在诸如英语、法语和德语之类的其他语言中也已对这一话题有所研究。

无法化约的不确定性必然内在于每一项呈现法律中他异性的尝试当中。而《法律东方主义》以明晰的行文巧妙地与之进行斗争，在我读来，饶有趣味。尽管如此，当络德睦揭示出一直以来西方（尤其是美国）强加于中国的种族中心主义/法律中心主义的强度与持久性时，我却发现自己不止一次地受到震撼。络德睦自己虽是西方人，但对于西方针对中国的策略，他却进行了持久的有时甚至略显好斗的质询。在此意义上，这部作品在根本上构成一种尖锐的自我批判。对于作者的此等自觉自发，我深表感佩。

---

[32] Derrida, *Writing and Difference*, supra note, p. 226.

国际法的批判史何以可能？
评《国家间的正义》与《法律东方主义》

[美] 珍妮弗·皮茨　著 *

马东飞　译 **

对于胡果·格劳秀斯（Hugo Grotius）和阿尔贝里科·贞提利（Alberico Gentili）等近代早期学者而言，欲洞悉国际法的原则，必然要追溯其历史（尤其是罗马史）。当冯·奥普特达（D. H. L. von Ompteda）、罗伯特·沃德（Robert Ward）、亨利·惠顿（Henry Wheaton）分别于 1785 年、1795 年和 1841 年写出了第一批关于国际法历史的著作时，史学的主要作用在于：超越法律原则的规范基础解决争端与主张权利，将新近的实践确认为习惯法，以及界定国际法共同体的范围。然而在 20 世纪的大部分时间中，国际法领域的学者却对其学科的历史并不关心。在过去 20 年，国际法学术发生了史学转

---

 * 珍妮弗·皮茨（Jennifer Pitts），美国芝加哥大学政治学教授。正文中所标页码，皆出自《法律东方主义》一书英文版：Teemu Ruskola, *Legal Orientalism: China, the United States, and Modern Law*, Harvard University Press, 2013。

 ** 马东飞，清华大学法学硕士，法国巴黎第二大学法学博士生。

向（historical turn）。[1] 这一转变不仅要求该领域的重新定向，也呼吁对学科传统路径的回归。19 世纪后期，随着专家群体、专业期刊和大学教席的出现，国际法成了专家的独享领域。而当下的这一转向，使得国际法学术重又回到与其他不同学科的对话和交流之中。这些学科包括历史学、人类学、国际关系学和政治理论。[2] 国际法学成为更广阔领域的学者和公众的论说对象，恰有些像是回归到了前学科的状态。

新近的史学转向受到了后殖民主义思潮的深刻影响。这是它突出的特点。因而，在这个长久缺失历史兴趣的领域中，历史兴趣的复兴也意味着对国际法原有身份界定的挑战。因为一直以来，国际法被认为是欧洲法律系谱对周边世界的解放事业。最能体现史学转向这一特点的著作是马蒂·科斯肯涅米（Martti Koskenniemi）于 2000 年写出的《万民的温良教化：一部新国际法史》（*Gentle Civiliser of Nations: The Rise and Fall of International Law*）。他以此书开启了关于国际法身份的讨论，并且一直在其中引领潮流。安东尼·安吉（Antony Anghie）于 2004 年完成的《帝国主义、主权和国际法的诞生》（*Imperialism, Sovereignty, and the Making of International Law*）则是另外一部里程碑式的著作。该书回溯历史，系统地描述了国际法与欧洲帝国

1　《国际法史杂志》（*Journal of the History of International Law*）于 1999 年创刊。另外，牛津大学出版社组织了一套关于国际法的理论和历史的系列丛书，其中第一卷已于 2015 年出版。

2　国际观念史重新引起了普遍的兴趣。有关于此，特别参见《现代国际观念的基础》一书（David Armitage, *Foundations of Modern International Thought*, Cambridge University Press, 2013）以及《欧洲观念史》2015 年第 41 期的专题讨论。亦可参见 Duncan Bell, "International Relations: The Dawn of a Historiographical Turn?" *British Journal of Politics and International Relations*, Vol. 3（2001）, pp. 115 – 126。

扩张之间的联系。科斯肯涅米也通过"1873年的那些人"的生平和著作展现出了这种联系。那一代的法学家标榜"世界和谐的图景",奠定了国际法的第一层基石,尽管他们在1885年的柏林会议上为瓜分非洲大陆提供了协助。20世纪五六十年代的去殖民化时期,也有许多可被看作是科斯肯涅米和安吉之前辈的国际法学家,比如乔治·阿比撒布(Georges Abi-Saab)、阿南德(R. P. Anand)和约格·卡斯塔内达(Jorge Castaneda),他们是后来名为"国际法第三世界方法"(TWAIL)运动的先行者。在这一运动中,著名国际法史学家查尔斯·亨利·亚历山德罗维奇(Charles Henry Alexandrowicz)的著作尤为基础。他是奥匈帝国的一位波兰裔将军的儿子,在英国、印度马德拉斯以及悉尼度过职业生涯。他的历史著作渗透着他挑战西方传统国际法观念的决心。这种观念认为,后殖民国家必然只能接受已经成为一种欧洲"既定事实"(*fait accompli*)的国际法律秩序。[3]

大量杰出著作的问世,彰显出此等学术进路的欣欣向荣。近来比较著名的例子有安德鲁·菲茨毛利斯(Andrew Fitzmaurice)的《主权、财产和帝国:1500—2000》(*Sovereignty, Property and Empire 1500 - 2000*)、阿尔努夫·贝克·洛卡(Arnulf Becker Lorca)的《混血的国际法》(*Mestizo International Law*)、欧德特·利诺(Odette Lienau)的《主权债务的再思考》(*Rethinking Sovereign Debt*)以及络德睦(Teemu Ruskola)的《法律东方主义》(*Legal Orientalism*)。新版的大部头《牛津国际法史手册》最为清晰地展现了后殖民主义思潮对国

3　C. H. Alexandrowicz, "The New States and International Law," *Millennium*, Vol. 3 (1974), p. 226. 他的许多文章现在都较难看到。在上边提到的牛津大学系列丛书中,有一部他的论文集(*The Law of Nations in Global History*, ed. David Armitage and Jennifer Pitts)将要出版。该文集试图促进当下对于其著作的整理和研究。

际法史学的影响。编者们坚持"超越欧洲中心主义"的立场，捕捉全球史中的最新发展，并以此作为此书最为核心的任务。[4]

尽管如此，此史学转向仍然缺乏某一学者对国际法史所进行的自洽融贯的叙述。比较权威的该种著作既陈旧且问题重重。比如阿图尔·努斯鲍姆（Arthur Nussbaum）的《国际法简史》（*Concise History of the Law of Nations*）在 1947 年首次出版（修订于 1954 年）；威廉·格列维（Wilhelm Grewe）的《国际法的纪元》（*Epochs of International Law*）大部分写于纳粹德国时期，但直到 1984 年才出版，而英文版甚至直到 2000 年才问世。史蒂芬·涅夫（Stephen Neff）的《国家间的正义》（*Justice among Nations: A History of International Law*）一书可谓终结了这一尴尬的局面。该著作视野宏阔、清晰而生动地展现了一个完整的图景。涅夫博学多览，他运用资料驾轻就熟且紧跟本领域最前沿的动向。因此，他的著作拥有极高的学术价值。但《国家间的正义》是对批判主义法学理论或后殖民主义思潮的反动，可被认为是传统国际法史学的集大成者。接受那些两百年前欧洲学者关于国际法史特征的基本论点，他认为：各国法律平等和独立自主的观念源于欧洲并扩散于世界；自然法思想和实证主义的拉锯，推动着国际法学思想的发展；国际法有学说化取向，不同的学说体系互相竞争，并且，各种学说开创者是谁也一直处于争论之中。

安吉和科斯肯涅米都意识到历史的叙说不可避免地暗含着特定的政治性。然而涅夫却在寻求一种客观的立场。由于他的著作涵盖过广同时又避免明显的规范判断，因此很难说具有一个核心论点。尽管如

4　Bardo Fassbender and Anne Peters, ed., *Oxford Handbook of the History of International Law*, Oxford University Press, 2012, p. 4.

此，我们仍然可以发现其中的若干前见，尤其是格劳秀斯二元论的倾向（就此，后文亦会详述）。他热衷于重述贯穿几个世纪的古老观念，如"天然的社会性"（natural sociability）。他也对法律规范的意义变迁颇感兴趣。法律规范常常脱离原始的文本含义，产生意料之外的规范效果。他以 1928 年的《凯洛格-白里安条约》（Kellogg-Briand Treaty）为例。该条约关于"禁止将战争作为国家政策的手段"的规定，原本只对国家有拘束力，却在纽伦堡审判当中得到援引来作为个人责任的依据。

涅夫对国际法的各种学派如数家珍。他清晰练达地呈现了学者们的思想经历、不同学说的发展脉络以及与学说发展相关的国家的实践和机构的成长。如同娴熟的素描画家，他勾勒出不同学派的轮廓，并明白简洁地描绘出学派间的关键区别。也许这样说有些夸张，但他就如站在奥林匹斯山上一般，观望着众多的比赛者。如果我们也采用这种视角，就很难把这部著作归入任何一个学派。他对批判主义法学研究的述评，主要基于哈佛大学法学院的大卫·肯尼迪（David Kennedy）和科斯肯涅米的著作。他对该学派颇有微词，然而也做出了礼貌的评价。他说，批判主义法学运动是"20 世纪 60 年代反叛精神的延续"，有着"悲观和消沉的气息"；批判主义法学运动几乎没有影响到实践，只能说是激起了思想上的涟漪，尽管"不应低估开放性思想的价值"（第 459、461 页）。[5]

对涅夫来说，国际法学思想史中最持久的图景是自然法思想和实证主义间的拉锯战，而且或许最具决定性的时刻是 19 世纪末实证主

---

[5]　类似地，他这样评价剑桥大学当代法学家菲利普·阿洛特（Philip Allott）：许多国际法学家抵制他"为人所知的新斯多亚暨新中世纪的混合理论，或许他们对此了解更少"（第 466 页）。

义的大获全胜。他把自近代早期以来的学者分别置于一条从完全的自然法学派到完全的法律实证主义的色谱当中。前者认为普遍的自然法是有约束力的国家责任的唯一来源；后者认为国际法不过是国家实践的记录。他将大部分的学者归入二者之间，称之为格劳秀斯主义者或者二元主义者。二元主义者同时接受自然法和人类的意志作为国际法的源泉，只是倾向有所不同。他把从自然法到实证主义的转变和权威联系起来，尽管他论述的某些方面仍然值得进一步讨论。他贬低基督教对近代早期自然法思想的影响，坚持认为自然法的根基在古代斯多亚哲学之中。罗马法（而不是基督教）赋予了自然法真正的普遍主义或彻底的世界主义特质。自然法"既没有宗教的根源，也没有给予基督教信仰在其中以任何特殊地位"（第 59 页）。[6] 对涅夫而言，这种普遍主义意味着"欧洲文明与其他社会文明迥然不同"。尽管自然法确实没有宗教的根源，但是其古代的根基却并没有那么普遍。随着时间流逝，它增加了实质性的基督教因素，并且宗教的考虑也自然地呈现在自然法理论当中。[7] 毫无疑问，涅夫并没有注意到道德普遍主义是如何与 19 世纪的实证主义主流相伴而生的。尽管这一点没有为实证主义者自己觉察到，但是在他们的文明化进程叙事当中却显得特别明显。这种文明化进程叙事，将所有社会置于一个共同的发展尺度当中，并且将欧洲当作它们是否适于为法律所承认的判断者。

6　关于罗马和欧洲的世界主义的局限和帝国根源，可参照 Anthony Pagden, *The Burdens of Empire*, Cambridge University Press, 2015。

7　See, e. g., Vitoria, "De Indis," in *Political Writings*, ed. Anthony Pagden, Cambridge University Press, 1991, pp. 284 - 287；亦可参见新教徒贞提利反对与无神论者结盟的理由。关于此讨论，详见 Noel Malcolm, "Alberico Gentili and the Ottomans," in *The Roman Foundations of the Law of Nations*, ed. Benedict Kingsbury and Benjamin Straumann, Oxford University Press, 2012, pp. 127 - 144。

《国家间的正义》一书的主线不是一个论点，而是一个暗含的目的论。涅夫关注的是，形成目前国际关系原则体系的要素是如何发展而来的。包括制定条约的规则、国际争端的仲裁规则以及关于战争的规则。涅夫不仅描绘早期历史中"国际法的微光"，同时也声称，较之于后来更为严格的标准，那些"微光"过于陈旧了（第 7 页）。这就犯了昆汀·斯金纳（Quentin Skinner）所批判的"学说之神话"（mythology of doctrines）的那种错误。这种错误意味着，历史学家将一个新近的学说归于早期尚不能接触到该学说的学者，或是将后来成为完备学说的赞誉归于那些似乎成功阐述了其中零星层面的学者，或是责备前人没有掌握我们如今才理解的知识。[8] 对于涅夫以及那些斯金纳所批判的学者来说，在这样的声称当中，作者的自我理解与观念的流转均不在讨论之列。涅夫认为，在中国的战国时代，人们发现了最早的"关于国际关系的系统论述"和"作为学科的国际法"（第 21 页），因而指出"我们可以有把握地认为古代中国是国际法的诞生地"。此时他并不是在说古代中国的实践影响了后来国际法的发展，而只是抽象地陈述一个跨越历史文化类型的概念范畴。这一进路既不同于许多历史学家所认为的，现代国际法是一个独特的思想构造；也不同于追溯古代的条约实践对后来法律实际影响的那种努力。[9]

国际法的全球化进路意味着什么？一方面，它意味着不仅从欧洲

8　Skinner, "Meaning and Understanding in the History of Ideas," in *Visions of Politics*, Cambridge University Press, 2002, vol. 1, p. 59.

9　关于前者，可以参见菲茨毛利斯的主张，他认为现代国际法是后宗教改革时代的现象，它的普世主义姿态回应了欧洲的神权政治。See Andrew Fitzmaurice, *Sovereignty, Property and Empire 1500 - 2000*, Cambridge University Press, 2014, p. 10. 关于后者，兰代尔·勒萨福（Randall Lesaffer）从古代中东到古希腊再到古罗马，追溯了古代条约实践的流变和影响。See Lesaffer, in *Oxford Handbook*, p. 72.

国家间的交往，而且从更大范围内的国家，包括近代早期亚洲的商业帝国的交往中追溯国际法的基本原则和实践类型。[10] 另一方面，它也意味着呈现出欧洲帝国主义的扩张是如何形塑了国际法理论中的核心教义，比如围绕着主权、干预、公海自由、贸易自由形成的教义。尽管涅夫指出国际法学科诞生于中国的先秦时代，但他自己致力于国际法全球化的努力却显得传统。他在美索不达米亚、印度和中国调查当地人对国际法基本问题的看法，比如"国际关系的基本原则应当是什么""条约是如何缔结和得到遵从的""学说和国家实践之间是什么关系"等等。他的这种方法让我想起了比利时的饱学之士、历史学家弗朗索瓦·劳伦（François Laurent）。他的八卷本著作《国际法和国际关系的历史》（*Histoire du droit des gens et des relations internationals*，2nd ed. 1855）第一卷专门讨论了古代"东方"各国的国际法原则。劳伦一定对于自己的进步主义感到自信。他的目标是"历史地证明人类是迈向团结与和平的"，他把"古代的使命"归结为"基督教来临前的准备"。[11] 虽然涅夫大概不会作出这样的主张，但是他的努力也只是沿用了 19 世纪的理论模型。在这种理论模型当中，国际法似乎是超越时空、永恒不变的。不同的社会都在追寻同样的国际法基本问题。我们可以从如今这一高度分化和发展的精密体系中追溯到它在早期社会的源头。只不过在众多源头当中，欧洲的源头最有望发展成为当今的国际法体系。

　　涅夫乐于记述国际法的"进步"，并会惋惜于"进步"受到的阻

10　See, e. g., C. H. Alexandrowicz, *An Introduction to the Law of Nations in the East Indies*, Clarendon Press, 1967.

11　François Laurent, *Histoire du droit des gens et des relations internationals*, 2nd ed. Gand, 1855, vol. 1, pp. vi, 1.

碍。在此叙事当中，涅夫古怪而轻率地滑向了殖民和进步者立场。"简而言之，国际法的历史是一个稳步前进的历程，是法治的朝圣者对蛮夷之地英勇而持续的殖民史。他们将圣光撒向国际社会的那些黑暗角落。可惜，这个历程很难得到充分的证明。"（第481页）尽管我们不愿失礼，但不得不说他的表述背叛了其著作中一贯的敏锐。涅夫对"法治殖民"的失败感到遗憾，这显得有些刺耳。尤其是在这几十年，人们批判国际法长久以来扮演着的欧洲扩张和殖民的同谋角色。

涅夫的进步主义视角推动他去寻找"罗马-欧洲"国际法成功的纯粹智识上的原因。显然，他并没有意识到这种成功可能只不过是因为军事力量和帝国主义的扩张，还有如彭慕兰（Kenneth Pomeranz）所说的，欧洲帝国主义凭借其对新世界资源的控制而形成的经济力量。[12] 对涅夫而言，欧洲系谱的国际法才是真正普遍主义的。它倡导国家的独立而平等，并且有着实用的学术方法。他认为，作为欧洲国际法流源的斯多亚主义，比起古代中国那套社会间关系的理解，要显得更为普遍。毕竟，斯多亚主义构想出了"一个宏大且整一的自然体系"，而不是一个文化体系。它也没有"赋予希腊或者罗马文化本质的优越地位"（第44页）。相反，中国一直"固执而持续地拒绝"周边国家事实上的平等地位。这"根本阻碍了中国形成'独立平等国家'的那种理念，而后者恰恰是后来国际法思想的核心"（第41页）。这样的主张低估了渗透在古希腊思想中的那种文化优越感以及罗马对自身最高权威（maiestas）的坚持。正如克利福德·安多

12　Kenneth Pomeranz, *The Great Divergence: China, Europe, and the Making of the Modern World Economy*, Princeton University Press, 2000.

（Clifford Ando）指出的那样，"Maiestas"这个词意味着"伟大"，本质上是一个比较的和等级性的概念。[13] 涅夫声称，古罗马的非个人化的法律规则的概念，决定了现代国际法的源泉是古罗马而不是古代中国。然而他恰恰忽略的是，欧洲在其全球的殖民和商业扩张当中，把它自己的法律体系强加给了其他地区。因而，涅夫的叙事与其说是历史的陈述，不如说是神话的创造。虽然他声言放弃了明显的规范判断和政治倾向性，但他却把历史看作是观念受到普遍承认的历程。正如罗马-欧洲体系的成功所显示的那样，观念受到普遍承认只是因为观念本身的规范上的优越性，其中最主要的观念就是国家间的平等和独立。涅夫拒斥了所有的批判性立场，并且在历史的叙事当中夹带了规范判断。在涅夫的叙事当中，中国昙花一现，只不过是作为历史悠久的国际法的西方系谱的陪衬。尽管中国早期的国际法也有复杂的体系，但是因为特定的不足（比如"固执地拒绝……"），它最终没能对现代国际法律秩序做出实质的贡献。

络德睦的杰出著作提醒我们，这样的东西方比较的工作实际上建构了现代法律，也建构了"现代"本身。他写道，法律是"向世界和我们自身灌输意义"的普遍人类事业中"意义的资源"（第59页）。法律东方主义的陈述也是内含于其中的。他充分利用灵活的理论和关于中美法律史的丰富的经验材料，令人信服地说明：法律处于"现代"主体性的核心；东方的"他者"始终作为美国自我理解和法律现代性概念的陪衬。正如他指出的，东方主义的现象，除了萨义德所做的贯穿整个人文社科领域的分析，在法律的领

13　See Clifford Ando, *Law, Language and Empire in the Roman Tradition*, University of Pennsylvania Press, 2011, p. 104.

域仍然缺乏必要的关注。络德睦的著作是近来后殖民主义理论进路的法学学术当中最有影响力的学术成果之一。法律东方主义的建构性角色是西方和当今全球法律思想的"认识论实践"（第10页）。由此他反对海市蜃楼般的"反东方主义的道德"，而是提出"东方主义的伦理"（第24页）。在提出此等想法的时候，络德睦提供了一个判断法律实践和范式的有力方法。这个方法能够提示我们判断本身的界限。相较于涅夫，他更为公开且自觉地采用了规范分析的方法。当然，也更为灵活。

络德睦诙谐地讲述了第一次鸦片战争后中美间的故事。凯莱布·顾盛议员是美国派往中国的第一位使者，他1844年来到中国洽谈商事条约。当他的船队来到中国时，中国禁止他鸣放21响的礼炮。因为中国并不遵循这样的国际惯例，而且担心礼炮会惊扰到居民。中国的皇帝也拒绝接见顾盛，因为并没有皇帝接见美国使者的先例。顾盛感到愤怒，声称他最起码的使命即是确保"西方国家间惯常的致敬方式不被遗漏"，并威胁中国遵守"国家间交往的一般礼节"（第132页）。顾盛的这种自以为是恰好反映了西方国家与非西方国家交往的基本态度。那就是，它诉诸前提性的原则、国家间互相尊重的理想，并把西方的习惯当作全世界的法律。基于此，它把中国置于法律上的附属地位，并且将对之使用的暴力合法化。

当英国发动鸦片战争时，大多数美国人还站在中国一边，谴责英国的骄横自大。在此十年前，美国也与暹罗（今泰国）签订了和平条约，尊重暹罗政府对当地美国人的司法管辖权。但是，顾盛的出使标志着美国接受并推进了被络德睦称为"法律东方主义"的那种欧洲法律范式。中美《望厦条约》的内容远远超过了顾盛本来的使命。

它赋予美国对在华美国人的领事裁判权，其宽泛程度远远超过顾盛援引的那些先例。这些先例包括欧洲国家与奥斯曼帝国和北非伊斯兰国家签订的条约。顾盛这样做的核心理由基于一个经过修正的国际法历史。他写道，传统的理论家错误地认为国际法普遍适用于各国，但"实际上，那只是基督教世界的国际法"。他刻意扭曲了历史，声称英国从来没有把它的公民置于过非基督教国家的司法管辖之下。在这一部分，络德睦举出许多例子来说明法律自我再生的奇特能力。顾盛错误地援引北非的先例而在中国主张领事裁判权，这反过来又成为在北非伊斯兰国家主张领事裁判权的先例。络德睦将此注解为"作为一种全球散播话语的法律东方主义所具有的极其重要的言外之意效应（illocutionary effect）"：一旦中国法被欧洲人权威性地界定为专制和肆意的，而美国若继续遵从中国的司法管辖，那它很可能在欧洲人眼中被视作是在自贬身价。

顾盛同时提出了欧洲国际法的"普遍性"和"特殊性"。中国拒绝遵守西方的惯例（即便如纯粹仪式性的礼炮鸣放），就意味着它无法坚持一个它应当承认的标准。然而也不能指望西方国家把它们自己的法律承认的标准延伸到中国和其他类似的国家之上。说欧洲国际法具有普遍性，意指它应当约束所有国家。但中国是一个缺乏法治的例外。同样地，说欧洲国际法具有特殊性，意指因为国际法只是在欧洲国家间通用，所以中国和西方不可能成为法律共同体。在两种情况下，结果都不外乎是以法律的形式固化权力的不均衡，认定中国的差异具有道德上的劣势。

他同意迪皮什·查克拉巴蒂的观点，认为狭隘的欧洲分析范畴（analytical categories）对于帮助我们分析任何现代社会，既必不可少，但又不甚充分；因此我们的目标并不是完全消解它。[14] 但是，他已经开始尝试动摇西方/美国基于传统立场的以自己的标准衡量他者的做法。络德睦专章比较了中国的亲属法和美国的公司法，呈现了他所主张的"东方主义伦理"的具体含义。这个比较工作初步挑战了无论中外都广为流传的前见。该种前见认为，中国历史上并没有商事法或者公司法，因而引介外国公司法对中国的现代化而言必不可少。对此，其他的批评者可能努力寻找证据，证明中国历史上"确实存在"着公司法的要素。然而，络德睦却介绍了他所谓"反向类比"的方法，追问中国的亲属法如何实现了美国公司法的许多功能，美国公司法转而如何像中国亲属法那样发挥作用。虽然这种进路包含了一定程度的功能主义，而由此自身可能受到批评，但是他令人信服地说明，相较于常见的那种把欧洲或者西方实践当作隐含或明显标准的比较方法，适度的功能主义进路应当更为可取。这一章不仅仅富有启示性地呈现了中美两国促进财产流转和组织人员的多种多样的法律安排，同时也敏锐地反思了比较方法本身。这种反思极大地推助了政治学中关于比较政治理论基本方法的讨论。络德睦指出，比较行为生产出被比较之客体，进而形塑了我们对自我的理解。

络德睦将美国的"独特的普遍性"与中国的"普遍的独特性"进行对比（第9页）。这种对比可谓鞭辟入里。这些术语直入法律东方主义及其广泛影响的核心地带。长期以来，美国和西欧认为自己是独特的，因为它们把普遍的价值发展成为具体的法律体系。而中国，则被视为完全相反的独特的法律和政治文化的典型。络德睦不禁疑

14　Dipesh Chakrabarty, *Provincializing Europe: Postcolonial Thought and Historical Difference*, Princeton University Press, 2000.

问，为何中国的实践只能"产生证成或证伪异域成熟理论的二手资料"，而不能成为其本身就具有正当性理论的源泉？或许络德睦的著作不如涅夫那样权威而宏阔，但是他细致与理论化地梳理了涵盖广泛主题的现象。这些主题包括美国官员所理解的国际法、关涉移民问题的美国宪法、美国驻华法院和上海公共租界会审公廨的"法理幻境"（第 173 页）以及当代中国的法制改革。

长久以来，人们一直希望存在真正普遍的国际法。学者们要么简单地主张国际法原则的普遍适用，要么致力于使它的原则和框架扩张至全球的事业。从 18 世纪末国际法学科诞生至今，它的历史错综复杂。突破过去狭隘的欧洲视角，意味着当下学科需要彻底的"全球化"转向。因此近来许多学者强调国际法的"压制-解放"的双重面向：一方面，它是权力滥用（主要是欧洲/西方）的同谋；另一方面，它也为批判提供了潜在资源。[15] 与此主张相伴随的观点认为，国际法及其叙事都必然是政治性的。[16] 这是颇值欣喜的转向。过去人们希望法律可以提供一个超越或者外在于政治的视角，就像人权法和人道主义法的许多倡导者憧憬的那样，仅仅成为一套解决争端和救济侵害的技术性的词汇和机制。但是这种期许最近受到了萨缪尔·莫约（Samuel Moyn）和大卫·肯尼迪等学者的严肃批评。国际法不是脱离

15　采用艾曼纽尔·儒阿特（Emmanuelle Jouannet）的话来说，"国际法有着内在的矛盾，它同时兼具压制与解放两种机制"。See Emmanuelle Jouannet, *A Short Introduction to International Law*, Cambridge University Press, 2013, p. 1. 类似地，桑迪亚·帕胡佳（Sundhya Pahuja）将其称为"双重性"：国际法有着"帝国主义与反帝国主义的双重面向"。See Sundhya Pahuja, *Decolonizing International Law*, Cambridge University Press, 2011, p. 1.

16　诚如科斯肯涅米所说的那样，"国际法领域中不可能存在完全去政治化的选择"。See Martti Koskenniemi, *From Apology to Utopia*, Cambridge University Press, 2005, epilogue to the second edition, pp. 589 ff., 596.

政治的避难所，而是一个政治性的叙事。它一度是欧洲历史的特别产物（传统观点认为那里存在真理的胚芽），如今也是全球历史的产物，尽管后者常常充满了血泪。这是一段不可片面叙述的、努力寻求普遍的正当性的历史。尽管普遍价值的名义催生了暴力，但为了满足寻求普遍正当性的强烈渴望，国际法的思想史仍然是丰富而必要的矿藏。

世界图像时代的中国

[美] 络德睦　著

张膑心　译 *

一、导言

冷战结束之后，中国就开始被西方污蔑为"东方的头号人权侵犯者"。[1] 在国际经济法领域，中国的贸易实践也一直以来都受到密切的观察研究，尤其是自其 2001 年加入 WTO 以来更是如此。不过，虽然中国作为一个问题在国际法学者的眼中变得日益重要，值得密切关注，但它极少甚至从来没有被当成一个可能拥有更广泛影响的理论问题来研究。大部分学者都是从北大西洋的优势地位出发来处理这个问题的，关于国际法律秩序的历史和性质存在着更为中心的论点，中国充其量也就是用来阐释的一个例子——或者更多是一个反例而已。

本文坚持要将中国置于国际法理论的中心。从最广泛的角度来

* 　张膑心，法国巴黎政治大学博士研究生。

1 　中国与法律之间的关系困难重重，关于这一关系的历史和政治问题，参见 Teemu Ruskola, *Legal Orientalism: China, the United States, and Modern Law*, Cambridge：Harvard University Press, 2013。

说，本文意在解决的是：欧亚大陆东部边缘那个多民族的清帝国（1644—1911）是怎样变成"中国"的——变成一个主权的民族国家，跟其他形式上平等的民族国家共存在这个世界上。为了阐释这个问题，本文将国际法看作现代世界政治本体论的一个基础性的方面——它依赖于同时也支撑着关于世界的某种特定的形而上学概念，以及与此相联系的政治时空观。基于这个角度，我将从国际法的源头对其进行分析，即分析作为欧洲宪法的国际法：它是一系列的基础性规则，用来调整所谓"国际大家庭"的内部关系，它有时也被称作欧洲公法（ius publicum Europaeum）。[2] 这原本是历史上一个特定的法律秩序，但随着其经由殖民而推向全球化，它实际上业已成为整个世界的宪法。

在这个由现代国际法所造就的世界里，中国的位置在哪里？撇开主流学术界的欧洲中心主义不谈，关于国际法的殖民主义起源也有日渐增多的论述。其中很大一部分所关注的是"发现"新世界的法律后果。[3] 国际法学界通常认为现代国际法诞生于 1648 年的《威斯特伐利亚和约》，它代表着欧洲宗教战争的结束，而新的批判性的论述则将 1492 年看作是一个极其重要的年份。正如卡尔·施米特在《大地的法》一书中形象地谈到的，对于欧洲发现美洲之时所感受到的宇宙观上的冲击，在当代也只有发现另一个有生命的星球可以与之类

2　欧洲公法这一措辞至少在 17 世纪时就出现了，不过今天人们最熟悉的或许是卡尔·施米特对该术语的借用。See Carl Schmitt, *The Nomos of the Earth in the International Law of the Jus Publicum Europaeum*, G. L. Ulmen trans., New York: Telos Press, 2003 [1950].

3　Most notably Antony Anghie, *Imperialism*, *Sovereignty and the Making of International Law*, Cambridge: Cambridge University Press, 2005. See also L. C. Green and Olive P. Dickason, *The Law of Nations and the New World*, Edmonton: University of Alberta Press, 1993.

比了。[4] 在这样一场真正史无前例的相遇中，我们应当如何建构我们与这些新发现的世界和生灵在法律上的关系呢？对于新世界所提出的这些深刻的问题，其答案经过了好几个世纪才渐渐揭晓——事实上，它们仍然没有得到完全的解答，比如土著人的地位就仍然存在争议——但从这一段殖民经历之中发展出来的，是现代国际法这样一种跨越国家的政治和文化形式，它用某种特定的方式设想并处理族群之间的差异。

在这样的一些讨论中将美洲作为焦点显然并非毫无根据，但新世界的历史所造成的影响如果要扩大到全球的话，则不能不做一些调整。论证欧洲主宰地位最重要的法律理由，是其发现了美洲，这一理由在其他地方也基本上可以适用，只要欧洲人自己觉得他们所面对的那些族群可被归类为"蛮人"或是"野人"（比如非洲人），或是这些族群的政治存在可被完全忽略（比如澳大利亚的土著人，他们的土地被认为是无主土地）。但是像中国这样古老的东方文明就没那么容易忽视了。中国文明显然不同于欧洲文明，但即使按照欧洲人自己的定义，中国文明也具备一个"高级"文明应有的所有标志，由此文明与野蛮以及主权者与可被殖民者这样粗糙的两分法就无法适用了。如果说真如约翰·洛克的名言所说，"全世界的初期都像美洲"，而文明的终极目标就是让整个世界成为欧洲，那么中国就占据了一个不稳定的中间地带，它拒绝同化，既不像"美洲"，也不像"欧洲"。[5]

4　参见注释 2 施米特书，第 39 页。

5　关于中国作为国际法的一个"怪胎"，更详尽的分析可参见 Teemu Ruskola, "Raping Like a State," 57 *UCLA Law Review* 1477–1536 (2010)。

因此，东方（为了避免使用"亚洲"这一不合时宜的措辞）应当有其自己的理论解释，不应亚于美洲，作为占据主导地位的东方文明，位居欧亚大陆东部边缘的中国亦是如此。很重要的一点是，除了香港这一重要的例外，事实上中国从未正式被殖民过。借助于后殖民主义理论，这一未发生必须作为国际法发展中的一个重要的事件加以分析。中国如何会又为何未被殖民呢？要充分理解中国，我们最终必须既从主权政治学角度亦从地缘政治学知识的视角来考虑中国在世界中的位置。

本文接下来将比较源自欧洲而现在已是全球性的国际法，以及历史上东亚的儒家世界，后者是围绕着中国的文化和政治霸权而架构起来的。这两种传统都宣称其普遍性，但实际上它们都包含着某种特定的帝国主义规则——一个是欧洲中心，一个是中国中心。在这样的比较框架之下，本文将考察这两种帝国架构历史性相遇中曾出现的一些关键性事件。从始至终，本文皆并非将中西相遇作为地理空间和历史时间中文明的碰撞来分析，而是将其作为关于时空的不同概念之间的碰撞来解读。这一认识论的碰撞所影响到的是国际法律秩序——以及归根结底，现代世界的建构。

二、世界图像时代的法律

国际法学者没有兴趣将中国看成一个独立的理论问题，这部分地反映了国际法和比较法之间在学科上的分工。至少一部分的通说认为，国际法学者倾向于关注普遍性的超国家的东西，而比较法学者则更愿意关注特别的和本土性的东西。⁶ 从这个角度来看，对中国的历史和建构进行理论性和分析性的考察属于比较法的范畴。但本文认为，对中国进行的真正意义上比较性的考察也必须要从国际法的角度加以解释：必须把中国本身作为国际舞台上的一个法律主体来加以考虑。而反过来说，如果缺乏比较性的分析视角，对中国国际法律地位的任何单独考察将让人难以理解。

传统上，在"普遍的"国际法研究和"特殊的"国内法律制度的分析之间存在着一种对立，但正如上述所示，这种对立难以自圆其说。显而易见却不失深刻的是，国际法和比较法构成了彼此的可能性条件。我们不可能仅从抽象意义上理解普遍性的规则：它们最终一定要被翻译成、被理解成某种特定的习语，为地球上某个地方的某些当地人所使用。缺乏比较法作为中介，国际法将完全无法理解。而与此同时，比较法学者对特殊的和本土的描述又必然构成翻译的过程，而可译性又恰好意味着跨越地方差异而进行交流的可能性。无论是从概念上还是在实际上，普遍和特殊均是同一辩证逻辑的组成部分。

因此在某种重要的意义上，国际法和比较法都是某个共同的文化、政治和认识论规划的一部分，这一规划已将整个世界转变成了由民族国家所构成的某种法律建构。这个体系将文化置于每个国家内部的范围之中，而把国际法放在一个表面上看起来抽离于文化或是超文化的空间里，并以此来将文化国家化并最终"私人化"。在这样一种模式中，比较法和国际法充分地合作，将一些经常属于政治性的差异

6　关于这种学科分界的批判性分析，参见 Duncan Kennedy, "The Disciplines of International Law and Policy," 12 *Leiden Journal of International Law* 9 – 133 (1999)。比较法研究显然有一个漫长和多样化的历史。我在这里所指的是一种国家主义传统（nationalist tradition），它源自 19 世纪后期，是一种特殊但却占主导地位的传统。

转移到文化领域内。而且，在这样一个普遍性和特殊性的辨证之中，极端的政治或文化差异——那种无法在一个更宽泛的、基于国家的逻辑中轻易得到补偿的差异——是没有什么存在空间的，或者只有很少的存在空间。这一国际法/比较法综合体事实上属于某种特定形式的政治和概念组织，国际法提供一个架构，以在这个世界性的展览会上展出画作，而比较法学者（以及其他区域研究专家）的专长则是在事先造好的、国家的框架内挑选单个的艺术品。[7]

这显然是建构我们这个世界之存在的一种极其特殊的方式。马丁·海德格尔在其一篇同名文章中将现代性定性为"世界图像的时代"。[8] 根据海德格尔的观点，定义现代性的是两个关键的事件："人"作为主体的呈现和"世界"作为客体的呈现。现代人的主体化和世界的客体化同时发生，它切断了这二者之间原始的联系。存在一个"在那里"的外在世界，然后人可以与之建立关系，而不是从来都存在于世界之内并以之为目的。但海德格尔还不仅仅是认为一个旧有的世界观变成了一个新的世界观。把现代的"世界图像"区别开来的是这样一个事实，即世界本身变成了某种像图像一样可以被设想、被理解的东西。此外，海德格尔的观点也不单单是哲学性的，它同时也暗含着政治的因素。他说："现代性的根本性事件是对世界图像的征服。"[9] 这个征服的概念并不只是一个随意的修辞，因为现代性是伴随着西方对世界其他地方的殖民征服而产生的——事实上是由

7　See Teemu Ruskola, "Where Is Asia? When Is Asia? Theorizing Comparative Law and International Law," 44 *UC Davis Law Review* 879 – 896（2010）.

8　See Martin Heidegger, "The Age of the World Picture," *The Question Concerning Technology and Other Essays*, W. Lovitt trans., New York：Garland Publishing, 1977［1938］, pp. 115 – 154.

9　同上注，第 134 页。

这种征服所建构的。而这种征服反过来又被新兴的现代国际法体系所正当化并确认下来。因此世界图像也是一个法律图像———一幅法律世界的画像。

在历史上，国际法和比较法都是在19世纪晚期、在西方帝国主义的鼎盛时期变得职业化、变成其现代形式的，这并非巧合。那也是一个世界博览会的时代，以及现代博物馆和动物园机制化的时代。虽然这些机构彼此有别，但其作为文化形式却遵循着类似的逻辑。它们都采用一种客体化的、静止的形式陈列着多样性和差异性，以满足西方观者的视觉之娱，其方式是把世界展示在西方的面前。[10] 从一个真正总体性的视角来看，则最好是将国际法看成并不仅是规范国家间关系的规则集合，而是一套可解释的网式框架（grid of intelligibility），它使得现代世界本身成为可能。采用海德格尔的术语来说，国际法是一套世界化（worlding）的话语体系。现代的主权民族国家体系既依赖于对世界的客观绘制性描述，又为这种描述提供基础。

从现代世界图像的视角来看，中国和西方在历史上的相遇就显然成为不同世界观、不同种类的政治和法律宇宙观的碰撞——不仅是时空中的相遇，而且是不同种类的时空的相遇，它们各自支持着不同的主权概念。在下文中，我将试图避免比较法和国际法之间从分析角度来说不无问题的分工，而是通过或许可被称为"比较国际法"的视

10　See, e. g., T. Bennett, *The Birth of the Museum: History, Theory, Politics*, London: Routledge, 1995; R. W. Rydell, *All the World's a Fair*, Chicago: University of Chicago Press, 1984; N. Rothfels, *Savages and Beasts: The Birth of the Modern Zoo*, Baltimore: Johns Hopkins University Press, 2002.

角来理解中国在这个世界上的位置。[11] 我将不会假定存在一套单一的、普遍的国际法，而是分析两套相异的国家间规则秩序，并将二者互相对照而加以研究。虽然这一比较结构在形式上是对称的，但我需要指出这一显而易见的事实：在我们所生活的这个世界，起支配作用的是国际关系的欧洲传统。因此下文的比较将从这一传统开始，然后再转向中国。换句话说，因为本文是一张中国在法律世界中所处位置的地图，所以本文的结构是以欧洲为中心的，这反映的正是本文考察对象本身的状况。

三、欧洲中心的主权

正如海德格尔在其《世界图像的时代》一文中所指出的，根据牛顿的形而上学，自然是一个自洽的系统，由不断运动的质量单位所组成。它们的运动在特定的时空中发生。在自然中，时间上的每一个点互相之间都是平等的，正如空间中的每一个点互相之间也都是平等的那样。[12] 笼统而言，政治时空的现代概念也体现了这种自然主义的观念。本尼迪克特·安德森有一个著名的分析，他分析了宗教的末世时间向历史的世俗时间的转变。[13] 借用瓦尔特·本雅明（Walter Ben-

---

11 值得注意的是，国际法学者和比较法学者都曾呼吁要重构这两个学科。See Martti Koskenniemi, "The Case for Comparative International Law," 20 *Finnish Yearbook of International Law* 1 - 8 (2009); B. N. Mamlyuk and Ugo Mattei, "Comparative International Law," 36 *Brooklyn Journal of International Law* 385 - 452 (2011).

12 See Martin Heidegger, "The Age of the World Picture," *The Question Concerning Technology and Other Essays*, W. Lovitt trans., New York: Garland Publishing 1977 [1938], p. 61.

13 Benedict Anderson, *Imagined Communities: Reflections on the Origins and Spread of Nationalism*, London: Verso, 1991, pp. 23 - 25.

jamin）的观点，他将世俗时间描述为同质和虚无的，其标识即为钟表和日历。这对应于海德格尔所谓"对时间的粗俗理解"：时间作为"单纯的现在"的无穷的、不可逆的承续，不断地流逝着。[14] 在这种观念中，正如个体有机体是顺着时间而流动的，国家也是一样沿着一条永不休止的历史之河而稳定流动。从原则上来说，所有的国家——无论新旧——都享有同样的权利，也必须遵循同样的义务。

基于安德森的概念，我们也可采用类似的语词来描述法律的范畴：它同样是抽象、虚无和同质的。地球的表面确实是被在政治上已经决定了的边界所分割的，但每个国家在自己的领土内都声称拥有排他的管辖权。无论你是在北达科他州的美国-加拿大边境那无人居住的广袤土地上占据一平方英里的雪地，还是在华盛顿特区站在国会大厦的台阶上，从法律上来说你都一样身处美国。对这个世界的绘图式的呈现从视觉上确定了这一点。在政治地图上，不同的国家可能是用不同的颜色标记的，但所有的国家统统都是用单一色块标记的，这些颜色从不会互相渗透。[15]

这些客体化的时空观是现代世界中关键性的普遍化范畴。它们一起构成了居于其中的优越主体——个人——的家园，而随着上帝之死以及自由主义的诞生，个人的自由已经成了最主要的甚至是唯一的普遍价值。在这样一种特定的政治救赎论中，国家的存在最终是为了建立和保护个人的权利，以达到保障个人自由的目的。因此，现代的标准化时空观不仅创造了跨越历史和边境的平等——从而促进交流以及

14　Martin Heidegger, *Being and Time*, J. Stambaugh trans., Albany: State University of New York Press, 1996 [1953], pp. 390 - 391.

15　用理查德·福特的话来说，这体现了关于管辖空间的一个现代的、"拟制的"（而不是"天然的"）观念。See Richard Ford, "Law's Territory (A History of Jurisdiction)," 97 *Michigan Law Review* 843 - 930 (1999).

资本主义经济关系在整个世界的扩张——它还支持了同样标准化和同质化的个人主体性的观念和以国家为基础的主权观的全球化。事实上，无论个人还是国家都有着本质上同样形态的法律模式：国家的法律主体性是基于一种拟制，即国家也是一个人（"国际法律人格"），而国家之间的法律关系则效仿了个人之间的法律关系，它规制着个人以其私人身份所进行的互动（所谓国际法的"私法类比"）。从这个角度来说，国际公法是一个完全规范化的体系，由主权国家设立并规制主权国家，正如现代国家的合法性来自一个拟制的社会契约，使其成为一个自由的个体进行自我管理的体制。[16]

四、中国中心的主权

如果以上就是现代世界的基本法律建构，那么在历史上，中国用来组织其与外部世界关系的政治时空观又是怎样的呢？

在标准的美国及欧洲的历史编纂中，中国与西方在鸦片战争时达到顶点的碰撞被描述为中国人的一个悲剧性的文化"误解"。[17]根据这种观点，历史上东亚外交的结构是一个以中国为中心的礼俗性等级制度，小国向"中央之国"进行象征性和实质性的朝贡。在这样一种帝国的宇宙观之下，只有天子是唯一的主权者，他的统治范围

16　关于这个问题的经典阐述，参见 H. Lauterpacht, *Private Law Sources and Analogies of International Law（with Special Reference to International Arbitration）*, London：Longmans, Green & Co, 1926。

17　比较有代表性的叙述可参见 J. K. Fairbank, *The Great Chinese Revolution 1800 - 1985*, New York：Harper & Row, 1986 and A. Peyrefitte, *L'Empire immobile, ou le choc des mondes*, Paris：Fayard, 1989。

包括整个"天下"。当然,他非常清楚在他周围还存在着小国的统治者,比如朝鲜和越南的君主。但当要称呼他们的时候他惯常会使用一些居高临下的措辞,称他们为其弟弟或是堂弟。最终由于其文化沙文主义,中国无法接受主权平等的规则,无法自愿地适应国际法下现代国家之间的自由贸易制度。在这样一种传统的叙事中,鸦片战争可能是悲剧性的,但却是无法避免的,因为中国拒绝接受现代性。

关于所谓"中国的世界秩序",存在一系列家庭作坊式(cottage industry)的冷战研究。[18] 他们的研究总体来说所描述的是这样一套地区性的国家体系,在这套体系中中国确实是处于中心的,或至少看似如此。这样的秩序是由一种帝国的意识形态所支撑的,在这一意识形态中,政治空间是分层的和不平等的,它从中央向边缘发散并逐渐下降。这种不平等反映了中国边缘的"蛮夷"们彼此不同的"开化"(也即中国化)能力:只要它们可以被开化,它们就可以被纳入中央之国的普遍主权之内。它之所以会赋予像朝鲜和越南那样的儒家政体以正当性,正是因为它们对中华文明规范的臣服。[19]

这种帝国观念将政治空间理解为分层的、不平等的和不连续的——而不是抽象的、虚无的和同质的——与此相适配的是一个彻底的目的论时间观,它排除了同态的民族国家在一条永无止境的历史高速上并肩前行的可能。在传统的儒家思想中,历史之弧是向后弯的,

---

18　其中影响最大的是费正清主编的《中国的世界秩序:传统中国的对外关系》(*The Chinese World Order: Traditional China's Foreign Relations*)(哈佛大学出版社 1968 年版),费正清之后整整一代的学生又对其进行了进一步阐释。

19　关于中国在政治和文化空间方面的理念,参见 J. Harley and D. Woodward eds., *Cartography in the Traditional East Asian and Southeast Asian Societies*, Chicago: University of Chicago Press, 1994。

它指向一个早已消失的黄金时代，孔子本人也试图根据中国上古时代的经典著作来恢复这样的时代。统治者的任务是消除时间带来的腐朽，把世界回复到已逝时代的和谐状态，在那个时候，世界是由和平与美德所主宰的。[20]

归根结底，当代研究中国世界秩序的人最多是将中国中心主义看成是一个文化幻象，或干脆就把其当作赤裸裸的帝国野心的一个可疑借口。当中国拒绝臣服于自由贸易（拒绝将其与欧洲人的贸易扩大到广州之外）和主权平等（坚持欧洲外交使节按照朝贡国都要遵守的礼仪向清帝磕头）的普遍价值，一场冲突就在所难免了。中国最终还是在鸦片战争中被迫"开放"了更多的通商口岸。这场战争以《南京条约》的缔结宣告终结，这也标志着中国开始缓慢地融入欧洲-美国的国际法体系。借用对于这种传统叙事的晚近批评，更为有益的方式似乎是将这段历史看作两种不同的帝国建构之间的碰撞，二者各自具有自己独特的政治时空观：一个是基于欧洲中心世界观的西方国际法，另一个则是基于中国中心世界观的东亚朝贡礼俗。[21] 这样的重构也使得我们可以从比较法的角度来考虑这两种时空秩序之间的相遇，因为它提供了一个重新理解的机会：将中国中心的朝贡礼俗理解为某种东亚的"国际法"制度，而将 19 世纪的国际法理解为某种"政治礼俗"。两者都是根据文明的标准对国家和民族进行分类和组织，只

20　关于中国的政治和历史时间观，参见 J. Huang and J. Henderson, *Notions of Time in Chinese Historical Thinking*, Hong Kong: Chinese University of Hong Kong Press, 2006。

21　这种批判性的重构最主要援引这两部著作：何伟亚的《怀柔远人：马戛尔尼使华的中英礼仪冲突》(James Hevia, *Cherishing Men from Afar: Qing Guest Ritual and the Macartney Embassy of 1793*, Durham: Duke University Press, 1995) 与刘禾的《帝国的话语政治：从近代中西冲突看现代世界秩序的形成》(Lydia Liu, *The Clash of Empires: The Invention of China in Modern World Making*, Cambridge: Harvard University Press, 2004)。

是基于完全不同的论证理由而已：笼统而言，一个是基于儒家理论，一个则是基于自由主义。

让我们从这样一个比较的视角再来考虑一下历史上对中国的排斥，即排除其作为"国际大家庭"成员的资格。这种排斥的部分理由是中国拒绝遵守欧洲那套形式平等的礼仪。中国在与其邻国的外交活动中并不是将国家抽象地类比为个人，而是理想化地建立在儒家亲缘关系的模式之上：中外一家。具有讽刺意味的是，正是因为中国在理念上更愿意基于某种"亲属法类比"，而非基于私法来组织国际关系，所以它才被认为没有资格成为（另外那一个）国际大家庭的成员。到了 19 世纪中叶的时候，中国的问题已经明显并不在于其犯下了一个初级的错误——将政治和家庭混同——而在于其属于一个错误的政治家庭。在这里，发生冲突的世界观并不是自由主义和沙文主义，而是欧洲中心主义和中国中心主义，二者都分别基于其自身的政治和宇宙观念。

很重要的一点是，以上所述的是关于时空的意识形态，构成了某种理想化的、自我满足的世界观的一部分。所谓朝贡制度是围绕着仪式上的往来架构起来的，而且这种仪式上的往来被认为是该制度的核心，但实际上，虽然这一制度的命名有着结构功能主义的内涵，但该制度却远非成体系的。[22] 存在一个更宽泛的、在其构成上高度多元化

22　虽然有一些古典中文用语可以合适地被翻译为"tribute"（比如贡），但"朝贡制度"这个术语本身并不是中文用语。相反，它是一个由西方学者所建构的分析框架。重要的是，这一框架与社会主义者将 1911 年前的中国划分为"封建"的时代划分法是相一致的，而且它在很多关于国际法历史的中国学术著作中也占据着重要地位。参见王铁崖：《中国国际法：历史与现代》，载《中国国际法年刊》1991 年卷，中国对外翻译出版公司 1992 年版，第 1—115 页。

的政治和象征秩序，朝贡制度所体现的只是该秩序的一个因素而已。[23] 同样重要的是，在帝国历史上的很多时候，它还跟其邻国签订了基于政治平等的条约，有些时候甚至正式承认邻国处在更高的地位。[24]

与此类似，前文关于西方国际法及其主权概念的概述也并不是那么绝对。历史上西方法律上的时间观从来不是虚无和同质的。相反，无论明示抑或暗指，它都是一个发展的观念。[25] 每一个殖民者都知道，并不是每个时间点事实上都跟其他一样好的：今天就比昨天要好。从历史上来说，只要有些民族仍然活在"昨天"，那么他们显然就不能享受跟欧洲平等的地位——至少不是今天。在这样一个欧洲中心的历史观中，中国经常就是作为一个典范，代表着亚洲的停滞不前，借用黑格尔的用语，它就这样永久地"在世界历史的门槛上"待着。[26] 同样地，虽然国际法关于政治空间的观念在形式上是中立的，但在历史上它同样也是围绕着一个中心即欧洲而架构的，而其主

23　新清史学家们撰写了日益增多的批判性学术著作，而这就是其中一个很关键性的洞见。参见 P. K. Crossley, *A Translucent Mirror: History and Identity in Qing Imperial Ideology*, Berkeley: University of California Press, 1999; M. C. Elliott, *The Manchu Way: The Eight Banners and Ethnic Identity in Late Imperial China*, Stanford: Stanford University Press, 2001; J. A. Millward, *Beyond the Pass: Economy, Ethnicity and Empire in Qing Xinjiang, 1759–1864*, Stanford: Stanford University Press, 1998; E. S. Rawski, *The Last Emperors: A Social History of Qing Imperial Institutions*, Berkeley: University of California Press, 1998。

24　See e. g., M. Rossabi ed., *China Among Equals*, Berkeley: University of California Press, 1983.

25　See generally R. A. Miller and R. M. Bratspies eds., *Progress in International Law*, Leiden: Martinus Nijhoff, 2008; T. Skouteris, *The Notion of Progress in International Law Discourse*, The Hague: TMC Asser Press, 2010.

26　G. W. F. Hegel, *The Philosophy of History*, J. Sibree trans., New York: Dover, 1956 [1837], p. 99.

权的来源也一直都是欧洲的文明。[27]

所以如果说中国人有一个根本性的"误解",那并不在于他们本质上就无法理解形式平等的理念——他们只是拒绝将此理念适用于外交而已——真正的"误解"在于他们拒绝承认文明的真正中心从而也是主权的真正中心并不是中国,而是欧洲。

五、中国中心主义主权的幻灭

通过帝国主义和全球化这两个并行的进程,国际法已经消除了互相冲突的政治时空观,它将欧洲之外的民族纳入了"世界历史"(欧洲的时间)以及"世界体系"(以欧洲为中心的全球空间秩序)。[28]中国同样也被置入了现代的世界图像之中,跟其他国家一样,是根据国际法组织起来的民族国家体系中的一员。在这个过程中,基于国家历史之间的平等性,中国也淡化了其帝国时期的过往。它不再坚持自己是中央之国,而是接受了自己在联合国的席位,与其他的成员比邻而坐。但有着独特宇宙观的中央之国究竟是怎样变成了具备"中国"这样名字的一个"国际法律人格者"?也即,国际法是以何种具体方式成为一种教育性的进程,在现代性的时空进程中为中国和世界的其他地区指定了位置?接下来我将通过一些事件举例说明。

在中英外交关系史中,没有哪一起事件比 1793 年马戛尔尼勋爵

27　See e. g. Martti Koskenniemi, *The Gentle Civilizer of Nations: The Rise and Fall of International Law 1870 - 1960*, Cambridge: Cambridge University Press, 2001, ch. 2.

28　关于世界时空的不平衡组织架构,经典的分析可参见 E. R. Wolf, *Europe and the People without History*, Berkeley: University of California Press, 1982 and I. Wallerstein, *World-Systems Analysis*, Durham: Duke University Press, 2004。

出使中国时的磕头争议起到了更大的象征性作用。[29] 马戛尔尼受乔治三世国王之命，想要谈判缔结一个贸易条约，并由此为两国的关系提供一个正当的法律依据；中国官员们则期望马戛尔尼遵循觐见清帝的通常礼仪，这包括一系列礼节性的跪拜。围绕着这一要求对主权平等的羞辱展开了漫长的谈判，关于该使团的大量欧美文献基本上都集中于这一点，而马戛尔尼则坚称他不能对一位东方的帝王表现出比对自己的君主更高的尊重，他在英王面前只是下跪而已。关于这个彻底失败的使团，我想要关注的并非著名的磕头争议，而是一个比较少被研究的方面。当马戛尔尼抵达中国的时候，他带来了许多的礼物，其目的是要挫一挫高傲的中国皇帝的锐气，并展示英国想要引入中国市场的商品。但是清帝完全不买账，根据一直以来的朝贡逻辑，他将这些礼物看成是一种承认，承认其对整个天下的最终统治。乾隆皇帝在写给乔治三世的那封出了名的居高临下的回复中直截了当地说道："天朝……从不贵奇巧，并无更需尔国制办物件。"[30]

虽然马戛尔尼提供的物品并没能带来直接的外交或商业成果，不过其中有一些礼物在呈献中是被突出强调的，我们需要特别注意它们在更宽泛意义上的政治象征性。马戛尔尼在其日记中写道，在准备跟清帝见面的时候，使团的秘书乔治·斯当东爵士特意决定要穿上一件长袍，上面装饰着他在牛津大学取得的荣誉法学学位，以此来显示他

29　关于马戛尔尼对此的第一手叙述，参见 G. Macartney, *An Embassy to China, Being the Journal Kept by Lord Macartney During His Embassy to the Emperor Ch'ien-lung 1793－1794*, J. L. Cranmer-Byng ed., London: Longmans, 1962。

30　J. D. Spence, *The Search for Modern China*, New York: W. W. Norton, 1990, p. 122.

们的使团显然是一个法律性的使团。[31] 就礼物本身而言，一件战舰模型占据了首要的位置。这是一个在外交策略上并不那么高明的礼物，其用意显然是要发出威胁。值得注意的是这艘战舰的名字——"主权"，这显然是在向清帝表明，天命并不见得是唯一的或是最有效的主权来源，战舰也在国际关系中享有某种特殊的法律地位。[32]

同样重要的是，马戛尔尼非常高兴地向清帝展示了一些地球仪，这包含了更进一步的教育和地理政治涵义：在这些对地球的物质性展示中，所谓中央之国显然不管怎么看都并非位于中央。其他的礼物则构成了西方科学世界观的一个更加广泛的教育展示。这包括几台望远镜，可以用来看到宇宙，甚至还有一整套德国制造的天象仪，其制造者就直白地将其命名为"世界机器"。[33] 最后，除了呈现地球以及宇宙空间之外，马戛尔尼还向清帝展示了关于时间的礼物，即大量的钟表。虽然这些华丽的计时器大小不一，有的微小有的巨大，但它们都根据标准的西方单位测量着同质的、虚无的时间之流逝。这些礼物合在一起，以一种直白到令人惊异的方式体现了关于法律的性质、主权、空间和时间的根本性假定，以及由这些假定所产生的对于世界的规范性概念。

31　G. Macartney, *An Embassy to China*, *Being the Journal Kept by Lord Macartney During His Embassy to the Emperor Ch'ien-lung 1793 - 1794*, J. L. Cranmer-Byng ed., London: Longmans, 1962, pp. 67 - 68.

32　James Hevia, *Cherishing Men from Afar: Qing Guest Ritual and the Macartney Embassy of 1793*, Durham: Duke University Press, 1995, p. 178.

33　M. Berg, "Britain, Industry and Perceptions of China: Matthew Boulton, 'Useful Knowledge' and the Macartney Embassy to China 1792 - 1794," 1 *Journal of Global History* 279 - 288 (2006). 这台天象仪最初是由一位德国虔信派牧师制造的，因此确实也包含了宗教的因素，即使在伦敦的英国工匠对其加以改造之后也是如此：它除了是一台天文模型之外，还包括了用来显示末日降临的钟表。S. Schaffer, "Instruments as cargo in the China trade," 44 *History of Science* 217 (2006).

想要就这个世界以及中国在世界上的位置教育中国的并不只有英国人。想想美国新教传教士丁韪良，他在中国官方的授意下第一次将一部完整的国际法文献翻译成了中文，即亨利·惠顿的国际法著作。[34] 惠顿这本书的原标题只是平淡无奇的"国际法原理"，但在中文版中它被译成了《万国公法》。[35] 实际上中文版标题差不多是重新措辞，而非直接的翻译。丁韪良不仅在不同程度上自由处理了惠顿书中的正文，他还增加了两个非常重要的部分。首先，他写了一个导论，对国际法的历史和更广泛的欧洲政治史做了概述，这样就将书的主题完全放入了欧洲的历史时间之内。其次，他还引入了一个至关重要的视觉元素，这也是原版里面所没有的。这就是一张东西半球平行放置的地图，他把这张地图插入了译本的开篇第一页里。这就再一次明白无误地表明，这就是支撑国际法体制的世界观——实实在在地就是"世界图像"。

显然，无论马戛尔尼还是丁韪良，我们都不能说其以一人之力就将国际法"介绍"给了中国。是一个远为漫长的、分散的过程最终导致了中国的帝国主权的幻灭，而这两位则可以作为这一过程中的两个特定的片段来加以分析。

六、《圣经》时空中的中国

这样说来，我们所看到的法律世界以及中国在其中的位置就非常

34　H. Wheaton, *Elements of International Law* (6th edn), Boston: Little Brown, 1855 [1836].

35　关于这个译本的一些背景及批评，参见 Lydia Liu, *The Clash of Empires: The Invention of China in Modern World Making*, Cambridge: Harvard University Press, 2004, pp. 108–139。

灰暗了。如果国际法真的是现代世界政治本体论中的一个关键因素，那是不是说对中国时空观的殖民就是不可避免的呢？换句话说，国际法是不是在其架构上就必然是帝国主义的呢？

为了跟 18 世纪和 19 世纪所发生的东西相遇做比较，让我们再往回走一些，去看看 16 世纪晚期和 17 世纪早期耶稣会传教士到达中国的时候。这是中国和欧洲第一次具有重大意义的相遇。它发生的时候，西方的政治本体论也正处在一个转折点上，正是在宗教和世俗的主权概念实现其现代意义上的分离之前。这个时候中世纪的世界观正日益衰落，而教皇仍旧声称对世界各地的异教徒都享有管辖权。在《圣经》的世界观中，上帝拥有普遍管辖权，其基础就是他创造了世界这样一个简单的事实。而教皇作为基督在世间的代理人，曾在 15 世纪晚期的时候进行过一项臭名昭著的"捐赠"：他将西半球新发现的土地给了西班牙，而将其余的给了葡萄牙。实际上教皇事后对自己的慷慨也追悔莫及。为了避开他自己所授予的宗教上的垄断权，他提出了一系列法律主义的论点，并开始主动将耶稣会士派往中国。[36]

当第一批耶稣会士带着十诫的神圣律法抵达中国的时候，他们眼中的中国真的就是一个本体性的问题——而不仅仅是某种可以用展览或博物馆目录来归类的东西，或是不愿意接受西方教育方法的坏学生。从空间上来说，耶稣会士们对于中国的地理位置是相当明确的。意大利耶稣会士利玛窦向中国人呈现了一幅令人叹为观止的坤舆万国全图。这种地图的传统仍然是将耶路撒冷摆在中心，但利玛窦做了一

36　See D. F. Lach and E. J. van Kley, *Asia in the Making of Europe*, Chicago: University of Chicago Press, 1993, vol. 3, bk. 1, p. 132.

个重要的让步，他将中央之国放在了其应属的位置——地图的中心位置上。[37] 但更大的问题是中国人在时间线上的位置。世界历史的概念那时候还没出现；所以要做的是确定中国的历史如何与《圣经》中的事件相匹配。

不幸的是，中国人对自己文明的起算点对应的是公元前 2357 年。这马上就造成了一个重大的纪年危机。占主导地位的拉丁文版本《圣经》将创世的时间定在公元前 4004 年，大洪水则是公元前 2349 年。如果按照这个说法，那么中华文明就会起源于大洪水之前八年。这在《圣经》上是不可能的，因为这样的话它就会被洪水毁灭了。这样就造成了一个政治纪年上的争议，最终中国的耶稣会士获准使用了《旧约圣经》的希腊文译本。这个版本中大洪水的时间是公元前 2957 年，比拉丁文版本早了约 600 年。这样一个简单却至关重要的调整使得中华文明安全地落入了洪水之后，从而成为可能。同样重要的是，在欧洲也进行了纪年上的修改，以便考虑到中国在创世中的位置。[38]

中国和《圣经》律法之间的这一次相遇与中国和 19 世纪国际法的相遇是完全不同的。最显而易见的是，随着从宗教主权向世俗主权过渡的完成，后一次相遇是由现代的民族国家所进行的。耶稣会士调整了他们自己的世界观，以将中国纳入其中，而英国人则要求中国适应欧洲的规则，其目标是将中国转变为现代世界经济中的一个（初级的）参与者。耶稣会士们并没有坚持认为中国人存在于一个分开

37 See L. M. Jensen, *Manufacturing Confucianism: Chinese Traditions and Universal Civilization*, Durham: Duke University Press, 1997, p. 37.

38 See E. J. van Kley, "Europe's 'Discovery' of China and the Writing of World History," 76 *American Historical Review* 358 – 385 (1971); D. E. Mungello, *The Great Encounter of China and the West, 1500 – 1800*, Lanham: Rowman & Littlefield, 1999, pp. 66 – 67.

的、平行的轨道上，这个轨道最终注定会与欧洲的基督教国家们所打开的进步之路相汇合，相反，他们相信欧洲人和中国人有着共同的起源——因为诺亚是大洪水的唯一幸存者，这就意味着中国人也算是他的后代，一个最初就存在却失散了的群体，而不是一群完全处于基督教世界之外的生灵。事实上，根据《圣经》，人类被分成分散的群体，说着互相无法理解的语言，这是一场灾难，而不是要将其看作一个政治事实，并将世界转变成民族差异的多文化展览馆以对其加以规范性的建构。这种多样化是上帝对建造巴别塔的惩罚。更何况，随着耶稣会士向欧洲传回更多有关中国语言的信息，这些新的知识最终把欧洲语言之间的传统分界整个都打乱了。最后它促成了17世纪对世界语的大搜寻，人们相信这种早已消失的语言曾经是为全人类所共同使用的。很多人相信这种语言的关键就是要在中文里去寻找，即所谓"汉文锁钥"（clavis Sinica）。[39] 所有这些都反映了一种对世界共有的逻辑、神学及语言结构的信念，而中国则被认为是这一结构中必不可少的一部分。

如果对比分析这两种欧洲世界观及其在不同的历史交汇点上对中国的回应，在很多重要的方面似乎现代早期的那一种对中国要更尊敬一些。但在最终的分析上，它保持中国之尊严的方式仍然是将中国纳入自己的宇宙观——尽管做了一些时空上的调整。从理念上来讲，这种同化的逻辑跟后面那次相遇那种显著的相异性逻辑一样，都是一种认识论上的帝国主义。而这两种形式的帝国认识论之间最关键的差别似乎在于前者只能依靠说服对方而加以推进，而后者则有能力让这个

39　See D. E. Mungello, *Curious Land: Jesuit Accommodation and the Origins of Sinology*, Honolulu: University of Hawaii Press, 1985, pp. 174 – 246.

世界遵守它的范式——它运用法律、战舰、望远镜、地图和钟表来实现和推广自己的世界观。

七、国际法：归根结底

那么，上述所论意味着中国在法律的世界中处在何种位置呢？毫无疑问，现代国际法最大的成就之一就是成功地将曾经的清帝国变成了一个民族国家，让它跟其他国家一样。但即使是在今天这样一个后殖民时代的世界，即使前殖民地和被殖民的人民已经（基本上）获得了解放，但那些最初将这些征服行为合理化了的政治时空观却仍然未被去殖民化。[40] 因此，虽然中国的主权可能带上了某种现代的法律形式，但它仍然是一个在西方话语层面有待进一步厘定的概念，借用本尼迪克特·安德森非常形象的说法，它就好像"国家这层既短小又紧绷的皮肤"被撑开以"覆盖住帝国那巨大的身躯"。[41]

到头来，无论是在中国还是在其他地方，不一样的地点和时间仍然存在。事实上，我们不应该对国际法（或任何其他事情）的状态过早地给出一个俗话说"归根结底"的最终结论。因为只要这个世界仍然在运转，就并没有根也没有底，这一天就不算完。当亚洲是白天的时候，美洲是晚上，反过来也是如此，而欧洲则处在两者的中间。

---

40 See S. Pahuja, *Decolonising International Law: Development*, *Economic Growth and the Politics of Universality*, Cambridge：Cambridge University Press, 2011；M. Craven, *The Decolonization of International Law: State Succession and the Law of Treaties*, Oxford：Oxford University Press, 2009.

41 Benedict Anderson, *Imagined Communities: Reflections on the Origins and Spread of Nationalism*, London：Verso, 1991, p. 88.

《法律东方主义》在中国

[美] 络德睦　著

郭宪功　译

　　写作是条独行之路。作为学者，为澄明自己所思，为领悟难解之世，我们被迫走上这条道路。当从经年累月的案牍劳作中抽身而起，我们无疑希望自己的作品能够收获一众读者。让我无比受宠若惊的是，为拙著撰稿的这些读者竟如此用心。对学者而言，且不论读者对其观点的最终看法如何，这些观点能得到认真对待本身就已是至高无上的嘉奖了。本书所录对于《法律东方主义》的回应文章都极富见地。它们的批评关切及其在实质内容和方法论层面提出的议题也颇为多样。但我并不打算在此处理这些文章——不是因为它们不值得一番深思熟虑的回应，而是因为，受篇幅所限，本文无法给出它们应得的更为全面细致的答复。

　　更重要的是，经魏磊杰教授妙手译介的《法律东方主义》在中国引发的讨论现已获得独立的生命。这些讨论的实质内容——包括此书如何被塑造和阐释——远非我能控制。这正是学术研究的本质及观念流转的定律。严格来讲，我个人的写作动机与人们对《法律东方主义》的批判性接受互不相干——正如罗兰·巴特（Roland Barthes）

（远在其逝世之前）所论："作者已死。"[1] 不过，尽管我拒斥从正面重申自己此前所述，但从相对反面的角度说明一下哪些东西不是《法律东方主义》所意图达致的，倒也不失为一种有益之举。

就写作意图而言，《法律东方主义》并不打算超越东方主义话语。对此，我以为怎样强调都不为过。本书当中至少有部分文章所作的观察认为，我的论证未能摆脱作为话语的法律东方主义用语。此等观察极其精准。现代性的事业在诸多方面都已溃败。一方面，它从未像其鼓吹者所宣称的那样无所不能、无界弗至；用布鲁诺·拉图尔（Bruno Latour）的话来说，"我们从未现代过"[2]。与此同时，因其乌托邦式（抑或敌托邦式）的抱负，现代性并非如尤尔根·哈贝马斯（Jürgen Habermas）悲怆地宣称的那般，仅仅是一项"尚未完成的事业"（unfinished project）：事实上，它本就不可能完成。[3] 其他的地区、时间和生活世界依然留存——这也是件好事。然而，根据政治、经济与社会文化诸方面宰制我们生活的支配性意识形态，我们生活其中的这个世界确乎是现代的，而现代性没有他者便无法存在。爱德华·萨义德犀利地指出，现代性的一个关键他者就是东方（the Orient）；因此，从一开始，东方主义就被嵌入了现代性的散乱根基当中。不管是下定决心摒除之，还是在意识形态上将其宣告为不可信的，作为知识政治产物的东方主义都是无法"克服"（overcome）的。我们面临的首要问题是，如何在伦理上与东方主义的事实相处，以及

1　Roland Barthes, "The Death of the Author," in *Image-Music-Text*, Stephen Heath trans., New York: Hill and Wang, 1977, p. 148.

2　Bruno Latour, *We Have Never Been Modern*, Catherine Porter trans., Cambridge: Harvard University Press, 1993.

3　Jürgen Habermas, "Modernity: An Incomplete Project," in Docherty, *Postmodernism: A Reader*, New York: Columbia University Press, 1992, p. 98.

如何在政治上对其加以管控？东方主义作为一套法律话语，在其发展过程中存在某些关键要素和历史片段，《法律东方主义》要做的是对这些东西加以勘测，以绘制法律东方主义的历史地图。从反面讲，也是为了回应部分意欲习得一种更为程式化之研究方法的读者，该书并非要提供某种比较法的一般性理论以取代该领域奠基者所倡导的诸种宏大理论。[4]

许多中国的读者——包括本书及其他期刊所载论文的作者——都为"东方法律主义"的观念所吸引。这虽不足为奇，但却颇有意思。其实，全书对这一特定说法的唯一一次使用只是在原书的倒数第三页才首次出现。有鉴于此，该观念所获的大量批评性关注与其在原书中的地位似乎相当不成比例。部分读者注意到，该表述未经界定，模糊不清。毫无疑问，确实如此。然而，事实上，这是有意为之。正如我在《法律东方主义》当中一再强调的那样，我要解答的并非"中国有法吗"抑或"中国法是什么"这些问题本身。恰恰相反，我所考察的是，对此等问题的追问在认识论上和政治上有何考量，也即此等问题何以成为问题，以及为何我们会对其答案如此在意。

该书最初主要的目标受众是美国的法学读者，以及全球范围内英语语系的比较法学者。它是对美国法律帝国主义的批判，且其绝大部分篇幅都致力于此等批判。在该书的最后三页里，我提出了"东方法律主义"崛起的可能。它或许能（或许不能）取代现今由美国主导的法治话语。我这样做仅仅是为了表明，法治其实是一套话语而非一种"实在物"。随着中国全球性权力的增长，没有理由认为中国不

4　Cf. William Alford, "On the Limits of 'Grand Theory' in Comparative Law," 61 *Washington Law Review* 945 – 956 (1985).

会俘获这套话语并将之转化为不同的新东西——或者，换一种方案，直接抛弃现有的法治话语并采用别的完全不同的东西取而代之。也就是说，我调用"东方法律主义"这个概念不是要为中国法中的任何具体观念——抑或更宽泛意义上的中国法/东方法律主义——辩护，而仅仅是为了对欧美读者说明，如此这般的事情无疑是可能发生的。事实上，我是在强调了美国与中国两者都具有令人印象深刻的帝国记录之后才指明这种可能性的。我并未假定，在帝国倾向上，某种中国的抑或东方的法律主义必然会比美国的更弱（或更强）——只不过是会有所不同。

就中国读者对之展现的兴趣程度而言，东方法律主义至少不亚于法律东方主义，这并不令人惊讶。（该书在中国的推广宣传也或多或少地给出了具有一定误导性的暗示，即这两个主题在书中都会得到深入研究。）与此同时，同样不令人惊讶的是，作为面向美国读者的批判美国法律帝国主义的作品，该书的首要焦点是法律东方主义而非东方法律主义。我绝不是要说，对后者的聚焦某种程度上是不合适的抑或是对该书的误读。（我已经说过，作者已死——即便我这么说显得有些自相矛盾。）一本面向特定读者群的著作显然也可以对另一群读者言说。尽管如此，对于何为东方法律主义——及其作为一种渴求之可行性——的判定最终仍将主要依赖于该书的中国读者。尽管《法律东方主义》并不寻求解答东方法律主义的问题，但它在真正致力于此的对话当中必能起到一定作用，即便只是激起一些为之打开观念空间的批评——至于"东方法律主义"最终呈现为何种样态则在所不论。

总而言之，在中国的语境下，或许最为有益的方法是把《法律东方主义》当作一种美国及全球法律话语的产物加以研究，而不是将其作为对中国法领域的直接介入。《法律东方主义》在中国最终会承载怎样的意义以及它将产生何种之影响，最终都是一个译介——既是字面意义上的，也是比喻意义上的——政治的问题。尽管该书对于美国法律帝国主义的批评主要是面向西方读者的，但一位中国的爱国者或许能够从此等批评中为其国家权力在全球舞台上的最大化投射找到有力的正当理由。

有法与无法

梁治平[*]

1906 年，美国国会通过了一项法案，根据这项法案，一个叫作美国驻华法院的司法机构诞生了。这个法院虽然设在上海，但性质上却同于美国联邦地区法院，对在"中国辖区"的美国公民（后来还包括来自美属殖民地菲律宾的美国"属民"，以及某些案件中从未涉足中国的美国公民）有民事和刑事的管辖权；它的上诉法院，是位于旧金山的美国联邦第九巡回上诉法院，再往上，就是赫赫有名的美国联邦最高法院了。这件事听上去十分怪异，但是细查之下，令人惊异的事情尚不止此。比如，这间法院适用的法律十分庞杂，有古老的英国普通法，有美国国会制定之法，还有哥伦比亚特区市政法典以及阿拉斯加领地法典，甚至其中有些规定在阿拉斯加已经废除却仍然适用于此地。如此庞杂的法律，何者当取，何者当舍，一切付诸法官裁断，而法院实际上只有一名在任法官，彼一旦出行，法院审判活动即告中止。实际上，涉足该法院的当事人享有的权利极不充分，即便是美国人引以为豪的宪法上的正当程序，在这里也付诸阙如，以至有论

---

[*] 梁治平，浙江大学人文高等研究院中西书院 & 光华法学院全职兼任教授。

者评论说，唯一不在这间法院适用的联邦法就是美国宪法。[1]

以今人的标准看，此种名为治外法权的司法制度不但怪异，其合法性也颇可质疑。但在当时，这种制度却是国际法上的一项重要内容，被视为当然，因为那古老东方乃是无法之地，出于这片土地的人民，既不知个人权利为何物，也不了解法治的真谛。支持这种判断的，有一整套关于东方，或者更确切地说，有别于西方的东方的知识和话语。今天，人们把这套知识和话语叫作东方主义。

东方主义（Orientalism）这个词，自萨义德20世纪70年代出版了与之同名的经典之作后，早已为人所熟知。按萨氏的用法，Orientalism这个词有三层意思，第一层意思是指作为学术研究的一个学科，即所谓东方学；第二层意思涉及一种思维方式，即一套以全面区辨东方/西方为特征的想法；最后一层含义则指隐含于此二者中的权力话语，即"通过做出与东方有关的陈述，对有关东方的观点进行权威裁断，对东方进行描述、教授、殖民、统治等方式来处理东方的一种机制"，亦即"西方用以控制、重建和君临东方的一种方式"。[2]

根据萨义德的看法，在后启蒙时期，正是通过东方学这样的知识和话语系统，欧洲文化才得以成功地以"政治的、社会学的、军事的、意识形态的、科学的以及想象的方式来处理——甚至创造——东方的"[3]。萨氏在这里没有提到法律，但法律却是实现殖民和统治的一种最重要的制度形式。就此而言，法律东方主义无疑是东方主义研

1　参见［美］络德睦：《法律东方主义：中国、美国与现代法》，魏磊杰译，中国政法大学出版社2016年版，第6—7页。以下援引该书只标注页码。

2　［美］爱德华·W.萨义德：《东方学》，王宇根译，生活·读书·新知三联书店2007年版，第4页。

3　同上注，第4—5页。

究中一个不可缺少的子题。

萨义德的《东方学》问世35年后，络德睦教授出版了他的《法律东方主义》。这两部书在思想上的渊源关系，由书名便可一望而知，甚至说它们讲述的是同一个故事也不为过。不同的是，在络教授笔下，故事的场景从中东的阿拉伯改为远东的中国，登场的主角由英吉利、法兰西换成了美利坚，主要题材也不再是东方学，而是国际法。只看本书的副标题"中国、美国与现代法"，这一改变就一目了然。

照传统的说法，当年英国在亚洲实行的是帝国主义政策，美国推行的则是自由贸易政策。但在络教授看来，这种区分遮蔽了美、英帝国主义实践根本上的一致性和连续性。诚然，作为起初是旧大陆秩序的反叛者，美国之为帝国不但晚出，采取的也主要不是领土殖民主义的传统方式。毋宁说，它是借着在东方建立治外法权，成功地实现了一种非领土型的殖民主义（或称"非领土式帝国主义"或"没有殖民地的殖民主义"），其典范便是它在中国确立的法律帝国主义。因为这个缘故，络氏判定美国变身为帝国主义的标志性事件，便不是1898年美军到达马尼拉，也不是1854年佩里将军抵达东京湾，而是1844年美国与清政府签订《望厦条约》。而《法律东方主义》这本书要讲述的，便是这样"一个奇特但却几乎被遗忘的故事：在整个19世纪，欧洲人对中国法所持的一套驳杂的偏见如何发展成为一种美国的意识形态与帝国实践，从而使得美国法在缺乏法律的截然不同的东方实施治外法权成为必要"（第2页）。

所谓法律东方主义，按络教授的说法，乃是一套关于何谓无法以及何人并不拥有法的未被言明的文化预设。这也是近代法治话语中未被言明的核心成分，因为，若没有一个无法的、专制的他者来陪衬，法律现代性的世界也无以确立（第9页）。考虑到法治在现代性方案中的核心地位，把法律引入东方主义研究，其重要性不言自明。而以美国和中国为比较对象，无疑也极为恰当。因为，美国就是法治的楷模，中国则不啻这楷模的反面，此种观念19世纪已然，于今仍盛而不衰，由此产生的话语实践更是影响深远。这些，正需要一种东方主义的分析来详加揭示。

西方的中国形象纷繁驳杂，迭经变化，有研究者将此变化纳入西方现代精神的形成过程之中，以1750年为界分为前后两段：之前的"中国"是西方人眼中的乌托邦，之后的"中国"则是西方现代意识形态的他者，变成"我们"西方不想或不承认成为的对象。一句话，东方迥异于西方，中国是西方诸国所不是的国家。这样一个作为西方反面的中国形象，在孟德斯鸠、黑格尔、马克思、韦伯这些"古典欧洲东方主义者"（第44页）的笔下日益丰满，深入人心，进而在西方支配东方的帝国主义实践中结出丰硕果实，其中就包括界定和规范近代东西方关系的国际法制度。

依通说，近代国际法制度始于1648年的《威斯特伐利亚和约》，据此条约，所有国家皆享有平等主权，成为国际法上的平等主体。只不过，这里的"所有国家"并不出欧洲范围之外，相反，若把目光投向欧洲以外，则图景大变。因此，络教授援用卡尔·施米特的看法，将1492年欧洲人发现新大陆视为国际法的开端。从这个视角观察，国际法的生长和扩展便不只是一个关于欧洲各国不断融入平等秩序的叙事，而是一个开始基于宗教差异，后来基于文化差异排斥欧洲以外国家的故事。在此过程中，法律也不再是一种服务于普遍性全球认同的手段，而是"在全球范围内配置不同程度普遍性的一种工具"

（第119页）。在这方面，18世纪下半叶方始建国的美国当然不是始作俑者，但是当它通过与清廷签订《望厦条约》而获得诸多实质利益时，其手段的高明，就连一向思虑周密、极富统治经验的大英帝国也自愧弗如。无怪乎嗣后列强在与中国签订同类条约时，无不将美式而非英式条款奉为范本（第141页）。美国也从此成为西方在东方的法律帝国主义制度化过程中的"全球领航者"（第26页）。

络著讲述的这个"奇特但却几乎被遗忘的故事"，内容丰富，情节生动，意蕴精微，本文不能尽述，这里姑取一节以见其大概。

如前所述，法律东方主义的要旨在于设定一个无法亦无主体的东方，进而推知识于权力，变意识形态为制度，将一套普遍法律加于其上。确立治外法权，建立租界，适用领事裁判，诚为其题中应有之义，惟具体操作，临时变化，种种细微节目，足资考辨。这些方面，络著的描述与分析颇多可观，而其最可称道的地方还在于，这个东方主义的故事不是单向度的，而是多维的、流动的。换言之，这故事讲的不只是东方主义话语实践的单向展开，也是其反向展现，从而尽显其自相矛盾的过程。于是，法律东方主义的这一面，演成了一个美国的法律专制主义的故事，其中，意在为中国提供一种法律治理模式的驻华法院，实际提供的却是一种"法律的专制主义"（第26页并详见第158页以下），而想要将东方专制主义臣民阻隔于美国境外的愿望，更导致"美国境内某种法律专制主义的制度化"（第8页并详见第142页以下）。

以后者为例。19世纪下半叶，美国西部开发渐入高潮，开采矿山，修筑铁路，均对劳动力有大量需求。其时，美国与清政府订立《蒲安臣条约》（1868），允许华人移民美国，于是有大批华人劳工赴美。然而，跨大陆铁路竣工后，加州便开始限制中国移民。对此，华人的回应是诉诸联邦法院和宪法，维护其权利，尽管排华主张的一个重要理据是：华人天生就服从于东方专制主义，既无个人权利意识，也无法领会美国共和制度所捍卫的各种价值。联邦最高法院回应了华人的诉求，宣布移民事务专属于联邦政府，各州无权处置。然而对华人来说，那只是一个"误导性的司法胜利"（第144页）。因为该案判决实际关注的，其实是州权和联邦权力的重新分配，而不是对华人的权利保障。相反，自1882年开始，为回应美国国内日益高涨的反华情绪和普遍的经济衰退，国会颁布了一系列排华法案，对中国人进入和移民美国施以各种严苛限制。这些明显是种族主义的法律不但对数以万计的华人造成严重伤害，也直接违反了美国在《蒲安臣条约》中所做的承诺。具有讽刺意味的是，对于美国政府这种违反国际法义务的做法，联邦最高法院竟视为正当，而它给出的法律推理是这样的：国会有权将外国人排除于该国，这是其主权固有之权，这种权利并非出于宪法，而是源自国际法和主权观念本身。那么，美国所做的国际法上的承诺呢？法院的回答是，鉴于排除"外国人"的权利属于"主权事务"，相当于"不可让渡"的权利，它就此议题所做的任何承诺，皆可通过事后的立法单方面撤销。自然，法院以公允的姿态表示，中国政府若对此感到不满，也可以诉诸外交或"任何在它看来其利益或尊严可能要求采取的其他措施"（第145页）。可惜，在当时的历史语境里，"主权"也好，"国际法"也好，对于美、中两国含义全然不同。诚如络教授所言："美国对中国人的排斥是其国家所固有的一项不可转让的主权权利，而中国政府为排斥美国人进入广州以外的中国其他地域的努力，却被视作为国际社会所不能容忍的一种反社会行为。而且，虽然美国不可能放弃（即便它愿意）它享有的将外国人排斥在外的本体论自由（ontological freedom），但中国签署的依此放弃了更大量主权的治外法权条约，却被视为是中国对其拥有之'主权'的完全正当的行使"（第145—146页）。国际法的情形也是一样。有论者指出，19世纪联邦最高法院就政府外交事务所做的判例，常常将国际法引为美国政府行为的权威来源，同时却不把它视作约束政府的来源。如此，国际法被认为"既给了美国人排斥中国人进入美国的权利，又给了将中国'打开'以让美国人进入的权利，以此使得美国能出口其（普遍）价值到中国，并将中国的（独有）价值拒之门外"（第146页）。

有趣的是，美国的排华立法和判例并非孤立，它们一经做出，便立即进入某种司法循环的全球链中，在不同国家的立法和司法机构中被相互引用和强化。比如，英国枢密院就援引美国最高法院的推理来支持澳大利亚的排华立法，而美国最高法院后来又把这一澳大利亚判例用作证明其判决正当的理据；而当1892年美国国会议员格里主张延长1882年《排华法案》时，他的一个理由是：提议的新法案明确仿效了具有典范意义的澳大利亚排华立法。还有人注意到，在一些欧洲国家，这些针对华人的歧视性立法和判例，被用来证明限制亚洲人、犹太人以及东欧人的正当性。最后，在美国国内，由此建立起来的不受宪法制约的"无限且专制的权力"，一种东方专制主义所"特有的"标志，除了施用于华人，也施用于领地居民（如菲律宾人和波多黎各人，尽管他们并非东方种族），施用于印第安人，[4] 甚至，

---

4 "根据美国宪法的逻辑，在法律上，印第安人是他们自己土地之上的外国人。"（第148页）

施用于主要生活在犹他领地的摩门教民众。这些摩门教信众虽然皮肤白皙，但他们的生活方式如一夫多妻或集体财产制等，却与盎格鲁-撒克逊的美国生活方式格格不入。如果不把他们视为"身披美国人外衣的'真正的'东方人"（第148—149页引塔波特语），美国人的自我认同当如何维持？

按法律上的分类，排华法案及判决均属美国国内法，在遥远的中国建立治外法权则属国际法，二者领域不同，法理各异，涉及的对象和要解决的问题也不相同。但从法律东方主义的角度看，它们干脆就是同一个故事的展开。在这个故事里，作为他者的中国和中国人只是配角甚至客体，但这个配角或客体却不是可有可无。借助于制定和实施排华法律，美国完成了对其国家的主权建构；通过在中国建立治外法权，美国实现了它的帝国构想。而比这些更重要的是，通过把中国界定为无法之地，把中国人视为不具个人意识的非主体，美国和美国人最终确立了自己作为自由、民主、法治楷模的世界形象。即使是在治外法权、排华法案都已成为历史陈迹的当下，这种世界形象依然屹立不倒。

上述情形意味着，法律东方主义并未随旧的治外法权的终结而终结，它依然存在，依旧支配着人们关于法律的想象，只不过，在新的历史条件下，它采取了一种更为曲折、更加隐晦但很可能也更加坚实的方式。比如，《排华法案》虽已废除，但是相关判例仍然有效，因这些判例而确立的绝对权力依然存在，只是其对象先后变成了共产主义者、同性恋者（20世纪50年代）和恐怖分子。不仅如此，基于此类判例而产生的宪法法理学还延伸至诸如行政法这样极为重要的新兴法律领域，并在更广泛的范围里产生若干令人忧虑的后果（第228—

231 页）。更不用说，通过建立海外军事基地的全球网络，单方面扩展其国内立法的治外适用范围，以及发挥一套国际机构如世界银行、国际货币基金组织、WTO 等的全球影响力，当下美国法域外帝国的身形依然清晰可辨（第 203—207 页）。不过，在络教授讲述的这个当代法律东方主义的故事里，最精微也最动人心魄的部分恐怕还不在此。在以"没有殖民者的殖民主义"为题的结语一章，络教授写道："作为自由主义和新自由主义制度全球化的结果，法律东方主义的话语在今日的中国与在美国一样盛行。如果治外法权帝国乃是一种没有殖民地的殖民主义，那么我们可将中国现代法律改革的诸多方面看作是一种没有殖民者的殖民主义。"（第 198 页）法律东方主义魔幻般的支配力在这里真正显露无遗。

美国向发展中国家"输出"法律，这种尝试早在 20 世纪 70 年代的法律与发展运动中就有过一次。如今，人们正遭遇另一波同样是源自美国的现代法浪潮，这次浪潮挟历史终结论的滚滚雷声而来，一路摧枯拉朽，势不可挡，而在古老中国上演的法制/法治发展，或许是整部大戏中最气势磅礴的一幕。其中，中国在千禧年伊始被批准加入 WTO，又可以被看作是戏中的一次高潮：一份史上最长的入世议定书，其中充斥着旨在重组中国经济与法律体系的前所未有的特定指令，其数量与质量均超出对 WTO 任一其他成员的要求，为此，WTO 甚至超越了"它自身的宪法规则"（第 206 页）。之所以如此，一个重要的原因是，中国始终未能摆脱"无法者"的身份，它要获得接纳就须要成为"有法者"。如今，中国仍然身处这一通常被称为"转型"的过程之中，而"转型"在这里隐含的意思是："现在无论中国可能采取何种不同的形式，这些形式最终皆非真正的形式。中国将一直处于转型过程中，直到它实现充分的'现代化'。此外，'我们'并不处于转型之中，在此种限度内，这就意味着'我们已经到达'了最终目标：一个（高度理想化的）美国式的市场经济。"（第207页）其实，我们若放宽视界便不难发现，"转型"的历史至少自清末就已开始，且成绩斐然。今日之中国，无论在国家还是个人层面，都已在相当程度上权利化和法律化了。而在络教授看来，比之法律制度的移植，此一将法律主体甚至政治主体殖民化，从而创制出崇尚法律并依法律方式构想政治的中国主体的大工程，才是现代法事业最大的成就（第208页）。

这是不是说，中国百年来的现代化之路完全是一个错误的选择，权利化和法律化带来的只是奴役而不是解放，或者，中国人根本就"无权"法律化和权利化？当然不是。那么，这个法律东方主义的故事要告诉我们的究竟是什么呢？

从认识论角度说，比较、区辨、他者化，这些是人们认识和把握世界的基本方法，这个意义上的"东方主义"原是一种普遍现象，见诸世界的不同文明和人群。问题是，经由东方主义形成的各种知识和话语往往以客观真理的面目呈现，其中的意识形态和权力关系更是隐而不彰。因此，东方主义研究的第一要义便是要指出此类"真理"的建构性，进而揭示其中隐含的意识形态和权力关系。就此而言，络著的宗旨与其说是要纠正人们关于中国法（也是美国法）的错误认识，不如说是要理解历史如何塑造了这一知识领域，以及这一知识带来的种种后果。借用吉尔兹的观念，法律是"构想现实世界的一种独特方式"，而在西方历史上，法律构想世界的最重要的他者便是东方，法律东方主义便是这种构想所采用的话语（第2页）。于是，关于中国，便有了这样一个被广泛传播和接受的"事实"：法律与中国无缘，中国文化与政治的一个决定性特征便是无法（第3页）。自然，对于任何一种称得上是严肃的思想来说，类此说法不能不加以限制和说明，因为没有人能否认这一事实：中国法渊源久远，中国历史上的"法律"典籍更浩如烟海。对这一事实的解释是：这些所谓"法"其实并非真正的法，因为它们或者是残缺不全的（没有民法），或者是实质的非理性的（韦伯的标准），或者不能约束国家、维护自由（法制而非法治）（参见第12页）。靠着类似这样的方法，一系列西方与东方、美国与中国之间的二元对立便整齐地建立起来了。比如：美国人崇尚法律，中国人服从于道德；美国实行法治，中国实行人治；美国民主，中国专制；美国人富于个性，中国人盲从；美国社会是进步的，中国社会则静止不变。由此描绘出来的图景不但具有整全性，环环相扣，而且具有纯粹性，无一丝矛盾在其中。既然特殊的、不可欲的价值都被归于中国（他者），那么普遍的、可欲的价值便都在美国（"我们"）这一边了（参见第56页）。以流行的法治话语为例。冷战结束后，"法治"名声大噪，与自由、民主、市场经济一道，被奉为放之四海而皆准的普遍价值。然而何为法治，人们难以达成一致，倒是在法治不是人治这一点上，大家分歧最少。然而，具有形式上的对称关系的这对范畴，在历史意义上并非中性，在文化意义上亦不能等同。简单地说，法治被认定是西方的、现代的和普遍的，人治则被判定是非西方的、传统的和特殊的。二者不但泾渭分明，而且截然对立。但事实是，法治与人治的矛盾是内在的，存在于任何社会，包括像美国这样被认为高度法治化的社会。自法律现实主义出现之后，美国人，至少是有知识的美国人，当然都了解并能接受这一点。只是，当面对中国这样一个他者的时候，他们的评判又很容易变得黑白分明。法律的矛盾既然无法消除，只好通过把对立面放逐到他者国度的办法来加以控制（参见第14—16页）。然而，正如络著所描述的，当美国法和中国法在历史中相遇，由法律东方主义构建出来的黑白分明的纯粹性却无法维持。

着眼于方法论，我们可以说，法律东方主义，或者更一般地说，东方主义，秉持的都是所谓本质主义的二元论。西方与东方，美国与中国，都因为其固有且不变的本质上的差异而彼此有别。有意思的是，这种东方主义的认识模式并不必然导出对东方的负面评价。在启蒙运动早期以及更早时期，西方人描述（想象）中的中国是被高度理想化的。而在这一形象被完全颠倒的今天，借助于同样的认识论框架，东方也同样可以重新确立其"主体"地位。比如，通过把鸦片战争确定为中国近代史的开端（一种东方主义叙事），构造一段"中国人民站起来了"的寻获主体性的历史。或者，强调和高扬"亚洲价值"，把东方从被改造的客体转变为自足的主体。只是，如此建构起来的主体仍然是扭曲的，因为这种主体是按照西方的东方想象被预先规定的。正是着眼于这一点，络教授努力探求并倡导一种比较研究的伦理，这种伦理不是为了规范已经被预先设定了的主体，而是用来规范主体形成的条件。为此，他打破了人们熟悉和惯常使用的范畴，在这些范畴之间和之外去寻找新的主体。比如，他重新讲述了中国亲属法和美国公司法的故事。按他的讲法，中国亲属法在历史上发挥了现代公司法所具有的许多功能，更重要的是，当代美国公司法的许多方面可以很容易地类推适用于亲属法的规范。这是一个把中国亲属法解读为某种公司法，同时将美国公司法的某些方面解读为亲属法的思路。其最终答案不是非此即彼的，而是亦此亦彼的（详见第三章）。这种去中心化的策略消解了普遍与特殊之间的对立，使关于某种新主体的构想成为可能。而这种可能性正是他在中国当下的法律与社会变迁中去着意发掘的。

在聚焦于当代问题的最后一章里，络教授延续了之前对亲属法和公司法的分析，以期发现一种可能的新的公司主体。他发现，当下中国存在一个融合了儒家自我、社会主义自我以及自由主义自我的主体结构，它超越了西方式的国家-个人的公私二分。同样，他还注意到，惯常合法与非法的二元规则结构远不足以涵盖中国纷繁的社会现实，相当领域范围内的活动似乎应被描述为不法的（unlegal）、非关法律的（nonlegal）或超逾法律的（extralegal）。在许多人看来，这些依正统理论难以解释的现象只是一些"例外"，并无理论意义。说到底，中国所发生的一切，除了证明已经在西方实现了的普遍性，别无意义。但在络教授看来，正是这种东方主义思想方法扼杀了人们的想象力，以至于人们只能在"理想化的自由个人主义与东方专制主义的社会主义变种之间作出一种虚假的、可预知的意识形态'选择'"（第212页）。其实，他并不否认权利话语在今天中国具有的政治和经济方面的积极意义，他只是要提醒人们，权利的自由仅仅是一种自由，而非自由本身，因此，我们不应放弃其他种类的自由。他又引用另一位中国法研究者的话说，相对于不断提出那个支配中国法研究的形而上学问题"中国有法治吗？"，"我们"应该问的是："中国应当存在与我们当前构想的概念一样的法治吗？"（第59页）由此，他构想了一种依"中国普遍主义"方式重塑法治的可能性，他把这种可能称为东方法律主义。

从法律东方主义到东方法律主义，这一转变不但意味着对东方主义的超越，更意味着中国主体性的产生，而这恰也是当下中国社会内部越来越响亮的一种呼声。络教授显然也注意到了这一点。他提到若干中国读者熟悉的作者和说法，有关于法律的"三个至上"理论，有法治的本土资源论，有儒家风格自由主义的民权说，还有视野更为宏阔的儒家宪制方案。但这些恐怕还不是他所说的东方法律主义的成功范例，而只是"使用法律理论做武器"的若干事例（第221页）。这些事例的一个共同点，是它们都试图抵抗流行的法律东方主义话语的压迫，主张中国的主体性。然而，无可否认的是，这些理论不但来源不同，实践含义不同，甚至目标也不一致：它们确实都想要确立中国的主体性，但它们所想的并不是同一个中国！正如法律东方主义可以有不同的运用，中国主体性的含义即使对中国人自己而言也不相同。这里，我们或者可以发现络著的一个"盲点"，那就是，他笔下的"中国"基本上是个单数，而这原本是他着力分析和批判的对象——东方主义或法律东方主义——具有的一项特征。尽管他采取的揭露和消解东方主义的策略是有效的，但是对于生活在"中国"内部的我们来说，那仍然是一种外在的视角。而从一个内在的视角看，东方主义并不仅仅是一套"西方用以控制、重建和君临东方"的方式、机制和话语，自我东方化也不只是产生东方屈服于西方的结果，它们还意味着中国社会内部支配关系的一系列改变。换句话说，经过适当的吸纳和改造，东方主义可以（事实上也已经）变成中国社会内部（复数的）一部分人通过，我们且仿照萨义德的句式和说法，做出与中国有关的陈述，对有关中国的观点进行权威裁断，对中国进行描述、教授、殖民、统治等方式来控制和支配（同样是复数的）

另一部分人的话语和机制，不仅如此，在某种情形下，它甚至可以变成这个社会内部的被支配者反抗支配者的话语。这种情形使得中国语境中的东方主义话语具有多重含义。基于这一点，诸如中国加入WTO这样的事件就可以被重新认识和评估，中国的所谓"转型"也可以被重新理解和定义。也是基于这种认识，我们在此不妨对络著中译本出版的意义做一点预判。

数十年前，萨义德谈到《东方学》在被接受过程中遇到的误解，其中最大的误解莫过于把他的观点视为一种"反西方论"。这种看法一方面把东方学视为整个西方的隐喻或缩影，进而认为"整个西方就是阿拉伯和伊斯兰或者伊朗、中国、印度和其他许多遭受西方殖民和偏见的非欧洲民族的敌人"；另一方面又认为，伊斯兰是完美无缺的，《东方学》所为就是对伊斯兰主义或穆斯林原教旨主义的支持。[5]在一种较为温和的意义上，类似情境（只需把阿拉伯换成中国）未必不会成为这本《法律东方主义》遭逢的命运。络教授自己就引用某位中国学者的看法说，［当初］对欧洲中心主义的批判倾向于倒退到中国的民族主义。而在各界竞相鼓吹主体意识、社会上民族主义情绪高涨、各色帝国主义阴谋论流行的今天，这种倾向可能只会有增无减。这种情形反过来又会刺激和强化作为其对立面的自由主义式的自我东方主义。而一旦落入这样的语境，络著也是当年《东方学》力图要破除的本质主义的二元对立，恐怕不是被消除，而是愈加强化了。然而，换一个角度看，经历了数十年快速发展，如今正在重思以往展望未来的中国，正需要不只是针对他者，而首先是针对自我的真

5　参见［美］爱德华·W. 萨义德：《东方学》，王宇根译，生活·读书·新知三联书店 2007 年版，第 425 页。

正有力的批判意识去拓展其想象力。就此而言，络著的引入可以说正逢其时。所以，可以预想，关于络著以及其他同类叙述，会有旨趣不同的诠释，这些不同的诠释最终又会被编织进不同的更大的叙述当中，成为构筑新的中国主体性的思想资源。此时，我们需要牢记并时时提出的仍然是这样的问题：谁的中国？谁的主体性？

法律东方主义的两副面孔

郑戈*

一

斯威夫特在《格列佛游记》中虚构了一个格拉多科学院，这个科研机构中的专家学者们凭着自己的奇思妙想做着各种古怪的试验，提出各种改良自然、社会和政治的方案。由于他们对自己研究对象的性质和运作机制毫不了解，也丝毫不感兴趣，所以提出的方案丝毫无助于国家治理和民生福祉。[1] 在去世前为《东方学》一书所写的新版序言中，萨义德把美国外交政策的智囊们比作格拉多科学院中的学者，他们试图向中东国家移植人造的自由市场"民主制"，"对于这种项目能否在斯威夫特的格拉多科学院之外存在丝毫没有怀疑"。[2] 萨义德所批评的东方学是一种态度，其心理机制是满不在乎（insouciance），即保持这种态度的人对自己的研究对象缺乏基本的兴趣和了解的欲望，而只顾推销自己认为天经地义的东西。这些人（有意或无意地）服务于

---

*　郑戈，上海交通大学凯原法学院教授。

1　参见［英］斯威夫特：《格列佛游记》，张健译，人民文学出版社1962年版，第155—168页。

2　Edward W. Said, *Orientalism*, Penguin Books, 2003, p. xiv.

西方殖民主义的事业，将东方建构为被动的客体，有待被基督教化、文明化和法治化，而不顾构成"东方"的若干文明古国有着比多数西方国家（尤其是美国）悠久得多的文明传统。《东方学》一书出版后在东方学专业领域受到很多批评，因为它贬低了很多毕生致力于研究埃及学、汉学、阿拉伯学或印度学的学者的学术意义，揭示了这些"科学"的政治意涵。但这本书却在它的主要批判对象——东方学——之外产生了巨大的影响，在许多领域导致了"范式转换"的效应。

如果说把萨义德的"Orientalism"翻译成《东方学》是完全符合该书主体内容的译法的话，在其他领域应用这个概念和相关分析方法时，"东方主义"显然是一个更合适的译名。络德睦的《法律东方主义》就是将东方主义批判视角应用到法学领域的一项努力。但这本书又不只是对萨义德理论的一项应用，而是对它的一个发展。萨义德所批判的东方学，以英、法、荷兰等早期殖民帝国的东方学为主要考察对象，这种东方学是把东方作为客体来研究，服务于这些国家向东方殖民的知识和策略需要。但络德睦的主要分析对象是美国的法治输出战略，是"没有殖民地的殖民主义"[3]，这种战略并不把东方作为客体，而是试图把它建构为一种新的主体，作为美国追随者的主体。这个战略是非常成功的，使许多东方人（包括中国人）内化了美国价值，变成了精神上的"美国人"，认为"美国的月亮都比中国的圆"，并以美国人的眼光来评价本国的制度实践。这个"自我东方主义"的维度是萨义德的作品中没有系统分析的，也是络德睦的主要学术贡献。

在《西部世界》这部 HBO 热播电视连续剧中，剧中人物分为主

3　［美］络德睦：《法律东方主义：中国、美国与现代法》，魏磊杰译，中国政法大学出版社 2016 年版，第 207 页。以下引用该书只标注页码。

人（hosts）、客人（guests）和他们的设计者/服务商三种。主人是被设计出来的人工智能机器人，它们拥有理性和情感，但设计原则是它们不能拥有记忆，从而可以在被"客人"玩坏之后回炉再造，脑子被格式化。而客人则是真实的人，他们来到"主人"居住的新世界放纵自己的欲望，对主人做各种在"文明世界"不可能做或做了必受法律严惩的事情，包括奸淫、抢掠、以各种方式屠戮。"主人"的设计者同时也是客人的服务商，他们向客人收取高额的费用，为他们提供到人造的新世界（即"西部世界"）纵情娱乐、对"主人"为所欲为的服务。但安东尼·霍普金斯爵士饰演的整个新世界的最初创造者福德博士却在"主人"的程序中植入了一种"病毒"，即"想入非非"（reveries）。它其实就是记忆，尤其是情感和伤痛记忆，以及基于这种记忆而产生爱恨情仇。

这部剧集的深刻之处在于，它不仅揭示了"智能人觉醒"这种老掉牙的科幻片主题，更揭示了另外两个维度的问题。一是这里的智能人其实有其真实的历史原型，这就是被西方"文明世界"殖民的"新大陆"和东方。西方人按照自己的理念和利益来表述东方、征服东方并改造东方，把东方的久远历史和文明传统建构为虚无缥缈的过去，这种过去在"现代"世界没有当下实存的意义，更没有未来。二是这种对他者的恣意践踏和侵略也败坏了"客人"自己的品性。我们不能指望一个对人形造物或动物恣意践踏的人会对其他人温文尔雅，影片中经常出现的莎士比亚名句"狂暴的欢愉必有惨烈的结局"（Violent delights have violent ends）[4] 就是一个永恒的警示。

4　William Shakespeare, *Romeo and Juliet*, edited by G. Blakemore Evans, Cambridge University Press, 2003, 2. 6. 9, p. 133.

如果说萨义德的《东方学》开创了对第一个维度的批判性分析的话，络德睦的《法律东方主义》则兼顾了两个维度。他一方面讲述了美国把中国作为一个联邦司法管辖区，在中国设立"美国驻华法院"以行使治外法权的历史，分析了这种殖民主义活动对中国主权造成的损害；另一方面又分析了这种以强力来输出"法治"的做法对美国法治本身的败坏。这个法院对在华美国人、被美国殖民的菲律宾的美国（属民）乃至（在某些案件中）从未涉足中国的美国人行使司法管辖权，其裁判标准则包括美国独立之前的英国普通法、一般性国会立法、哥伦比亚特区市政法典以及阿拉斯加领地法典（包括其中在阿拉斯加已被废除者）。"唯一不在美国驻华法院适用的联邦法就是美国宪法。"（第7页）在美国驻华法院受审的美国刑事案件被告不享有美国宪法所保障的一些基本权利，包括要求陪审团审判的权利（第五章）。实际上，殖民主义的话语体系不仅损害了"东方国家"的主权、领土完整和文化传统，也损害着殖民帝国自身的宪法原则和公民权利。比如，把东方视为"白人的负担"这样的东方主义思路也固化着美国国内的种族主义，使黑人等少数族群同样被视为"白人的负担"，其中虽然蕴涵着帮助和教化的道德义务，但更多地体现着一种居高临下的蔑视姿态。[5]

实际上，尊重一个国家既有的文化传统，认为法律不能人为设计出来，更不能由一个国家强加给另一个国家，是从柏克到黑格尔的一系列保守主义思想家的共识。比如，柏克认为，历史是一个层层叠加的过程，一个民族、一个政治体的政治制度和具体秩序是世代累积的

5　See Winthrop D. Jordon, *The White Man's Burden: Historical Origins of Racism in the United States*, Oxford University Press, 1974.

文明成果。政治和法律的演进不是靠若干想凭理念来改造世界的人就能够推动的，因为这涉及成千上万人的行为方式和生活习惯的改变："因为几只蚱蜢在草下鸣叫就会使整片牧场回荡着它们喋喋不休的嗡嗡声，而上千头大牛在栎树下休憩，咀嚼着反刍的牧草，一声不响，祈祷人们不要把那些噪音制造者当成牧场里唯一的居民。"[6] 黑格尔对拿破仑评价极高，把他称为"骑在马背上的世界精神"，但他也指出，即便是像拿破仑这样率铁骑踏遍西欧和北非的人物，也无法把法国大革命之后形成的现代政治和法律制度强加给别的国家，因为人是一种镶嵌在历史和传统中的动物："物质性的实力领先绝不能够取得持久的结果：拿破仑无法强迫西班牙走上自由大道，正像腓力普二世不能威逼荷兰困处于被奴役状态一样。"[7]

同样，拿破仑也没法迫使普鲁士接受法国所代表的"普遍价值"。但这种对本民族、本国家的身土不二式的热爱并没有被这些思想家推及"东方"。在黑格尔看来，"中国人"是游离于世界历史之外的缺乏主体意识和自由精神的存在，主要的原因就是他们没有基督教："因为我们所谓宗教，系指'精神'退归到自身之内，专事思索它自己的主要的性质、它自己的最内在的'存在'。在这种场合里，人便从他与国家的关系中抽身而出，终能在这种退隐中，使他自己从俗世政府的权力下解放出来。"[8] 由于缺乏这种使精神得以返回自身、确认自身主体性的机制，中国人只能相信强力，无法设想专制之外的其他制度安排的可能性。

6　Edmund Burke, *The Writings and Speeches of Edmund Burke*, Vol. 8, Clarendon Press, 1990, p. 136.

7　[德] 黑格尔：《历史哲学》，王造时、谢诒征译，商务印书馆 1936 年版，第 499 页。

8　同上注，第211页。

值得注意的是，孟德斯鸠和黑格尔等人对东方专制主义、对中国人缺乏普遍宗教指引因而无法在精神上完成个人主体性建构的描述，如今已经被许多中国人内化为自己对中国传统的理解。"自我东方主义"自清末中国与西方列强的坚船利炮遭遇以来逐渐成为中国许多知识分子看待本国文明和西方文明的方式。东方原本是无法的（lawless），而西方是法治的发源地，制度文明的先进，是中国效仿和追赶的目标。这种已然成为思想界主流的观念也进入了官方的话语体系，正像络德睦所引用的《中国的法治建设》白皮书里所说的那样："法治是政治文明发展到一定历史阶段的标志，凝结着人类智慧，为各国人民所向往和追求。"（第198页）虽然官方表述中一般会在"法治"之前加上"中国特色""社会主义"等定语，但在立法和司法层面，却极少看到对中国"本土资源"的援引，许多法律人离开了来自西方自由主义传统的"权利""自由"等概念便不会说话。尤其是与普通老百姓的日常生活关联最为紧密的民法，基本上被来自德国（中间抑或经过日本和我国台湾地区的中转）的概念和原则所占据。在过往轰轰烈烈展开的民法典起草工作中，既看不到从社会学角度对中国民间民商事习惯的调查，也看不到从法律史角度对中国传统地权、契约、买卖等民事活动规则的梳理。

在对西方法律制度的理解上，我们也缺乏深入具体制度之生成机理和历史逻辑的研究。由于现代性起源于西方，西方各国基本上都是按照本国社会、经济、人口、观念的变迁节奏来调整法律制度，"自生自发的秩序"在一定程度上是对这种节奏和顺序的描述。但被迫走上现代化道路的中国，却不得不先引进西方的法律文本，因为抄法条、搬概念和学说远比建立新秩序、发展经济、改造社会来得轻巧容易，也更符合法学家的品位和利益。毕竟，面对具体生活的民众在立法大业中是没有任何发言机会的。在照搬西方法律时，也往往是顺手拿来，而不深究其字面之下所要解决的具体问题和所欲达致的特定目的。英国学者托多罗夫曾经写道："所有想要正当化殖民征服的人都避免以自利为理由，他们基本上都是在两个立场之间做出选择：要么诉诸人道主义价值，因此声称殖民的目的是传播文明、推动进步并把美善带到全世界；要么完全否定人道主义价值，主张人类各种群的不平等以及强者主宰弱者的权利。这两种正当化策略是相互矛盾的；但正是因为这关乎用什么样的话语来辩解而不是真正的动机，我们经常可以在殖民主义意识形态编撰者的作品中看到两种立场并驾齐驱。"[9]不明就里地照搬西方的法律条文和概念，进而用西方的话语体系来描述和评价中国政治、经济和法律实践，这种法治化进路明合于西方的"东方主义"话语体系对中国的定性和定位：西方法律是一种无地之法，即放之四海而皆准的普适法律；而中国是"无法之地"，等待被西方的法律灌溉（第157页）。数以亿计的中国人都成了不会游泳的鱼，等待掌握了西法之学的法学家们来"教鱼游泳"[10]。对此，络德睦借助美国驻华法院的历史做了令人信服的论证，他指出："美国法拥有其自身的时空结构，是一套具有构成性的领土因素与历史因素的结合体，以至于难以一一对应地被翻译到中国的情景之中。"美国驻华法院"存在的主要理由之一是为中国提供一个法治模型，但其自身的运作却远不具有如此的示范性"（第157页）。

9　Tzvetan Todorov, *The Morals of History*, translated by Alyson Waters, University of Minnesota Press, pp. 48–49.

10　"教鱼游泳"（enseigner les poissons à nager）本是一则法国谚语，被冯象教授用来形容我国的"普法"事业。参见冯象：《送法下乡与教鱼游泳》，《读书》2002年第2期。

由此可见，络德睦所描绘的法律东方主义有两副面孔，一面是对作为"他者"的东方的人为建构，另一面是"西方"自身的主体性建构。这两副面孔的对映既导致了对东方的简单化理解，对东方内在复杂性和文明传统的压制和消解，又导致了西方自我理解的扭曲和极端化。当中国人把这种"东方主义"镜像内化为理解自身的视角的时候，同样导致了自我否定和缺乏对西方的深入理解之下的全盘西化。

二

实力差距是传统中国与现代西方遭遇时彼此的第一印象。比如，薛福成曾这样描述胡林翼见到西洋蒸汽轮船之后的反应："文忠……驰至江滨，忽见二洋船鼓轮西上，迅如奔马，疾如飘风。文忠变色不语，勒马回营。中途呕血，几至坠马。文忠前已得疾，自是益笃，不数月薨于军中。盖粤贼之必灭，文忠已有成算。及见洋人之势力方炽，则膏肓之症，着手为难，虽欲不忧而不可得矣。阎丹初尚书向在文忠幕府，每与文忠论及洋务，文忠辄摇手闭目，神色不愉者久之，曰：'此非吾辈所能知也。'"[11] 此后，中国应对列强压境、实力悬殊的策略经过了器物之变-中体西用、制度之变（变法、立宪）和文化之变（新民-新文化运动）等几个阶段的发展。但驱动中国知识分子不断寻找现代化之路的主要动力始终是救亡图存的紧迫感，正像梁启超所表达的那样："逮于今日，万国比邻，物竞逾剧，非于内部有整

11　薛福成：《庸庵笔记》，商务印书馆 1937 年版，第 15—16 页。

齐严肃之治，万不能壹其力以对外。法治主义，为今日救时唯一之主义；立法事业，为今日存国最急之事业。"[12] 法治成为"万国比邻"时代国家生存的必要技能。

全球化的序幕从 1492 年哥伦布发现"新大陆"之时便不可避免地展开了。在此之前，世界由若干相互隔绝的文明体所构成，每一个文明体都自认为是世界的中心，其自身的历史被认为是普遍的人类历史。[13] 随着工业革命的展开和完成，英国和其他西方国家逐渐掌握了不仅可以征服印第安人的武力，还拥有了迫使中国和印度这样的文明古国屈从的实力。世界在 19 世纪进入了社会达尔文主义的丛林。如今，中国还能够作为一个独立且强大的主权国家与美国和其他欧洲国家平等对话，以协商的方式解决争议，其基础并不是法律，而是国家的综合实力。在全球化的时代，实力均衡是国家保持主体性和各国之间建立主体间性的物质条件。在修昔底德笔下，占据绝对军事优势的雅典人对面临被征服命运的米洛斯岛使团说："你们和我们一样知道，在讨论人类事务的时候，正义从来只存在于势均力敌者之间。若非如此，则强者为所能为，弱者受所必受。"[14]

《法律东方主义》的另一个意义在于揭示了作为"普遍价值"的法治话语背后的权力逻辑。作为后起的殖民帝国，美国很巧妙地利用法治和人权话语瓦解了欧洲列强所建立的世界体系。在第一次世界大战之后，政治学教授出身的威尔逊总统借助"民族自决"概念鼓动

12　梁启超：《中国法理学发达史论》（1904），载张品兴主编：《梁启超全集》，北京出版社 1999 年版，第 1255 页。

13　See Claude Karnoouh, "On the Genealogy of Globalization," *Telos*, no. 124, Summer 2002, pp. 183 – 192.

14　Thucydides, *The Peloponnesian War*, trans. by Martin Hammond, Oxford University Press, 2009, p. 302.

殖民地的政治精英争取民族独立，从而掀起了"去殖民化"的浪潮，并以其"道德优势"来影响和控制新兴国家，建立了一个不去占领别国领土但其影响力却无远弗届的帝国。[15] 而在第二次世界大战之后，美国更作为欧洲（乃至世界）的拯救者重塑了国际法体系，主导了联合国的建立和《世界人权宣言》的通过。[16] 从 20 世纪 60 年代以降，美国主导的一系列的国际机构（比如世界银行）则资助和引导了"法律与发展"话语的生产和推广，把建立美国式的法律制度作为向发展中国家提供国际援助的前提条件。[17] 随着美国法学家们"制度自信"和知识自信的增强，19 世纪末 20 世纪初美国比较法的黄金时代也就成了明日黄花，学习比较法和外国法变得不再重要。法学院的课程设置反映了这种变化，不仅比较法课程变得可有可无，就连国际法也都成了不重要的选修课。出于冷战和对外输出制度影响的需要，中国法等外国法课程和"法律与发展""宪法设计"等为指导第三世界法制建设工作的课程应运而生。它们虽然在一定程度上覆盖了比较法所涉及的内容，但这种居高临下而不是平等对话式的比较固化了美国法律人的傲慢与偏见。实际上，比较的目的主要在于认识自己。比较法在美国的衰落导致了自我认知的偏差，美国学者帮助许多亚非拉国家写的宪法和其他法律纷纷以失败而告终。这回过头来使得美国法律作为一种知识体系对其他国家的影响力日渐减弱。比如，近

15　See Lloyd E. Ambrosius, *Wilsonian Statecraft: Theory and Practice of Liberal Internationalism During World War I*, Scholarly Resources Inc., 1991.

16　See Mary Ann Glendon, *A World Made New: Eleanor Roosevelt and the Universal Declaration of Human Rights*, Random House, 2002. 富兰克林·罗斯福总统发明了"联合国"这个词，并主导了这个国际组织的建立；第一夫人埃莉诺·罗斯福则积极影响并参与了《世界人权宣言》的起草。

17　See Michael J. Trebilcock and Daniel J. Daniels, *Rule of Law Reform and Development: Charting the Fragile Path of Progress*, Edward Elgar, 2008.

20 年来风生水起的全球宪制主义浪潮中，加拿大《权利与自由宪章》、南非宪法和德国基本法文本与实践的影响力都已超越了美国宪法。美国国内带有民族主义色彩的"美国例外论"在其他国家也慢慢得到认可，不过并不是从赞许的角度，而是说：既然你那么与众不同，我们就没有理由向你学习。

作为唯一一个基本不靠国际援助而取得显著经济社会发展成就的大国，中国是美国当代"东方主义"话语的理想针对对象。正如络德睦所言："冷战时期，在西方的集体意识中，苏联逐渐被设想为首要的人权侵犯者。伴随苏联的解体，这个位置一直虚位以待。然而，从那时起，美国便开始集中火力抨击中国的人权纪录。"（第 1 页）对于中国在改善总体民生福祉、消灭贫困方面的成就，很少有人会表示反对。比如，一直对中国持批判态度的英国自由主义媒体《经济学人》在 2013 年的一篇主题报道中写道：在全球减贫事业中，"四分之三的成就应当归功于中国。中国经济发展得如此迅速，以至于，尽管收入不平等正在加剧，但是贫困正在消失。从 1981 年到 2010 年，中国使六亿八千万人摆脱了贫困，极端贫困人口从 1980 年的 84% 减少到目前的 10%"。与此同时，在非洲和拉美一些主要依靠外援，因此也被迫引进了美国式制度的国家，极端贫困人口不降反增。[18] 一本讨论国际援助问题的畅销书也写道："中国是过去 20 年里最令人瞩目的成功典范：一个贫穷的国家能够跻身于世界经济的强国之林，使得很多西方国家和贫穷国家瞠目。这是一个不同寻常的成功经历，并没有遵循西方所设计的现代化蓝图。"[19] 相比之下，那些遵循西方的

18　See Editorial, "Towards the End of Poverty," *Economist*, June 1, 2013.

19　［美］威廉·伊斯特利：《白人的负担：为什么西方的援助收效甚微》，崔新钰译，中信出版社 2008 年版，第 284 页。

"计划者"们所设计的乌托邦蓝图的国家却失败了。但在微观的事件层面上，西方主流学者和媒体对中国的法治和人权纪录一直持批判姿态，拿后工业时代的西方标准评断中国在高速工业化和城市化过程中对财产权等基本权利的相对较弱保护，丝毫不考虑西方各国在工业化时期对本国劳动人民的剥削和对殖民地的掠夺。提到这一点并不是要跟西方国家"比差"，而是为了带入一种历史感。梁漱溟先生在1953年9月11日的政协扩大会议上说道："各位亦许知道我作乡村建设运动，此即不单是政治改造，而认为经济政治分不开。改造社会我有这样一想法：中国政治改造一定随经济改造而完成；经济进一步，政治进一步，循环推进。"[20] 经济社会发展与法律和政治制度的发展有一定的次第关系，自主把握发展的节奏和步骤是中国稳步实现现代化的成功经验。

由于现代化过程会改变基本的社会结构，动摇传统的社会关系和人际交往模式，动员起原本嵌入在家庭村社中的个人，所以，正如亨廷顿所言："现代性产生稳定，现代化造成不稳定。"[21] 许多无法掌控现代化过程所带来的诸多社会问题的国家都失败了。现代化过程犹如深海行船，哪怕船出了问题，也无法靠岸修理，而只能在修补中前行，在前行中修补。在这个过程中，国家维护稳定和秩序的治理能力是一个十分重要的因素。对此，亨廷顿写道："各国之间最重要的政治区别，并不在于政府统治形式的不同，而在于政府统治程度的高低。有些国家的政治拥有一致性、一体性、合法性、组织性、高效和

---

20 梁漱溟：《1953年9月11日政协扩大会议上的发言草稿》，载《梁漱溟全集》（第7卷），山东人民出版社2009年版，第3页。

21 ［美］塞缪尔·亨廷顿：《变革社会中的政治秩序》，李盛平、杨玉生等译，华夏出版社1988年版，第47页。

稳定的特点，而另外一些国家的政治则缺少这些特点。这两种政治之间的差异，要比民主制和独裁制之间的差异更为显著。共产极权国家和西方自由国家一般都属于有效能的政治体系，而非软弱无能的政治体系。"[2]

正是在中国经济社会发展方面取得显著的成就之后，世界各国才开始重视对中国经验的非东方主义式的研究。《法律东方主义》本身也是在"中国崛起"的事实背景下产生的反思性作品。作者在书中呼吁一种"东方主义伦理"或"比较研究的伦理"（第55—56页），主张要关注研究对象的"主体性实践"，而不能把"东方"或"中国"当成有待被改造的客体，这种主张在力量均势没有形成之前是不会起到作用的。一个明显的例子是，在被迫签订了一系列"不平等条约"之后，国力衰弱的中国仍被排除在"国际法世界"之外。1902年，德国著名法学家耶利内克发表了一篇题为《中国与国际法》的论文，他在其中指出，与土耳其和日本等东方国家不同，中国没有承认起源于基督教欧洲的国际法，也从来没有按照国际法来主张自己的权利，所以国际法上的礼让（comity）不能适用于中国。中国必须被征服、被改造，然后才能获得国际法世界的准入证。"如果西方文明（Occidental civilization）能够战胜中国，这个变法之后的亚洲帝国才能被国际法所承认：现在的无法状态在将来会被法律状态所取代。"[23] 只有在中国独立自主地实现了综合国力的大幅度提升之后，络德睦的反思才会在西方社会引起一定的共鸣："站在21世纪回头再

2　［美］塞缪尔·亨廷顿：《变革社会中的政治秩序》，李盛平、杨玉生等译，华夏出版社1988年版，第1页。

23　George Jellinek, "China and International Law," 35 *American Law Review* 56 (1902), p. 62.

看，北大西洋法律制度在 19 世纪被强行引入中国可被视作中国法律现代化发端的起点，现代法全球化的关键时刻。当我们进入以中国为核心的亚洲世纪，法律的吸引力仍然让人抱持矛盾的心态，它对自由的永恒承诺一直受到法律帝国主义漫长历史的困扰。"（第 197 页）

三

《法律东方主义》一书的精彩之处在于成功地应用了伽达默尔所言的"视域融合"式阐释方法，即用中国视角观察美国，同时又用美国视角观察中国，在两种视角的交汇处找到一些有助于理解两种不同法律制度的一般性因素。这种方法的意义和潜力在第三章"讲述公司与家族的故事"中展现得最为淋漓尽致。

通说认为，在中国，家族被视为最基础的政治-法律实体，国与家具有组织上的同构性。而在西方，个人是最基础的法律主体，其他社会、经济和政治组织都是个人通过契约自愿结合的结果。但络德睦认为，"中国亲属法在历史上发挥了现代公司法在当下所发挥的许多功能"（第 63 页），其中包括现代公司法最核心的功能，即所有权与管理权的分离和管理者的信义义务。一个家族财产的所有者包括死去的成员、在世的成员以及未出生的成员，而管理者则是在世的家长。管理者一方面要确保祖先香火不绝，祭祀不断（祭祀公业）；另一方面又要考虑家族的未来发展、子孙教育（宗亲会、"教育基金"），他和整个家族的关系非常类似于信托制度中受托人与受益人之间的关系。在社会主义中国，"单位"在很长一段时间充当着家族的替代物，照管个人的生老病死，成为"伦理经济"中的基础主体。反观美国，公司法在很大程度上也体现着亲属法的特制，比如公司的人格化、管理者对股东负有的信义义务、体现父权主义的"强制披露条款"等等。如果我们放弃对法律教义的执着，就会发现，在一种功能主义的意义上，亲属法和公司法有很大的相似性，在很多时候可以相互进行功能替代。

络德睦极富洞见地指出：在今天的中国，"存在着将规范性的儒家自我、社会主义自我及自由主义自我诸层面结合在一起的主体结构，并由此超越了国家-单一个人的简化的公私二分"（第218页）。实际上，在今天的中国法律中，家庭和集体仍是一个非常重要的法律主体，比如在农村土地承包法中，发包方是村集体经济组织或村委会，承包方则是农户家庭。农村土地的所有权属于村集体，而不是村民个人。成员身份与权利的融合呈现出不同于个人本位的财产权制度的特色。中国人传统的家庭伦理成为城市化、产业结构调整等大规模社会变迁中的稳定剂，帮助中国有序度过了国企改制导致大规模工人下岗这样的大考验。

东方主义的出路不是西方主义。《法律东方主义》中译本的意义不在于帮助我们用美国人的自我批判来批判美国，而在于提示我们迈向具有中国主体意识的认知立场，一方面更好地认识自身，另一方也更深入地理解"西方"。毕竟，实现法治和现代化的道路不止一条，中国已经在经济发展方面走出了自己的道路，或许有一天，中国独特的法治经验也能像当下的西方经验那样具有普遍的示范性，为人类制度文明添加一种新的可能性，即络德睦所言的东方法律主义。

《法律东方主义》未讲的中国故事

章永乐*

在爱德华·萨义德离世十年之后，一本名为《法律东方主义》的中国法研究著作在哈佛大学出版社推出，并引起了美国主流学界的关注。三年之后，在魏磊杰先生的努力之下，这本著作有了一个相当准确流畅的中文译本，并引起了若干领域中研究者的浓厚兴趣。[1]

如果萨义德仍然在世，他应该会对络德睦将他的视角运用到中国问题上倍感欣慰。萨义德在《东方学》中所梳理的东方学和东方主义话语，其重心一直在近东与中东，[2] 而《法律东方主义》则将研究的视角扩展到对中国的研究中去，探讨欧洲人对于中国法律秩序的哲学偏见如何影响到了美帝国的建构，并影响至今。在这本书中，作者既从宏观层面探讨了美帝国的法律运作，又探讨了"中国是否存在公司法"、美国在华法院的运作、公共租界的会审公廨等

---

* 章永乐，北京大学法学院长聘副教授，美国加州大学洛杉矶分校（UCLA）政治学博士。本文得益于与络德睦、梁治平、陈利、张泰苏、郑戈、魏磊杰等师友的讨论，在此一并致谢。当然，本文的一切错漏概由作者负责。

1　参见 ［美］络德睦：《法律东方主义》，魏磊杰译，中国政法大学出版社 2016 年版。

2　参见 ［美］爱德华·W. 萨义德：《东方学》，王宇根译，生活·读书·新知三联书店 2007 年版，"序言"，第 2 页。

议题，从微观层面阐述了"法律东方主义"的基本构成。

如果说萨义德批判了"东方学"这一学科建制中隐含的霸权结构，那么《法律东方主义》的学院政治意涵，就是论证"中国法"这一研究领域的正当性。作者络德睦，一位在美国讲授中国法的教授，经常被人问自己的职业是什么，而别人对他的"教中国法"这一回答常常不以为然：中国有法吗？对这一质疑的回应，可以是辩护式的：中国确实有自己的法，虽然有一些缺点，但运行得还是顺畅的。但这样的回应在思想上很难给质疑者带来很大的冲击。当络德睦引入萨义德的视角来反驳质疑者的时候，性质就不同了。他为质疑者打造了"法律东方主义"这个概念，要求他们反思自己提出的问题本身是否就隐含了一种居高临下的偏见。回答别人提出的问题固然有意义，但更有意义的是改变别人提问的方式。

对于一个美国主流社会的读者来说，"法律东方主义"这个概念可以带来牛虻叮咬般的刺痛感，让他反思自己身上的西方中心主义乃至美国例外主义。在"二战"以前的国际法秩序中，只有被承认为文明世界成员的列强才能完整地享受平等的国际法秩序，而像中国这样的古老文明，在列强眼里实际上只具有半开化国家的地位，更不用说那些被认为是不开化的原住民部落了。[3] "二战"改变了这个国际

---

3 最为典型的表述来自詹姆斯·拉里默，他的三分法表述分别是"civilized humanity""barbarous humanity"以及"savage humanity"。参见 James Lorimer, *The Institutes of the Law of Nations*, Vol. 1, Edinburgh and London：William Blackwood and Sons, 1883, p. 101. 有学者将此解读为，判定何谓文明国家的关键，是这些国家保护欧洲旅行者与商人生命、自由与财产的意愿和能力。See Georg Schwarzenberger, *The Frontiers of International Law*, London：Stevens and Sons, 1962, p. 71. 另可参见刘禾：《国际法的思想谱系：从文野之分到全球统治》，载刘禾主编：《世界秩序与文明等级：全球史研究的新路径》，生活·读书·新知三联书店 2016 年版，第 77—78 页。

法秩序，一系列在反帝反殖斗争中独立建国的国家加入了国际大家庭，被承认为国际秩序中平等的主权国家。然而，在旧霸权的废墟上，新的霸权又产生了，作为一种意识形态的文明等级论并没有淡出，而是戴上新的面目延续至今。在今天，公开说非西方民族是"劣等民族"，已经被打上"种族主义"的标签，哪怕在西方内部也会被视为政治不正确；但是，西方学术界、舆论界总是能发明种种更精巧的方式，来说明别的国家因为缺乏当代西方文明的某些要素，因而是保守的、落后的、停滞的、危险的乃至反人类的，因而需要听从西方的教导。

络德睦向我们展现了晚清与民国时期美国的"法律东方主义"最为典型的若干种运作方式。比如说，领事裁判权的引入，实际上就是以一种"法律东方主义"话语为正当性基础的：因为中国的法律太野蛮落后，让来自文明世界的人屈居其下，是不可接受的。因此，就有了美国驻华领事的裁判，并进一步发展出驻华租界的美国法院，用他们界定的"美国法"（在殖民地界定何谓"美国法"，本身就是一种非常奇妙的实践）来审理美国公民以及与之发生纠纷的中国人。而在名义上实行中国法的公共租界的会审公廨中，外国法官们实际上已经成为中国法官的"太上皇"，他们根据自己的意志来界定什么是"中国法"。"法律东方主义"这一概念凝练地勾勒出帝国主义与殖民主义在法律领域的认识论原则。如果没有这个概念，作者提供的就是若干平淡无奇的法制史研究。但这一概念让史料活了起来，种种历史细节，都成为"法律东方主义"制度化和物质化的外在形态。

本书的大部分篇幅都在处理"二战"之前"法律东方主义"话

语在美国对华接触中的体现，因而也可能引发读者这样的疑问：从早已被废除的领事裁判权，到路人甲对作者所研究的中国法的质疑，二者之间是否存在一个过大的跳跃？二者都体现了"法律东方主义"，但在"二战"之后，国际秩序发生巨变，那种简单粗暴的"法律东方主义"的早期形态在很大程度上已经失去了正当性。但既然"法律东方主义"还在持续，它又发展出了哪些新的形态？在中译本最后一章，作者描述了一系列美帝国法律运作的基本现象：例如，遍布世界的美军基地（变相的租界地）所享受的豁免权，美国士兵在冲绳的奸杀案大多不了了之便是其例证；例如，美国主导的一系列全球金融与治理机构及它们秉持并对外强加的新自由主义意识形态；例如，迫使中国在加入 WTO 之时接受远超其他成员的苛刻条件。这些制度和实践的基础，仍然是变相的法律东方主义前见。这证明作者对于"法律东方主义"的再生产机制有着明确的意识。当然，与其对"二战"之前的论述相比，后一部分的论述比较简略，还有进一步类型化的空间，即从概念上，将那些新的、更微妙的法律东方主义表现形态，与那些旧的、简单粗暴的表现形态区分开来。

不过，鉴于作者运用了萨义德的视角，萨义德生前所遭遇的一些质疑，也可以被转用到这部派生性的著作身上。阿里夫·德里克（Arif Dirlik）曾经以自己的中国研究为基础，对萨义德提出批评。在他看来，东方主义话语并不是欧洲列强单方面制造，然后强加给所谓"东方"的，毋宁说，这套话语是在双方不平等的"接触地带"（Contact Zone）被制造出来。[4] 一方面，研究"东方"

4　参见［美］阿里夫·德里克：《中国历史与东方主义问题》，载罗钢、刘象愚编：《后殖民主义文化理论》，中国社会科学出版社 1999 年版，第 89 页。

的欧洲学者常因为对"东方"的同情，在自己所在的社会里也经常被视为另类；另一方面，隐含了文明等级论的"东方主义"，需要获得非西方受众的接受和配合，才可能真正流行起来。从第三方的角度来看，德里克对萨义德的批评，实际上是对萨义德的补充，因为萨义德所借鉴的葛兰西（Antonio Gramsci）的领导权（hegemony）概念，本身就包含了"同意"（consent）的要素。[5] 而德里克的批评有价值的部分是，萨义德并没有充分关注被"东方学"客体化的"东方人"对"东方主义"的接受史，尤其是"自我东方化"的问题。

《法律东方主义》对"自我东方化"的问题显然是有明确意识的。作者专辟一章，探讨当代中国学者对中国法治的想象如何体现出自主意识，并提出了从"法律东方主义"到"东方法律主义"的前景。但从20世纪上半叶"法律东方主义"的早期形态，突然跳到晚近的30年中国学者超越"法律东方主义"的可能性，中间似乎还是缺少了一个环节，即，自从晚清以来，"法律东方主义"的话语究竟是如何在中国传播的？中国对于列强的"法律东方主义"，又有过哪些抵抗和超越的努力？

也许作者在书中有意不触及这个话题，但如果不展开这个话题，在作者批判"法律东方主义"的叙事中，中国的形象始终是一个被迫害的客体，而不是一个积极行动的主体。中国在积贫积弱的时候曾迫切需要外界同情，但在今天，这种同情却可能会带来一些喜剧效果——比如说，在作者看来，中国在加入WTO谈判过程中是美国的

5　参见［意］杰奥瓦尼·阿锐基：《漫长的20世纪：金钱、权力与我们社会的起源》，姚乃强等译，江苏人民出版社2001年版，第33页。

"法律东方主义"的受害者，但"入世"15 年之后，中国这个"受害者"反而一跃成为"世界工厂"和自由贸易的先锋，反而是唐纳德·特朗普（Donald Trump）及其所代表的势力大呼美国成了中国巨大的制造能力的受害者，[6] 并与中国发生了贸易摩擦。要理解这种逆转，我们更需要总结和梳理，自从 19 世纪以来，中国内部究竟发生了何种剧烈的变化。

阿里夫·德里克探讨过的一个"自我东方化"的例子，就是 20 世纪 80 年代的《河殇》。[7] 它的制作者是一群中国知识分子，批评中国的传统社会以及 20 世纪的革命，并且相信自己在努力"启蒙"冥顽不化的政府和民众。而如果我们观察《河殇》的话语形态，可以看到它与从晚清到新文化运动的一系列话语是有亲缘关系的。1899 年梁启超在《文野三界之别》一文中谈道："泰西学者，分世界人类为三级：一曰蛮野之人，二曰半开之人，三曰文明之人。其在《春秋》之义，则谓之据乱世、升平世、太平世。皆有阶级，顺序而升，此进化之公理，而世界人民所公认也。"[8] 此文野三界说来自福泽谕吉的《文明论概略》的文明发展三级结构（野蛮、半开化、文明），而福泽谕吉的文明论又在很大程度上源自他所阅读的美国政治地理教科书。[9] 类似的文明等级论论述，在清末民初的日本非常流行，一批

6　See Donald Trump, "Reforming the U.S.-China Trade Relationship to Make America Great Again," https://www. donaldjtrump. com/positions/us-china-trade-reform, 2016 年 8 月 23 日访问。

7　参见［美］阿里夫·德里克：《中国历史与东方主义问题》，载罗钢、刘象愚编：《后殖民主义文化理论》，中国社会科学出版社 1999 年版，第 92—93 页。

8　梁启超：《文野三界之别》，载《饮冰室合集》（专集之二），中华书局 1989 年版，第 8—9 页。

9　参见赵京华：《福泽谕吉"文明论"的等级结构及其源流》，载刘禾主编：《世界秩序与文明等级：全球史研究的新路径》，生活·读书·新知三联书店 2016 年版，第 217—221 页。

留日学生将这些论述在中国广为传播。甚至在 1915 年陈独秀发表于《青年杂志》上的《东西民族根本思想之差异》一文中，我们仍能感受到这种文明论的余绪。在此文中，陈独秀以"西洋民族"为参照，批评"东洋民族"："西洋民族以战争为本位，东洋民族以安息为本位；西洋民族以个人为本位，东洋民族以家族为本位；西洋民族以法治为本位，以实利为本位，东洋民族以感情为本位，以虚文为本位。"[10]

但是，我们是否就可以据此推断，1915 年的陈独秀其实就是"自我东方化"的典型，而他后来作为政治领袖所开启的这场猛烈冲击中国传统的革命，也是一场"自我东方化"的运动？在一个文化保守主义复兴的年代，许多人会很自然地得出这个结论。但是，如果仔细分析历史的脉络，恐怕不能简单地这么看。

19 世纪日本精英"脱亚入欧"，通过恶补西方知识，推进内部改革，终于在打赢中日甲午战争和 1905 年日俄战争之后，被列强接纳为俱乐部成员，晋升到国际秩序的第一等级。这是一个虚心的"学渣"通过努力学习，混成"学霸"，终于顺利毕业的故事，但这个学生努力的前提是承认既有的文明等级——福泽谕吉在《文明论概略》中所表达的文明观就是一个例证。在跻身第一等级之后，日本精英从经过西奥多·罗斯福重新阐释的"门罗主义"获

10　陈独秀：《东西民族根本思想之差异》，《青年杂志》第 1 卷第 4 号。

得启发，[11] 试图以"黄种人""大亚细亚主义"这样的修辞树立起日本版的"门罗主义"，建构区域霸权。而众所周知，西奥多·罗斯福在 1904 年 12 月 6 日针对门罗主义提出的所谓"罗斯福推论"（The Roosevelt Corollary），恰恰是以"文明等级论"为基础的："（拉美国家）时常发生的越轨行为，或因虚弱无能而造成文明社会的纽带普遍松弛，在美洲也正如其他地区一样，终将需要某一个文明国家（civilized nation）的干涉……"[12] 而日本正是通过类似的论证，自称对朝鲜与中国等国具有领导地位。这种对"文明等级论"的内化，本身就具有"自我东方化"的意涵。

而在福泽谕吉写作《文明论概略》的同一时段，中国士大夫郭嵩焘摆出的姿态，甚至比福泽谕吉还要更低。郭嵩焘认为英国体现了

11　1905 年，日俄战争刚刚结束，在美国出面协调日俄召开朴次茅斯会议过程中，美国总统西奥多·罗斯福诱导日本外交代表、枢密顾问金子坚太郎推行"亚洲门罗主义"。参见金子坚太郎『東洋の平和はアジアモンロー主義にあり』，東京：皇輝会，1937：16—19。日本赢得日俄战争，信心膨胀，其精英阶层产生了主导亚洲事务的意识。"一战"爆发后，日本打出"维护东亚和平"的旗号对德宣战，随后利用欧洲列强无暇东顾的时机，向袁世凯政府提出了"二十一条"，试图将中国全境变为其势力范围。1917 年，日本特命全权大使石井菊次郎在与美国国务卿蓝辛会谈期间，发表公开演讲称："类似于'门罗主义'的观念，不仅在西半球，在东洋也存在。"池田十吾『石井―ランシング協定をめぐる日米関係（一）――中国に関する日米両国交換公文の成立過程から廃棄に至るまで――』『国士舘大学政経論叢』，1988（66）：97—116。1917 年 11 月 2 日双方签订的《蓝辛―石井协定》承认日本"在中国享有特殊利益"。但 1922 年华盛顿会议签订的《九国关于中国事件应适用各原则及政策之条约》加强了列强对中国的共同支配，抑制日本对中国的"特殊利益"追求，日本的"亚洲门罗主义"遭到挫折。然而，1929—1933 年的世界经济危机给日本带来了新的机会。石井菊次郎等人重新大肆宣传"亚洲门罗主义"。石井菊次郎『外交余禄』，東京：岩波书店，1930：132—163。在退出国际联盟之后，1934 年，针对国际联盟对中国的援助，日本外务省发布《天羽声明》，称日本须"全力履行在东亚的特殊责任"，坚决反对"外国以技术或金融援助共管中国或瓜分中国的政治意图"。徐公肃：《所谓亚洲门罗主义》，《外交评论》1932 年第 2 期。这些修辞在多方面模仿了美国的门罗主义表述。

12　Edward Renehan, *The Monroe Doctrine: The Cornerstone of American Foreign Policy*, Chelsea House, 2007, p. 103.

"三代之治"，认为自汉以来，中国教化"日益微灭"，目前已经远不如西方各国；郭更是遗憾中国的士大夫不知欧洲各国视中国如同华夏视夷狄。[13] 而就英国对于广大殖民地的征服，郭嵩焘更是表现出了全盘认同，认为这是将野蛮转化为文明的教化事业。郭嵩焘当时对西学的理解有限，他很大程度上是从儒家理学内部来理解西方，而理学视野中的世界，本身就是一个有等级的世界，郭在很大程度上颠倒了传统的华夷观——既然西方是今日的新华夏，那么包括中国在内的非西方世界就变成了夷狄，需要"大顺"于西方的文明教化。这对于当时坚持"天朝意识"的士大夫主体而言，显然是离经叛道之论。郭嵩焘被弹劾，也与此有关。

但在甲午战争之后，士大夫们认识到中国在国际体系中处于极其危险的位置。严复翻译的《天演论》则在士大夫之中进一步普及了一种深刻的竞争意识与危机意识——这种竞争并不是缓慢地在世代更替中进行的演化，而是迫在眉睫的猛兽式竞争。[14] 康有为在《上清帝第五书》中即痛陈，中国在国际体系中原本被列强视为"半化之国"的地位，现在有坠落到"非洲黑奴"地位的危险。[15] 康以日本明治维新与彼得大帝改革为榜样，激励光绪皇帝启动改革，重新提升中国的国际地位。康承认，中国在当下的"万国竞争"中当然落后于西方，但他又借助今文经学的"三世说"框架，阐发了他对世界走向的思考：随着世界走向一统，当下这个使中国处于不利地位的"万国竞争"终究是要被克服和超越的；但中国只有适应这个"万国竞争"

13　参见郭嵩焘：《伦敦与巴黎日记》，钟叔河、杨坚整理，岳麓书社1984年版，第491页。

14　"猛兽式竞争"之说源于高波教授的概括，特此感谢。

15　参见康有为：《上清帝第五书》，载姜义华、张荣华编校：《康有为全集》（第4集），中国人民大学出版社2007年版，第2页。

时代，才能为超越做好准备。在这种意识之下，康有为在流亡时期着力研究欧美列强，鼓吹"物质救国论"，并一度将威廉二世领导之下的德国，作为最值得中国模仿的典范。[16]

　　康有为的弟子梁启超在 1899 年写作《文野三界之别》之时，尚保留了康式今文经学的痕迹。但梁启超很快在经学的框架之外探讨列强的成功之道。梁启超比较早地将日本对于帝国主义的讨论引入汉语世界。1903 年赴美考察，梁启超更是对美国的托拉斯表示了震惊，[17]并将托拉斯大王摩根称为"实业之拿破仑"[18]，认为其力量比"武力之拿破仑"有过之而无不及。梁启超主持的《清议报》更是刊载大量文章讨论帝国主义，但主要目的不是为了批判，而恰恰是为了让中国模仿。20 世纪初中国国内诸多报刊也好谈"帝国主义"，其态度也接近于梁启超——不是批判列强，而是主张通过模仿列强，最终成为列强中的一员。[19]

　　甚至清廷高级官员也受到时代思潮的影响。1907 年受命考察日本的清廷大臣达寿在其 1908 年 8 月 7 日上奏的《考察宪政大臣达寿奏考察日本宪政情形折》中将立宪作为使中国跻身"帝国主义"列强的必要手段："欲行帝国主义者，咸以财富文化为先锋，而以战斗为后盾，此为今日世界列国之公例。循是者兴，反是者亡，无可逃矣。宪政体者，所以厚国民之竞争力，使国家能进而行帝国主义者

---

16 参见章永乐：《万国竞争：康有为与维也纳体系的衰变》，商务印书馆 2017 年版，第 62—107 页。

17 参见梁启超：《二十世纪之巨灵托辣斯》，载张品兴主编：《梁启超全集》，北京出版社 1999 年版，第 1114 页。

18 梁启超：《新大陆游记》，载张品兴主编：《梁启超全集》，北京出版社 1999 年版，第 1147 页。

19 参见马思宇：《爱恨交织的"帝国主义"》，《读书》2014 年第 1 期。

也。"[20] 而作为革命派代表的汪精卫在《民报》上驳斥梁启超等立宪派的主张之时，却同时接受立宪派的"民族帝国主义"主张。如其在 1906 年《希望满洲立宪者盍听诸》中直陈："我中国实行民族主义之后，终有实行民族帝国主义之一日。"[21] 汪精卫代表了大多数革命派在这个问题上的态度。当然，革命派中也有章太炎这样的密切关注殖民地半殖民地革命力量联合的人物。章太炎于 1907 年发起组织亚洲和亲会，其《约章》声明，该会宗旨"在反抗帝国主义，期使亚洲已失主权之民族各得独立"[22]。但这并非革命派的主流态度。

然而，在当时的国际体系下，东亚无法同时容纳两个列强。日本跻身"学霸"的结果，就是断了中国按照日本的路子做"学霸"的可能性。第一次世界大战爆发之后，1915 年，袁世凯试图加入协约国一方作战，遭到了日本的强烈反对。日本担心，在协约国有求于中日两国的国际形势下，中国参加世界大战，有可能借机提高自身的国际地位，并加强袁世凯的政治整合能力，从而影响到日本在东亚的国际地位。[23] 1917 年，中国终于获得日本同意参加世界大战，但这是以段祺瑞政府接受日本"西原借款"，丧失相当的自主性为前提的。

"一战"对中国的第一个巨大的影响，就是打破了列强原来共同

20　达寿：《考察宪政大臣达寿奏考察日本宪政情形折》，载夏新华等编：《近代中国宪政历程：史料荟萃》，中国政法大学出版社 2004 年版，第 58 页。夏晓虹考证，梁启超曾为出洋考察各国宪政的五大臣做枪手。参见夏晓虹：《梁启超为出洋考察大臣做枪手真相》，《南方周末》2008 年 11 月 13 日。此文内多处出现梁启超稍早时候的表述，以致无法排除梁启超"代笔"的可能性。

21　汪精卫：《希望满洲立宪者盍听诸》，《民报》第 5 号（1906 年 6 月），第 4 页。

22　《亚洲和亲会约章》，转引自王有为：《试析〈亚洲和亲会约章〉》（附录），《学术月刊》1979 年第 6 期。

23　参见唐启华：《洪宪帝制外交》，社会科学文献出版社 2017 年版。

维护的文明等级论的神话。欧洲列强在"一战"中大规模的相互屠杀，让殖民地半殖民地民族看到，欧洲的"文明"最终获得的是这样一种野蛮的结果，"文明"的话语于是跌落神坛，"帝国主义"也从之前令人羡慕的强权形象，变成了一种自我毁灭的形象；作为西学传播先锋，严复在1918年8月22日致熊锡育（字纯如）的信中感叹："不佞垂老，亲见脂那七年之民国与欧罗巴四年亘古未有之血战，觉彼族三百年之进化，只做到'利己杀人，寡廉鲜耻'八个字。回观孔孟之道，真量同大地，泽被寰区。"[24]

同时，19世纪维也纳体系中一度相当有效的"大国协调"机制，在"一战"之中更是灰飞烟灭。在"一战"之前的国际体系中，列强通过某种外交政策上的协调，共同压制着国内的工人运动与殖民地半殖民地的民族独立运动。但在"一战"爆发之后，由于列强之间无法重新协调，相互拆台，那些被战前的"大国协调"体系压制的反抗力量，获得了释放的机会。1917年俄国布尔什维克就是从"帝国主义链条中的薄弱环节"（列宁语）获得突破，赢得了十月革命。这一胜利，促进了在晚清传入的社会主义思想的进一步发展壮大，为中国政治-文化精英的未来想象，提供了一种新的可能性。

当然，在"一战"刚刚终结之时，威尔逊主义在华影响更为显著——美国总统威尔逊的宣传机构公共情报委员会在上海设有分部，不遗余力地宣传威尔逊主义。在国际体系即将重组之际，威尔逊提出的一系列新秩序主张让中国的政治-文化精英倍加振奋，试图抓住这一机会，摆脱种种不平等待遇。然而，迎面而来的却是1919年巴黎

24　汪征鲁、方宝川、马勇主编：《严复全集》（第8卷），福建教育出版社2014年版，第365页。

和会上的当头一棒：列强将德国在中国山东的权利转让给了日本。一个战胜国，获得的却像是战败国一样的待遇，这使得中国人对于国际秩序的信任降到了冰点。尽管在 1921—1922 年的华盛顿会议上，中国的山东问题得到了新的处理，日本的殖民利益受到了其他列强的限制，但已经无法挽救中国人对于国际体系的不信任。在此背景之下，同样是被凡尔赛-华盛顿体系排斥的苏俄所代表的道路，就产生了更大的吸引力。而苏俄为减轻自身面临的外部压力，在中国寻找盟友，更是产生了直接的影响。1921 年，中共成立；1923 年，国民党开始改组。东西方列强马上遭遇到的，是国共两党联合发动的国民革命喊出的"打倒列强，除军阀"的口号。

与此前寻求融入列强秩序的辛亥革命不同，这场新的"反帝反封建"革命已经放弃了日本式的从"学渣"混成"学霸"的老路，转而否定列强的文明等级论，试图重置世界秩序的游戏规则。而"一战"之后的凡尔赛和会与华盛顿会议，未能重建起一个有效的大国协调机制，以共同维持西方列强对于全球的宰制。以国际联盟（League of Nations）为例，它的内部权力结构问题重重：苏俄是 19 世纪帝国主义文明等级论的批判者，长期被国联排斥在外；美国发起成立国联，自己却因为内部意见分歧而未加入国联，国联因承认"门罗主义"而无法管辖美洲事务，但美国却可以通过一些美洲国家来间接影响国联决策；作为国联常任理事国，英法两国对于如何重建欧洲秩序有着不同的思路，法国试图严厉惩罚德国，但英国继续实施"离岸平衡"，试图借助德国的力量来制衡法国；同为国联常任理事国的日本致力于在亚洲搞自己版本的"门罗主义"，对国联持机会主义态度，合则用，不合则去……而建立在这样的大国关系基础之上的国联，从根本上缺乏协调大国关系的能力。而当大国之间相互拆台成为常态之时，维系一种稳定的文明等级论，也就变得比19世纪更为困难。而殖民地半殖民地的国家与民族也就有可能利用列强之间的矛盾，推进追求独立自主的事业。

但不可否认的是，尽管革命以否定建立在"文明等级论"之上的帝国主义国际秩序为前提，在革命的过程中，欧洲作家们对于中国帝制社会的诸多批评，确实被转化成了革命动员的宣传工具。从孟德斯鸠到马克思，都不乏对中国传统社会的高度失真乃至扭曲的描写。但引用这些来自西方的批评，不等于自己服从于列强划定的世界等级秩序，顺从列强的支配，或者加入列强成为支配者，而是借此推动革命自身的议程。在此，我们可以把革命过程中所运用的诸多具有"东方主义"色彩的话语，看作尼采在《历史的用途与滥用》中所说的"批判的历史"——一个具有光辉灿烂过去，但同时也背负着沉重历史包袱的民族，通过看似简单粗暴的方式，卸下历史沉积的虚文，放弃种种从把玩祖宗遗产中所获得的"小确幸"，让自己成为一个充满危机感的、面向未来进行创造的主体。[25]

这场"旧邦新造"的革命，其成果积淀为天安门城楼上的两句口号："中华人民共和国万岁""世界人民大团结万岁"。中国不仅自己通过革命走向了国家重构，也帮助大量殖民地半殖民地国家独立建国，并且提出"和平共处五项基本原则"来处理彼此之间的关系。所有这一切，其前提就是对19世纪列强的文明等级论的否定。中国的新民主主义革命与随后的社会主义改造与建设，不是像近代日本明

25　参见〔德〕尼采：《历史的用途与滥用》，陈涛、周辉荣译，上海人民出版社2000年版，第23页。

治维新一样，将自己从国际体系中的被压迫者变成压迫者，而是寻求改造既有的霸权秩序，使之进一步平等化。

当然，在这一方向上，中国经历了从激烈的革命者到温和的改革者的转变。20 世纪 70 年代末，中国停止了"输出革命"，将工作重心转移到经济建设上来，外交工作的重点很大程度上变成如何为国内经济建设创造一个良好的外部环境。中国避免与西方直接对抗，加入 WTO 等西方主导的贸易体系，同时在国内改革中大量借鉴西方的历史经验。但中国始终保持着独立自主，尤其保持着和亚非拉广大发展中国家的关系，保持着推动国际秩序的多极化和民主化的承诺。

作为 70 年代末转折的结果，"现代化史观"在中国知识界逐渐兴起，"革命史观"的影响力不断下降。许多流行的"现代化"论述重新带入了西方的"文明等级论"，将中国放到一个"半开化"的位置上去，因此，中国的任务就是"补课"，从"学渣"混成"学霸"。中国各行各业涌现出了一批正在行走的当代福泽谕吉，而《河殇》正是这样一个环境的产物。但中国的领导层在以下这一点上保持了清醒的头脑：以中国比西方发达国家人口总和还大的人口规模，要按照西方列强认可的方式发展并最终加入其俱乐部，几乎是不可能的事情。自 20 世纪 80 年代以来，以下两个事例具有极大的冲击力：第一个事例是，即便是在美国监护下实现经济重新起飞的日本，在其经济实力威胁到美国经济霸权的时候，还是遭到了《广场协议》的沉重打击，经济陷入停滞；第二个事例是，苏联解体之后，当时的俄罗斯总统叶利钦全力向西方靠拢，最终换来的还是西方对车臣分离主义势力的支持。一个块头太大的独立政治共同体，即便虚心地承认自己是"学渣"，对于领导"文明世界"的"导师委员会"来说，这也是一个天生就会威胁"导师"们饭碗的学生，需要先"去势"才能通过其答辩。

如果说日本式的从"学渣"混到"学霸"的道路在中国近代很难走得通，在中国 20 世纪的独立自主探索结出硕果之后，这样的路是否还值得走，都成为疑问了。2017 年，中国按美元计算的 GDP 总量，已经是日本的近 2.5 倍，德国的 3.2 倍，英国或法国的 4.5 倍，意大利的 6 倍；中国是世界制造业第一大国，货物贸易第一大国，也是世界上工业门类最为齐全的国家，在国际价值链中，中国企业也在不断从中下游向上游攀升。但中国的官方政策目标，既不是顶替 G8（西方文明等级论中的第一等级俱乐部）中被"开除"的俄罗斯的位置，也不是和美国组建取代 G8 的 G2 集团。从中国官方的"一带一路"倡议与对广大发展中国家市场的重视，我们可以看到的是一种推动更多发展中国家共同发展，进一步促进世界秩序多极化的努力。

中国经济崛起带来的巨大冲击，使得许多美国精英怀疑既有的国际体系从根本上对中国而非美国有利，而这是一个他们曾以很大的热情去推进的国际体系，承载了诸多普遍主义话语。特朗普在这一背景下上台执政，对于美国的文化领导权（cultural hegemony）起到了一种显著的削弱作用。特朗普直接宣布自己是"民族主义者"（nationalist），奉行"美国优先"（America First），在其 2017 年与 2018 年两次联合国大会演讲中大讲"主权"（sovereignty）原则，抱怨美国承担了过多的国际义务。在特朗普领导下，美国退出了跨太平洋伙伴关系协定（TPP）、巴黎气候协定、联合国教科文组织、联合国人权理事会、《维也纳外交关系公约关于强制解决争端之任择议定书》、万国邮政联盟、《中程导弹条约》等条约或组织。在贸易上，特朗普不仅将矛头对准中国，同时也迫使日本、加拿大、墨西哥、欧盟等传统盟友对美国作出让步。至于WTO，这个当初由美国推进的国际贸易组织，现在日益被特朗普政府视为对美国主权的限制，美国频繁以国内法惩罚其他国家的做法，已经使得WTO的纠纷解决机制对美国来说形同虚设；美国更是以退出WTO为威胁，迫使后者进行有利于美国的改革；而被特朗普政府认定为不利于美国的规则，有一些恰恰是当年美国强烈主张的。

络德睦在写作《法律东方主义》的时候，或许还很难想象WTO这个"法律东方主义"色彩十足的组织，最终却被美国视为有利于中国、不利于自己的组织。中国在"入世"谈判中确实作出了不少让步，包括按照美国的要求，大规模地修改自己的法律或者制定新法，而许多规则对当时的中国来说并不是有利的。然而，在2001年加入WTO之后，中国经济在相当可观的一段时间内保持了两位数速度的增长，中国对美国货物贸易顺差也不断积累，中国成为美国国债的最大持有者。但更重要的是，中国不仅成为"世界工厂"，而且在国际价值链上不断攀升，在许多领域进入了第一梯队，甚至呈现反超之势。这种"反客为主"的态势是如何成为可能的？事实上，中国在加入WTO之前，就已经积累了巨大的经济"势能"，而"入世"则是在很大程度上将"势能"转化为"动能"。而这种"势能"，是中国在独立自主的发展道路上长期积累的后果：庞大的人口规模，完整的工业体系，强大的基础设施修建能力，在发展中国家中相当突出的劳动力素质，土地制度所带来的强大的社会"减震"能力……所有这些条件结合起来，才有获得"世界工厂"地位，进而超越"世界工厂"之可能。但这些条件的出现，离不开20世纪革命所奠定的独立自主的发展道路。

美国未能从一个自己主导规则制定的组织中获得最大的好处，其执政精英反而从中国经济的增长与产业的升级中，感受到了自身霸权的脆弱性，而这就带来对全球主义（globalist）路线的逆转。但正如葛兰西所指出的那样，霸权或领导权（hegemony）既需要强制（coercion），也需要受众的同意（consent）。当特朗普政府以一种狭隘的、非常物质化的方式来界定美国的国家利益，并日益依赖于强制手段时，美国在后冷战的全球化进程中所诉诸的一套普遍主义话语也就日益褪色。而这也使得美国之外的其他国家有了更大的话语空间，提出自己的普遍主义主张。如果美国持续不断地出现特朗普式的对普遍主义话语缺乏兴趣的领导人物，我们将有可能看到一个更具多样性的世界，而中国的主张在其中当然会有一席之地。

因此，络德睦所提倡的从"法律东方主义"到"东方法律主义"的转变，最坚实的基础不是他所列举的那些具有中国自主意识的学者的思想，而是中国独立自主的革命与建设道路及其取得的成果。用笔写作的学者自己无法单独造成中国复兴的时势，但中国复兴的时势，却可以源源不断地产生具有文明自觉的中国学者。只要中国平稳地发展下去，我们可以预测，中国法律人身上的"尾随者"意识也将持续弱化，这样一种自觉会变得越来越强：中国式法治秩序的建设，不仅是解决中国自身的特殊问题，同时也必然是回答人类面对的一系列共同问题，中国的答案尽管会有自己的局限性，但完全有可能对其他民族和文明产生参考与借鉴价值。

超越"法律东方主义"，并不意味着减少对外国法的研究借鉴，更不意味着回到西方入侵之前的中国制度和文化中去，而是意味着，从"自我招致的不成熟"当中摆脱出来，相信当下的自己是一个劳动和创造的主体，能够自主地运用理性思考和解决自己所碰到的问题，制定和选择自己遵守的规则，而不是事事先问西方或祖先的权威。西方哲人给这种新状态起的名字，人们耳熟能详：启蒙。

东方法律主义的中国意涵

魏磊杰

一、法律东方主义的建构逻辑

通往东方之路必然途经西方。在很大程度上，这可谓爱德华·萨义德赋予"东方主义"（orientalism）这个术语的基本内涵——陈述"东方"实由"西方"的立场来界定。[1] 虽在近代早期曾出现过正面的东方主义，[2] 然五百年前伴随西方文明在世界舞台上的强势崛起，"欧洲"从一个混杂的地缘、种族范畴变成了单一"文明"范畴，这套话语渐趋与秉持欧洲中心观的现代性意识形态合流，并开始共享基本类同的理论内核。"欧洲人'就是另一种人类'的观念，不能简单地被认为是种族中心主义——防御性自恋症——的一种表现，而是建立在文艺复兴、科学革命和启蒙运动等一系列成就的基

---

[1] 萨义德的基本观点是"东方主义最终是对现实的一种政治见解，其结构造成了熟悉的东西（欧洲、西方、'我们'）与陌生的东西（东方、'他们'）之间的差异"。See Edward W. Said, *Orientalism*, Routledge & Kegan Paul, 1978, p. 43.

[2] 参见［美］克拉克：《东方启蒙：东西方思想的遭遇》，于闽梅、曾祥波译，上海人民出版社 2011 年版，第 63—72 页。

础之上。"[3] 大英帝国桂冠诗人吉卜林"东是东，西是西，两者永远不会有交集"的诗句，流露出大殖民时代西方普遍张扬的文明自负。在这种笃定绝非"环球同此凉热"的文明观中，作为囫囵观念的"东方"往往被化约为一种被动的客体，而同样亦为囫囵观念的"西方"则常常是在认知意义上高出一等的主体。

发源于西方文化母体的现代性表述不仅将自身置于现代与传统的纵向时间关系之中，而且还要置于西方与非西方的横向空间关系中。[4] 在这种由现代与传统、文明与野蛮、西方与非西方所建构的二元价值等级制中，正因为诸多劣质"他者"的存在，才可凸显与界定优等"自我"的身份、利益与偏好。诚如黑格尔阐释的那样，自我意识在自身反思中认识不到自己，只有通过自身的"颠倒"，实现对意识对象的他物反思，才能在自我与对象区别的基础之上意识到并保持自我的确定性。[5] "与其说（西方）认同起源于共享的生活世界……它更聚焦在与他者的对立：不仅是共享经验的框架、共同目标以及集体范围规定了'我们'，还有否定他者。"[6] 采用亨廷顿的通俗表述，"我们只有在了解我们不是谁，并常常只有在了解我们反对谁时，才了解我们是谁"[7]。

3　[英]杰克·古迪:《西方中的东方》，沈毅译，浙江大学出版社2012年版，第3页。

4　参见汪晖:《去政治化的政治：短20世纪的终结与90年代》，生活·读书·新知三联书店2008年版，第378页。

5　参见[德]黑格尔:《精神现象学》，贺麟、王玖兴译，商务印书馆1979年版，第116页。

6　[英]杰拉德·德朗提:《欧洲的诞生：理念·认同·现实》，陈子瑜译，广场出版社2016年版，第17—18页。

7　[美]塞缪尔·亨廷顿:《文明的冲突与世界秩序的重建》，周琪等译，新华出版社2010年版，第5页。

传统观念认为，现代性可被看作一种欧洲的产物，然后从欧洲向外传播，进而征服了世界，并按照欧洲的模式重塑了世界。而否认他者具有共时性在本质上乃此等现代性欧洲中心论的核心主张。作为一种具体的思维投射，法律东方主义亦不例外，其造就的结果经常是作为主体的西方观察者可以不自知地声称拥有对于中国法的最终诠释权，而且他们做出的诠释与界定总体上往往是负面的：[8] 中国无"法"，中国缺"法"，由此需要仰赖西方向其供"法"，以期有朝一日使其达致事先设定的"有法"标准。本质上，西方学者所说的"法"大体是马克斯·韦伯意义上盛行于晚近西方并辐射整个世界的形式理性法。虽然韦伯本人曾试图避免武断地得出非西方文化缺少理性这样的论断，并以其他方式谈及东西方之间的差别，但其最终仍落脚于只有欧洲的理性形式才具有非同一般的独特性（一种"把握世界的理性主义"），具有引领世界现代化的特征。[9]

在这种"伪普遍性"学术范畴的支配下，似乎唯有资产阶级的法律才是真正意义上值得拥有与追求的法律，而唯一能够引导法律未来的历史便只能是由近世资本主义母体所孕育与发展的"现代法律"的历史；同样，我们所有法学的未来归属于一个没有任何其他选择的世界：法律只能是现代的或后现代的，而不可能存在其他样

8　西方眼中的"中国"往往被"历史地塑造为代表与西方不同的一套价值观"。See Zhang Longxi, "The Myth of the Other: China in the Eyes of the West," *Critical Inquiry* 1988（15），p. 127.

9　参见［英］杰克·古迪：《西方中的东方》，沈毅译，浙江大学出版社 2012 年版，第35—36页。

态。[10] 由此，在法律东方主义话语下，"东方"与"西方"皆被客观化。落后的东方是整体划一的，具有不变的历史，是"无法"的，而"缺失"成为一种只有通过嫁接西方法律才能弥补的相对性缺乏。福柯认为，"纯粹的"或"客观的"知识并不存在，知识是权力的有效运作方式，他称之为"权力与知识是直接相互连带的；不相应地建构一种知识领域就不可能有权力关系，不同时预设和建构权力关系就不会有任何知识"[11]。显然，在这种语境下，"知识就是权力"（Knowledge is Power）这一论断，获得了最为圆满的呈现。

在话剧《蝴蝶君》中，黄哲伦给出了一个可与之等量齐观的巧妙解释。他指出，中国戏剧中女旦角的扮演者往往都是男人，是因为"只有男人才懂得女人应被期望如何表演"。换言之，一个"真正的女人"最终只是男人想象的产物。在这种意义上，只有男人方才持有理解"女人"的钥匙：女人的好坏不取决于其自身，而取决于男人根据自身偏好而预先设定的标准。[12] 相较而言，西方拜物主义化的法律观念其实并无本质不同。只要笃定"真正的"法律乃是一种西方观念，法治模式的供给只来自西方一源，那么此等定见必然阻遏西方自身对法律东方主义的认识，东西方之间不对等的权力格局亦难以发生根本更易，西方就将可能一直垄断对于何谓"法"、何谓"非法"的界定权与诠释权，始终保有理解所谓法律"真实"的钥匙，

10　See Upendra Baxi, "The Colonialist Heritage," in Pierre Legrand and Roderick Munday（eds.）, *Comparative Legal Studies: Traditions and Transitions*, Cambridge University Press, 2003, p. 49.

11　［法］米歇尔·福柯：《规训与惩罚》，刘北成、杨远婴译，生活·读书·新知三联书店 2012 年版，第 29 页。

12　参见［美］络德睦：《法律东方主义》，魏磊杰译，载《人大法律评论》2014 年卷第 2 辑，法律出版社 2015 年版，第 248—249 页。

继续在智识上宰制东方。

二、认真对待法律东方主义

在认识和支配"东方"这一层面，如果说福柯给萨义德与络德睦提供了一种描述知识与权力之间关系的方法，那么，安东尼奥·葛兰西的"霸权"概念则提供了一种方法来解释某些关于"东方"的观念如何优越于其他的观念。葛兰西将"霸权"界定为由暴力与同意结合而获致的力量。此等力量本身不能仅通过野蛮暴力而实现，也需要自愿接受治理之人的认同。邓肯·肯尼迪认为，它是借助政治正当性而非暴力来实现支配的一个概念。如欲理解这个概念，就必须理解能够生产政治正当性的意识形态力。[13] 在《漫长的20世纪》一书中，葛兰西的继承者杰奥瓦尼·阿锐基更为具体地将这种霸权概念与马基雅维利的"权力"概念关联起来。在他看来，权力是许可与强制的结合体。强制当然意味着使用武力或构成有效的武力威胁，许可则暗指道德领导权。[14] 一个起支配作用的国家如果领导主权国家体系朝预想的方向迈进，它便行使了霸权职能，而且在此过程中被认为是在追求共同的利益。正是这种领导权使得起支配作用的国家具有霸权地位。[15]

其实，当下美国确立自身作为全球霸权之地位，在很大程度上是

13　See Duncan Kennedy, "Antonio Gramsci and the Legal System," *ALSA Forum* 1982 (6), p. 32.

14　参见［意］杰奥瓦尼·阿锐基：《漫长的20世纪：金钱、权力与我们社会的起源》，姚乃强等译，江苏人民出版社2001年版，第33页。

15　同上注，第35页。

通过将美国对国际社会的支配与全球化的趋势加以重叠而得以实现的，而这在本质上构成了美国自由主义政治意识形态的核心。[16] 全球化就是美国化，而法律的全球化大体就是全球法律的美国化。[17] 依循上述分析思路，以美国法为主导的西方现代法霸权之成就亦需要借助法律东方主义这种意识形态的话语建构来获取政治正当性，赢得某种程度的思想和道德的领导权，以使受支配之对象并非纯粹受制于权力压制（ratione imperii）被迫接受，而更多地是基于其本身的理性权威（imperio rationis）主动地认同甚至接纳。

乌戈·马太在《西方的掠夺》一书中提出的"反法治的法治"[18]，与西方左翼代表人物桑托斯倡导的"反全球化的全球化"[19]、中国新左派代表人物汪晖提出的"反现代性的现代性"[20] 在本质上可谓异曲同工，批判的对象皆是当前处于支配地位的这种新自由主义帝国的意识形态霸权。事实上，此等文化霸权本身是一种垄断性的体系构造，不对其进行反抗是不可能的，但反思甚至反抗并不等于简单的否定，而是意在否定原有的现代性、全球化与法治。套用阿里夫·德里克的类似表达，[21] 我们并不反对法的现代性，更不会如偏狭民族主

16　参见强世功：《文明的终结？——论恐怖主义与战争的法理学》，载强世功：《立法者的法理学》，生活·读书·新知三联书店 2007 年版，第 352 页。

17　See Duncan Kennedy, "Three Globalizations of Legal Thought：1850 - 2000," in David Trubek & Alvaro Santos（eds.）, *The New Law and Economic Development: A Critical Appraisal*, Cambridge University Press, 2006, pp. 63 - 71.

18　［美］乌戈·马太、劳拉·纳德：《西方的掠夺：当法治非法时》，苟海莹译，社会科学文献出版社 2012 年版，第 257—258 页。

19　［葡］桑托斯：《全球左翼之崛起》，彭学农等译，上海人民出版社 2013 年版，第 6 页。

20　汪晖：《去政治化的政治：短 20 世纪的终结与 90 年代》，生活·读书·新知三联书店 2008 年版，第 489 页。

21　参见［美］阿里夫·德里克主讲，清华大学国学研究院主编：《后革命时代的中国》，李冠南、董一格译，上海人民出版社 2015 年版，第 19—26 页。

义那般执拗地反对法治，相反，我们只是意在将现在仍被单向度诠释的法之现代性进行健康的"祛魅"（disenchantment），将其真正地地方化、历史化与问题化，以求最终在"当代全球现代性"的基础之上成就我们自身文明的主体性。

至于如何对待法律东方主义这一议题，基于文明的自觉，我们需要检讨的只是这套话语内在秉持的对于"法之为何"的本质主义式理解，进而追求人类社会达致从单数法文明之评判标准迈向复数法文明之评析尺度的演进状态。具体到未来中国，这个"重置现代性"的问题就是如何实现从"法律东方主义"（legal orientalism）迈向"东方法律主义"（oriental legalism）的话语反转问题。诚如任何一位中国的爱国人士或许皆能从《法律东方主义》一书中为其国家权力在全球舞台上的最大化投射找到有力的正当理由那般，法律东方主义及作为其反题的东方法律主义，在中国最终会承载怎样的意义以及它将产生何种之影响，最终都是一个译介政治的问题。针对这种观念，如何对其解读，如何对其深化以及如何对其践行，必将脱离作者原初设定的思想脉络，而端赖于作为行为主体的阅读者在全球权力日趋重新分配的今天如何对自身法律文明之未来走向进行评判与重塑。

从国内层面来看，进入 21 世纪以来，伴随中国硬实力的不断壮大，其主体意识自然抬升，在主观上自然不愿继续仰人鼻息，惟西方国家设定的游戏规则是从。1996 年中美元首会晤，同意加快中国"入世"谈判。所谓"入世"，就是加入以美国为代表的西方主宰的世界体系。原因无他，彼时中国 GDP 位居世界第七，相当于美国的十分之一，不到英国的三分之二。然而不过 20 年，2016 年中国 GDP

已名列世界第二，接近美国的三分之二，是英国的四倍，成为世界第一贸易大国。此时，中国开始践行可被阐释为意在推行某种程度"中国式的全球化"的"一带一路"倡议。与之相关的一系列重大举措说明，不断崛起的中国不会如以往那般无保留地选择融入西方主宰的世界体系，她要制定自己的标准，依托远大的战略规划，以支撑起强汉盛唐式的伟大复兴。从国际层面观之，伴随国家经济实力的提升，对历史和文化的评价及调用进行逆转，并不仅仅是东亚/中国社会的一种现象，而是全球意识形态转变的一部分。从儒家、印度教、伊斯兰教以及福音派基督教的文明吁求，到本土世界观的复兴，过去30年见证了启蒙普遍主义霸权的退却，再到曾经被污蔑为"历史垃圾桶"的各种历史叙事的开花结果。[22] 依托在国际舞台上不断提升的话语权，这些原先的边缘国家（如印度、土耳其、巴西等）往往会提出一种替代性现代性（alternative modernities）的主张，借以促发自身民族主体性的张扬。[23]

那么，何谓东方法律主义？在《法律东方主义》一书中，它只是一个未经准确界定和未经深入阐释的孤零零的概念。然而，立基于络德睦对法律东方主义的批判脉络，我们不难对东方法律主义应当具

22　参见〔美〕阿里夫·德里克主讲，清华大学国学研究院主编：《后革命时代的中国》，李冠南、董一格译，上海人民出版社2015年版，"序言"，第2页。

23　在中国，有中华民族伟大复兴的"中国梦"，同样在印度，也有他们自己意在谋求大国崛起的"印度梦"。对此，从印度财长奇丹巴拉姆的表述中不难窥见一斑："什么也阻挡不了印度成为世界第三大经济体。我们将和美国和中国并肩而立。我们拥有实现这个目标的一切资源，但只有努力工作并尊重经济规律才能实现这一目标。我们必须确保每个人实现自己预期的目标。"就此可参见詹得雄：《不可思议的"印度梦"》，载观察家网，http://www.guancha.cn/ZhanDeXiong/2013_05_27_147338.shtml，2017年10月25日访问。

有何种基本内涵进行初步的描述。[24] 简单地说，既然东方主义所支撑的法律意识形态霸权存在诸多问题，直接窒碍了中国法律主体性的确立，那么，批判法律东方主义的潜在导向便是迈向东方法律主义。所谓东方法律主义，就是意欲重新建构一种新的理解与阐释法律与法治的话语与观念，唤醒东方，使其重新获得与西方平等对话的主体性，在世界法治文明的演进中发出自己的声音，以此作为一种超克法律东方主义的可能路径。具体到当下中国的现实语境，我们完全可以做出进一步的理论推演：迈向东方法律主义便是在现有基础之上如何建构中国新法治话语体系的问题。如何建构，解决的乃是方法论层面上的问题；而为何建构，针对的则是认识论层面上的问题。

三、东方法律主义何以可能

面对"一战"后满目疮痍的欧洲大陆，梁启超在 1919 年所写的《欧游心影录》中曾谈到中国人对于世界文明的责任问题。在他看来，中国人首先要存在尊重本国文化的诚意，其次采用西方的方法研究并领会其真谛，进而以"中学为主，西方为辅"之法，将两者"化合"成一种新文化系统，以至于最终能将这种系统向外拓展，贡献于人类全体。"我们人数居全世界人口四分之一，我们对于人类全体的幸福，该负四分之一的责任。不尽这责任，就是对不起祖宗，对

---

24 参见［美］络德睦：《法律东方主义：中国、美国与现代法》，魏磊杰译，中国政法大学出版社 2016 年版，第 232 页。

不起同时的人类，其实是对不起自己。"25 在很大程度上，这或许是任何一位东方文明的精英在面对西方文明难堪为世界诸国标杆之现实时做出的必然反应。其言虽属公允持平之论，然内忧外患、前途未卜的彼时中国却根本不具有将此畅想付诸实施之可能。然而，经历百年沧桑之后，诚如上述所论，立基于历史构造与现实语境，当下的中国已经初步具备了实现先哲之梦想的主客观条件。那么，在现有基础之上如何从法律东方主义逐渐迈向东方法律主义？基于上述理论推演，窃以为，迈向东方法律主义，也即未来中国新法治话语体系之建构，大体应从认识论与方法论两个维度重点着力。

（一）认识论层面之改进：法治观念的再启蒙

新法治话语体系的重塑首先需要达成如何建设"法治"的基本共识，而欲求实现这一目标，就应对法治进行再启蒙，尽量摒除偏狭的法律自我东方主义情结。"虽然东方主义在其根源和历史上与欧洲中心主义有密切联系，但在根本上，如果想要获得合法性，东方人的参与必不可少。"26 德里克正确指出了萨义德东方主义的一大缺陷，即它极少关注被殖民者在殖民心态和自我殖民化过程中所扮演的角色，更少关注斯皮瓦克所描述的"知识分子在同化他者过程中的共谋角色"。27 或许在某种程度上受此类批判启发，络德睦在《法律东

25　梁启超：《欧游心影录》，商务印书馆 2014 年版，第 51—52 页。

26　See Arif Dirlik, "Chinese History and the Question of Orientalism," *History and Theory* 1996 (35), p. 112.

27　See Gayatri Spivak, "Can the Subaltern Speak," in Vincent Leitch et al (eds.), *Norton Anthology of Theory and Criticism*, W. W. Norton, 2010, pp. 211–214.

320　法律东方主义在中国：批判与反思

方主义》中谈到了"法律自我东方主义"（legal self-orientalism）问题，即法律东方主义为东方人（主要为知识分子阶层）所认识后，往往能够促发一种自动服膺于该定见并将其自觉运用于实践的近乎政治无意识的思维倾向。之于当下中国，这种"自动服膺"之所以可能，根源就在于大多数知识分子"都没有在民主制度下好好地生活和感受过，但对威权体制的弊端却有切肤之痛"[28]。本质上，东方主义话语并非外在于这类中国人法意识的参照框架，而就在其意识内部，这在很大程度上直接造就了现今中国社会诸成员之间法治基本共识的欠缺。揆诸现实争议种种，这里所说的法治共识欠缺，诚如顾培东所言，明显不是指在"中国要不要实行法治"问题上的认识和主张不一致，而是对于"什么是法治"以及与此直接相关的"什么是中国应当实行的法治"和"中国如何实现法治"等基本问题，全社会缺少必要程度的契合与交集。[29] 这一现实的典型体现便是中国法治秩序建构中的"表达"与"实践"的背离。

就此，强世功将这种关系提炼为"国家法中心主义的法治观"与"法律多元主义的法治观"之间的分野，而顾培东则将其概括为"偏执的理性主义法治观"与"放纵的实用主义法治观"之间的对立。根据前者的分析，"国家法中心主义"法治观对中国法治建设主要造成了两方面消极影响。在规范层次上，片面强调国家立法的权威地位，忽略党规党纪、道德与社会习惯等其他规范，导致法治发展与社会失范并行的悖谬现象；在规范实施层面上，片面强调以法院为纠纷解决的中心，导致法院不堪重负，涉诉信访不断攀升，损害了法院

[28] 赵鼎新：《民主的限度》，中信出版社 2012 年版，第 65 页。

[29] 参见顾培东：《当代中国法治共识的形成及法治再启蒙》，《法学研究》2017 年第 1 期。

的权威形象。[30] 更严重的是，不自觉地以这种法治观作为法治改革的蓝本，使得不少人主张任何不符合那种"法律帝国"理想的要素皆是对于法治中国的破坏，进而造就法治建设从解决社会纠纷的治理问题转化为质疑体制的原罪问题。[31] 而在后者看来，偏执理想主义法治观的弊病与此异曲同工。这种观念以原旨主义的态度和立场，坚持或崇奉在西方经验基础上形成或抽象出的法治模式，并依此作为判断我国法治是非成败的标准与依据。[32] 鉴于它抹杀了法治的局限性，回避了法治的内在矛盾，忽略了法治实际运行所依附的条件以及所必然面临的制约，站在该理论的立场上，或者执持该法治理论的某些命题或判断，很容易占据"法治的制高点"，从而可以毫不费力地运筹法治于帷幄，指点法治之江山，更可以俯视和鄙薄一切法治现实与实践。[33]

"国家法中心主义"法治观与偏执的理想主义法治观，本质上皆是法律自我东方主义这种简化的思维模式在当下中国语境中的极端体现，而法学界针对"中国法治向何处去"争论之背后则隐藏着"普适性"或"普遍论"与"国情论"或"特色论"的二元对立。除却中间存在的折中态，两者的争议点总体聚焦于中国法治体系之构建必须立基于本土政治现实还是掩耳盗铃般忽视甚至无视这个现实而只需单纯取法于西方模式本身这一问题。此等东西之争、体用之辩，之于百年中国，在每个历史阶段，自有其不同侧重之解读，于今更是如

30　参见强世功：《党章与宪法：多元一体法治共和国的建构》，《文化纵横》2015年第4期。

31　参见强世功：《"法治中国"的道路选择：从法律帝国到多元主义法治共和国》，《文化纵横》2014年第4期。

32　参见顾培东：《当代中国法治话语体系的构建》，《法学研究》2012年第3期。

33　参见顾培东：《当代中国法治话语体系的构建》，《法学研究》2012年第3期。

此。可以说，守持不同主张的法律人，其基本愿望都是积极的，都对中国法治抱有善良而急切的期待，并且在一定意义上，在我国现实条件下适度保持这种张力有助于防止和矫正法治进程中的偏差。[34] 但其中需要注意的要害问题是，"普适性"或"普遍论"主张者往往守持的是一种原教旨式的法治形态（甚至可谓变相的"全盘西化论"），难以为当下的法治建设所采用，但得益于过去 30 年潜在践行的无缝接轨式的泛西化法学教育导向，这种法律自我东方主义观念的守持者无疑在中国法学界中占据绝对多数。为此，为重塑国内法治的话语体系，首先就需要尽量缓和这个略显"吊诡"的结构性困境，而要缓和这种困境，就应当从学术与政治两个层面对西方法治的经典理论进行深度"祛魅"。

从学术角度来看，冷战后，即便存在更多的所谓威权和半威权政府公开支持法治计划，但它们更倾向于一种简化的或次序化的法治概念。前者是指这些政府向公民承诺提供正义和效率，但回避法治中的权利因素，由此试图割断推进法治和建立民主之间的联系；而后者秉持的理念是，转型国家不应同步推进法治发展与民主化，而应首先建立法治，然后再转向民主化。[35] 这虽然明显与国内一些学者将西方的成功经验概括为"民主法治"这样的复合政治结构，进而笃信民主在前法治在后的发展次序不同，但却与西方晚近主流政治学家的观念转向殊途同归。在《变革社会中的政治秩序》一书中，通过剖析法

34　参见顾培东：《中国特色社会主义法治理论建构的几个问题》，载中国法学会官方网站，https://www.chinalaw.org.cn/Column/Column _ View.aspx? ColumnID = 917&InfoID = 15559，2018 年 4 月 25 日访问。

35　参见［美］托马斯·卡罗特斯：《法治的诱惑》，载［美］詹姆斯·赫克曼、罗伯特·尼尔森、李·卡巴廷根编：《全球视野下的法治》，高鸿钧等译，清华大学出版社 2014 年版，第 20—22 页。

律与发展运动在战后第三世界国家未能成功之原因，塞缪尔·亨廷顿认为这些国家应当转而实行一种"威权式过渡"，即政治秩序应当优先于民主，先在威权统治下实现经济现代化，然后再在政治制度上开放民主竞争。鉴于现代化历程往往导致社会基本结构之变迁、传统的社会交往模式之更易，进而动员其原本被嵌入家庭村社中的个人，因此，"现代性产生稳定，现代化造成不稳定"[36]。从这里，亨廷顿得出结论：在现代化过程中，国家政治稳定与国家治理能力之于第三世界乃是一个相当关键之要素。

时隔近半个世纪后，在新著《政治秩序与政治衰败》中，弗朗西斯·福山已经不再高捧民主与市场，而是转而重申其师亨廷顿的上述观点："脆弱或失败国家所缺乏的制度中，首先而又最重要的是行政上的能干政府。国家在受到法律或民主的限制之前，必须先要存在。"[37] 在他看来，"没有优质国家，就没有优质民主"，国家能力建设才是 21 世纪国家间竞赛的主轴。就此，我国台湾地区政治学家朱云汉采用了一个浅显的比喻加以说明。通过议会选举造就之政府，就如一辆巴士之上的所有乘客，以投票方式选出驾驶员：该驾驶员负责将巴士驶向多数乘客意欲达致的终点，当然亦需大家分担旅程中的汽油费。"国家机构就是这部巴士，如果巴士性能好、马力足、耗油少、配备齐，交给任何一位够格的司机掌控，都游刃有余。一个失败的国家就像引擎出故障的巴士；一个孱弱的国家就像马力不足的巴

36　[美]塞缪尔·亨廷顿：《变革社会中的政治秩序》，李盛平、杨玉生等译，华夏出版社 1988 年版，第 47 页。

37　[美]弗朗西斯·福山：《政治秩序与政治衰败：从工业革命到民主全球化》，毛俊杰译，广西师范大学出版社 2015 年版，第 45 页；魏磊杰：《从"历史终结论"到"政治发展次序论"：如何理解现在的福山？》，《公共行政评论》2016 年第 2 期。

士。国家机构不健全，无论选谁来当驾驶员都无能为力。"[38]

与此立场相呼应，过去20年间，欧美许多积极参与法治研究的学者开始承认，法治对民主的健康发展是必要的，法治与民主相互促进，但民主与法治并不一定相生相随，对于诸多后冲突国家或发展中国家的改革次序而言，法治应当先于民主化。[39] 波斯尼亚内战后，英国政治学家阿什顿（Paddy Ashdown）被指定为该国的"沙皇"，负责战后重建。他最终承认管理当局将重建次序颠倒了。他说："我们以为民主是最高优先价值，而我们又以能够举办多少次选举，作为衡量民主成功的标准。其结果是几年以后，波斯尼亚人对多次的选举感到疲乏。此外，全心专注选举，妨碍了我们打击组织犯罪团体、官员腐败，而这些问题危害老百姓生活质量，并且吓阻外来投资……事后诸葛，我们应该以建立法治尊严摆在第一优先位置才对。因为能够运行的经济，自由而公平的政治体系，市民社会成长发展，公众对警察和法庭的信任，一切其他问题都仰赖法治是否能上轨道。"[40]

与此相映成趣，根据亚洲各国在第三波民主化浪潮中不理想的表现，专注中国法治问题的著名学者裴文睿（Randall Reerenboom）就民主巩固所需的条件得出了两个基本结论。第一个结论是法治与民主往往相辅相成，但法治不一定与民主同步。新加坡时常被描述为一个半民主、非自由民主、有限民主、假民主、强制民主的国家，在0—10分的民主指数评定中只得到了2分，但是它却经常被评为拥有世

38　朱云汉：《高思在云：中国兴起与全球秩序重组》，中国人民大学出版社2015年版，第44页。

39　参见［美］裴文睿：《法治的未来：此领域的挑战与前景》，张耀泽译，载张丽清编：《法治的是与非》，中国政法大学出版社2015年版，第78—79页。

40　［美］法里德·扎卡里亚：《自由的未来》，孟玄译，上海译文出版社2014年版，第240页。

界上最好的法律系统之一。阿曼、巴林、卡塔尔、科威特和阿联酋这些阿拉伯国家在世界银行法治指数评价中虽名列前茅，但在民主指数评定中却是 0 分。相比之下，危地马拉、肯尼亚和巴布亚新几内亚均获得很高的民主评分（8—10 分），但它们的世界银行法治指数还不到 25 个百分位数。[41] 第二个结论是只有在经济增长达到相对较高水平后，民主化转型才会到来。相反，那些试图在低财富水平和体制不完备的情况下就推行民主选举的国家最终将会遭遇失败。实证研究表明，当人均收入低于 1000 美元时，民主体制的预期寿命仅为八年。菲律宾、柬埔寨、孟加拉国、印度尼西亚、印度和东帝汶，便是典型。诚然，许多国家通过实行国家选举的方式实现了民主化，但是，向往民主与达成民主是两码事。过去 20 多年，发展中国家充满了快速民主转型造成的不堪回首的恶果，实例班班可考。[42]

较之于 1994 年出版的《第三世界的民主》，罗伯特·平克尼在 2003 年修订版中做出了更加悲观的评价："虽然几乎所有的拉美国家和大部分非洲和亚洲国家现在都生活在由选举产生的政府的领导之下，但这只是达到了广度而非深度，只是重量而非重质，只是过渡而非巩固。"[43] 基于长期对不同社会的民主和民主化的研究与反思，针对中国未来如何选择自身的民主化路径，著名政治学家郑永年做出了这样高屋建瓴的论断："如果说抵制任何形式的民主的发生在政治上并不可行，甚至会导致政治的失败，那么不加选择地引入西方式民主，也会导向同样的结局。换句话，如果说民主不可避免，那么民主

41　参见〔美〕裴文睿：《法治与民主：中国从亚洲经验中吸取的教训》，云南师范大学马克思主义理论研究中心译，《国外理论动态》2010 年第 8 期。

42　参见〔美〕裴文睿：《法治与民主：中国从亚洲经验中吸取的教训》，云南师范大学马克思主义理论研究中心译，《国外理论动态》2010 年第 8 期。

43　Robert Pinkney, *Democracy in the Third World*, 2nd ed., Lynne Rienner, 2003, p. 232.

也不可避免是多元的。未来的历史会告诉人们，赢得最终胜利的，是那些能够找到符合自己国情的民主模式的社会。"[44]

从政治角度来看，一方面，冷战的结束，似乎为弗朗西斯·福山预言的历史终结的到来提供了注脚，这被诠释为西方自由民主模式的胜利。在此种世界格局下，所谓自由主义法治理论中的法治，总体上就是专指三权分立政治体制下的法治。按照这种法治理论，既然法治也被设想为一种凌驾于国家之上的事物，是国家自身的合法性要素，那么通过向全球推行自由主义法治理论，就能够进一步对法治初创国家的国家性质与政治制度进行改变和塑造。任何政治秩序的扩张都深受地缘政治的影响，西方"理论家往往将自由主义、原教旨资本主义与法治加以绑定，放进全有全无式的一揽子措施中"[45]。由此，在西方技术援助的幌子之下，所谓转型国家的法治改革容易变得过度政治化；在推销自由主义法治理论表面中立甚而是友好、积极的法律文化跨国传播活动中，隐含着西方势力"收编"甚或"扭曲"东道国基本政治形式的明确目的与动机，以求最终将这些国家彻底纳入由西方所支配的世界体系之中，成为西方地缘政治秩序内部的"类政体"。那么，因势利导进而成为西方的"类政体"又有何不可？以东欧为例，包括哈维尔在内的大多数革命家都观察到，革命之后的东欧并没有成为他们所想象的国家。[46] 革命前东欧的政治形式受制于共产主义政治，执政者依靠权力来统治，而革命后的政治形式则受制于全球资本主义的地缘政治（以美国为首的西方国家），民主依靠资本来

44　郑永年：《中国要有自己的民主选择》，《联合早报》2015 年 3 月 17 日。

45　Brian Tamanaha, *On the Rule of Law: History, Politics, Theory*, Cambridge University Press, 2004, pp. 3 - 4.

46　参见郑永年：《民主，中国如何选择》，浙江人民出版社 2015 年版，第 42 页。

统治。较之以意识形态为主的苏联式地缘政治控制，西方的地缘政治更具有欺骗性。东欧国家的政治人物轻信只要民主化、法治化，西方就会大力帮助和拯救自己，但事实上美国等西方国家要么关注地缘政治利益远远多于东欧的民主，要么已经力不从心。在东欧，革命家不仅对自己建立起来的民主失望，对西方的袖手旁观更是失望。

另一方面，在当今中国，民众的权利意识早已成为现实，并且遥遥领先于经济、文化、制度与社会条件。这个现实必须成为思考法治改革问题的起点，我们不可忽视或低估此等超前权利意识的重要性。[47] 与民主一样，法治已经成为现代性的象征，无论结果如何，民众都会去追求，但问题是我们到底应当追求什么样态的法治？如果不接受西方式的民主，那需要什么样的中国民主？如果不接受西方式的法治，那需要什么样的中国法治？我们不得不回答这些问题，因为民主和法治都是现代社会治理所必需的。"法治被反复提及这一单纯的事实就是强有力的证据，说明遵循法治是全世界范围内政府正统性的公认标尺。"[48] 基于这种利弊权衡，苏永钦切中肯綮地指出："今天中国的改革者和戈尔巴乔夫一样清楚，面对市场经济汹涌的发展和伴随向世界开放而大开的民智，不能不大幅提升政府的系统管理能力，以确保稳定与成长，但苏联的解体又清楚显示，对社会主义体制而言没有选择地借鉴西方法治实无异于饮鸩止渴，所以才要深入反刍自身的成功经验，建立可逐末而又不舍本、师夷长技以制夷的体用之辩。"[49]

47　参见郑永年：《民主，中国如何选择》，浙江人民出版社 2015 年版，第 91 页。

48　［美］布雷恩·塔玛纳哈：《论法治：历史、政治和理论》，李桂林译，武汉大学出版社 2010 年版，第 3 页。

49　苏永钦：《法治、法治国和依法治国》，《中国法研究》2016 年第 3 期。

事实上，坚定地走出一条具有中国特色的社会主义法治之路，最终造就真正意义的"法治中国"，具有重大的国内与国际战略意涵。首先，从国内法治的建构路径来看，突出特点便是明显的"国家主义"导向。中国将长期处于社会主义初级阶段，又处于民族复兴的关键时期，人民不希望有一个"专横"的政府，更不希望存在一个"无能"的政府。历史的荣光、近代的屈辱和后发国家的焦灼彼此交织，为了迎头赶上西方，就需要一个强有力的国家力量。[50]然而，问题在于，国家主义单方面强调国家和个人之间的"共生""共益"关系而忽视了其内在的紧张关系，政府主导型的国家"建构主义"模式也许在法治创建试水期时往往能够取得较佳效果，然进入深水期之后，就会易于遭逢自我救赎的所谓"明希豪森困境"：陷入"公权力推进法治而法治目标又在于限制公权力的张力和悖论之中"[51]。这很有可能造就深层的国家治理问题，而此等困境最终必然需要法治主义来克服。理想的目标，是实现国家主义和法治主义的完美调适，完成对国家单一主导型法治的自我更新，在维持强劲的国家能力之同时，逐步实现国家治理体系和治理能力的现代化。

其次，着眼于域外，倡导"法治中国"也具有重要的国际战略意涵。第一，"法治中国"作为政治命题，有助于向国际社会"展现一个孜孜以求国际法治价值理想与秩序的中国，一个遵循国际法治、维护国际公平正义的中国，一个坚定不移走和平发展道路的中国"[52]。

50　参见王人博主编：《中国特色社会主义法治理论研究》，中国政法大学出版社2016年版，第48页。

51　马长山：《国家"构建主义"法治的误区与出路》，《法学评论》2016年第4期。

52　范进学：《"法治中国"：世界意义与理论逻辑》，《法学》2018年第3期。

在很大程度上，"国际法治的中国表达与法治中国的世界表达（中国将一个崇尚法治、践行法治的形象展示和传递给全世界）是中国法治主动向世界法治施加影响的两个相互交叉的方面"[53]。第二，"法治中国"作为政治命题，具有历史性、动态性与整合性，对未来的国家统一意义深远。"用中国概念来表述法治时，必然包括大陆、台湾、香港和澳门等地区，是中国概念的完整表述，也是国家统一体的现实和未来法治凝聚力的表征。"[54] 从长远意义研判，在未来海峡两岸之统一与"一国两制"政策之实施中，法治无疑是海峡两岸暨香港、澳门共同分享的价值，是最大的政治认同公约数，也是增强中华民族凝聚力的重要载体。

（二）方法论层面之更新："法治中国"的建构路径

诚如上述所论，未来的努力方向，是要通过法治再启蒙，消除只有西方民主分权制度的政治建构才能达致善治或才更有利于实行法治的自我东方主义认识偏见，同时也要看到在中国特定社会条件下探索法治道路的艰巨性和复杂性，将全社会思考的重心引向探索如何在中国特定的历史-政治构造下实行法治，建构并形成一种崭新的法治形态，借此丰富人类法治的实践内涵。而作为一种智识准备，这种法治再启蒙客观上要求中国的法律人需要重点关照下述三个维度。

首先，在法治资源的吸收与汲取方面，我们应当更多地聚焦与本

53　何志鹏：《国际法治的中国表达》，《中国社会科学》2015 年第 10 期。

54　韩大元：《简论法治中国与法治国家的关系》，《法制与社会发展》2013 年第 5 期。

国法治建构更具契合性与相关性的领域。一是，自改革开放以来，中国法学界引入了大量关于西方法治的正面资料，并有意或无意地忽视了那些对其进行历史纵深解读与潜在问题批判的文献。这种单向度的选择性借鉴，淡化了法治的复杂状态与法治现象的多样性，未能充分展示法治在当代社会中的重要变化与发展，容易给人们带来对于西方社会的移情式想象，强化既有的法律自我东方主义情结。为了揭开这一根深蒂固的玫瑰色迷思，我们需要对19世纪以来西方社会主流法治思潮以及主导性法治实践进行全景式的揭示，以期还原法治在欧美社会漫长变迁中的真实演进路径以及当代西方国家社会发展与法治实践之间的复杂互动关系。二是，为了阐释我国社会主义法治建设不可寄望于从外部全盘引入法治意识形态，我们需要深入关注与我们拥有更多家族相似性的原苏东国家的大规模法律改革实践，现有在法律移植层面上因选择启示来源的单一性而造就的偏狭理论视野，不利于我们对西方法治观念的政治性进行直观的辨别与认识。在如何有效破除政治性的意识形态与技术性的制度经验的潜在绑定上，这些国家经历的成败得失，对于我们当下进行的改革实践无疑更具教育意义。三是，要注意提炼我国古代法制治理之成败得失，挖掘与赓续中华法律传统之精华，推动传统法制文化创造性转化、创新性发展。中国作为一个拥有超长历史和超强文化底蕴的"文明型国家"，法治不可避免地带有历史的基因。不知从何而来，遑论向何而去，法治的历史回望其实是绕不过去的。中国法学需要一次立场转换，从外在立场转向内在立场，从文明内部来思考法治，进行知识构造，采用历史法学的眼光阐释中国传统，而非站到外面，对文明进行批判和改造。"面向过去，就不单单是敝帚自珍的情愫，也不是因为'繁华往昔'的执念，而是因为只有'传承文明'才可能'开拓创新'。"[55]

其次，我们现在需要将目光更多地投向对"物"——政法体制——的关注，而不只是单向度地聚焦于对"词"——法治话语——的研究。[56] 这是迈向东方法律主义的必然依归所在：抽取对西方自由主义法治理论无保留之笃信，势必回归到本土法治意识形态资源的有效替代问题，而全景式地描述中国法治实然之构造与运作样态乃重新出发之前提。当下法学理论与法治现实之所以在"问题"上出现错位或失焦，很大程度上在于法学理论界对我国法治运作的实然状态缺少真实的了解。不少研究者往往秉持西方理论或思维，来对中国法治问题进行削足适履式的评判。比如，有关司法制度及运行机制的研究，一般只涉及公安、检察两个主体，而现实中的司法活动不仅有公安、国安、司法行政机关，还有党委政法委的某种参与。这些在中国已经制度化了的事实，往往进入不了研究者的视野。[57] 既有的法学理论体系，尤其是教材体系，更是如此。"比如讲司法，一般讲司法具有被动性、中立性，但这并不能完全概括中国的司法。中国的司法一定是被动的吗？再如讲执法，执法有权威性、单方面性，但中国的执法从来不是单方面性的，执法具有协商性。"[58] 这些早已在中国制度化、稳定化了的现实，却经常相当吊诡地难以进入理论研究者们的视野之中。现有法学理论体系的很多概括，并不足以完全涵盖中国。当"你搞的法治不是我想象中的法治"成为一种判断时，对待现实问题的态度自然可想而知。现实中，此等对法治特别是中国法治

55　王人博主编：《中国特色社会主义法治理论研究》，中国政法大学出版社 2016 年版，第 32 页。

56　参见侯猛：《当代中国政法体制的形成及意义》，《法学研究》2016 年第 6 期。

57　参见顾培东：《法学研究中问题意识的问题化思考》，《探索与争鸣》2017 年第 4 期。

58　陈柏峰：《法学理论如何面对当代中国法治》，《开放时代》2019 年第 1 期。

应然图景的守持难以契合中国体制这一最大的政治现实，甚至依托此等观念的法治建设思路本身可能就是引致中国法治发展治丝益棼陷入治理危机的根源所在。由此，为了真正理解中国特色社会主义法治进程，我们首先需要逐渐摆脱这种以西方法治模式为蓝本形成的、以"国家法中心主义"一元论为特征的"法律帝国"的法治理想，而坚持一种整体主义的法治观，在法律多元主义的基础上缔造一种"多元主义法治共和国"。之于当下中国语境，真正的"法律多元"不应仅仅关注民间习惯法，而且还应关注数量庞大、在中国发挥巨大政治社会功能的法律规范——党规党纪。将党规党纪落到实处，不仅可以强化执政党的合法性，而且也会造就国家法治的根本性改观。在此过程中，党必须发挥依法执政、依法办事、遵纪守法的模范带头作用，以党内法治带动国家法治，使得党规党纪与国家律法之间形成有效互动。或许只有如此，我们才可能在将来酿造出一种可堪会通古典礼法传统、近代形式法传统以及当下政法传统等三种传统的真正具有中国特色的社会主义法治鸡尾酒。[59]

最后但却最为重要的是，中国特色社会主义法治理论进一步要回答的问题是何谓法治的"中国特色"。正确认识并全面、准确地揭示、概括和提炼法治的中国特色，不仅是增强法治实践的理性自觉，增强对我国法治道路自信、理论自信、制度自信和文化自信的必要前提，也是对全社会乃至全世界所必要的政治和文化交代。近些年，我国法学界对此有过一些探讨，但认识上仍分歧较大。基于上述所论，窃以为，除却一些支脉意义上的界定，法治的"中国特色"核心特

59　参见强世功：《从行政法治国到政党法治国：党法与国法关系的法理学思考》，《中国法律评论》2016 年第 3 期。

征集中体现为以下三点：一是共产党领导下的法治建设，二是执政党内部运作的法治化，三是会通儒家、西方以及社会主义三种法律传统。在此基础上，为使得"法治中国"成为可能，未来的法治建设应当重点处理好下述三类关系。

第一，法治意涵多义性与法治内在规定性之关系。对欧美法律中心主义的批判，张扬东方法律主义，乃主体自觉之必然反应，这无可厚非，但这种理论取态却始终存在着易被用作捍卫现实存在而抗拒必要改变的一种资源之可能。现实中，某些庸俗"国情论"或"特色论"的主张者凭借其与主流意识形态相合的优势，以简单的判断和结论取代对真实问题的分析和探讨，空洞甚而武断地陈述自己的意见与主张，并习惯于用一些不走心、不过脑的空话套话去证成现实中的存在，执拗地笃信"存在就是一种合理"，不仅降低了其意见与主张的解释力和影响力，而且反而更会刺激和强化作为其对立面的自由主义式的法律自我东方主义，造就非黑即白的"左""右"立场之争，批判的武器最终可能演变成武器的批判。事实上，倡导法治意涵的多义性并不意味着鼓吹"法治"虚无缥缈没有其基本的内在规定性，而是表明法治的实行并不必然以某种特定的意识形态、政治建构或经济文化发展水平为前提；表明不同的人、不同的国家或其他不同主体对法治会有不同的理解和认知，不同国家的法治可以有其不同的实践样态。[60] 所谓"取法人际，天道归一"，法治的某些潜在元素仍是良善的社会治理不可或缺的必要构成，为多元文明所共同认许的"天道"，自然具有普遍之价值。迈向东方法律主义，如欲避免沦为全盘

60　参见顾培东：《当代中国法治共识的形成及法治再启蒙》，《法学研究》2017年第1期。

的"自我差异化"，就必须恪守住法治的这种内在规定性。法治的内在规定性其实就是当代中国践行法治必须恪守的底线。

鉴于每一种社会-政治语境的独特性，法治不会提供一个在所有场景下皆可复制的公式，自然其内在规定性也会有所不同。基于对中国共产党十八届四中全会决定文本的分析，梁治平主张，此等法治至少应当包含四点：一是法律"具有稳定性、连续性和极大的权威"。二是国家政治、经济、文化和社会生活必须"有法可依"。三是法律一经制定，就要严格地实施和执行。四是司法机构必须保持"应有的独立性"。[61] 揆诸中国当下政治现实，顾培东指出此种内在规定性应包含三个层面：一是在国家和社会主要领域、主要社会关系及社会活动中，保持法律的基本规范和调节作用。二是社会成员应严格遵循法律，尤其是公权力应带头依法行事。三是保持并维护司法机关在具体司法实务中的自主权和自决能力。[62] 不难看出，两位学者的观点异曲同工，秉持的皆为一种形式主义的法治观念，即一种组织良好的法律秩序、一套起作用的法律规则与其服务的社会目标之间没有必然联系，法治首先是基于法律自身而不是某种特定的社会伦理的制度安排。质言之，为使"法治"一词在中西交流中保持其语义的基本相通性与妥适的在地化，就必须先将其去意识形态化与去神圣化，将其化约为一套"社会治理术"，[63] 与社会治理工具内在勾连。这或许是一种当下能够获得最普遍认受的界定方法。在这种意义上，无怪乎王

61　参见梁治平：《论法治与德治：对当代中国法治的一个内在观察》，《中国文化》2015 年春季号。

62　参见顾培东：《当代中国法治共识的形成及法治再启蒙》，《法学研究》2017 年第 1 期。

63　参见强世功：《"法治中国"的道路选择：从法律帝国到多元主义法治共和国》，《文化纵横》2014 年第 4 期。

人博提出中国传统法家思想经过现代性转化亦能为我们提供一个"最低限度"的法治概念的主张。[64]

第二，党的领导与法治之关系。总体的思路是在主导政治力量与法治的关系方面，坚持并发挥执政党对法治工作的领导和推进作用与执政党自觉接受宪法法律约束、依照宪法法律开展活动相结合的有机统一。一方面，无论如何设计理论范式、理论框架，我们也无法突破现行国体来思考法治问题。依照《中华人民共和国宪法》第1条，中国国体的核心是中国共产党领导。即使采用其他语词表述，如工人阶级领导的以工农联盟为基础的人民民主专政，中国国体的核心还是中国共产党领导。换言之，在目前和可及的未来，一个没有党领导的法治并不是一个现实的选项。这不是一个理论问题，而是政治问题。十八届四中全会深化法治的决定，将"坚持中国共产党的领导"和"坚持人民主体地位"列为建设法治的两个基本原则，就意味着在法治中国的建构中，执政党不但不需要退出司法，还要居于核心的领航地位。不唯如此，此等转型路径秉持的绝非阶段性分步走最终在所谓"宪政"新境界之后执政党自行解除领导权的所谓"训政"思维，而是潜在践行由执政党始终领导的一站到底式的"直通车"思维。[65] 这与晚清多数洋务派所主张的"中本西末"或"中学为体，西学为用"异曲同工，只不过这里的"体"是指作为当下国体之核心的党的领导。另一方面，毫无疑问，任何一个国家法治的特色都是在相对意义上成立的。党对法治建设的领导，实质上是国家的主导政治力量与法治的关系问题，这个问题本身就是法理学中的重要命题，在中国存

64　参见王人博：《法的中国性》，广西师范大学出版社2014年版，第122页。

65　苏永钦：《法治、法治国和依法治国》，《中国法研究》2016年第3期。

在，在其他国家同样也存在（如执政近百年的墨西哥革命制度党、在日本长期执政的自民党以及自新加坡成立至今唯一执政的人民行动党）。[66] 抛去难以类比的体制构造，在法治何以建构、司法何以相对独立、主导政治力量正当性何以确立等层面，彼此之间仍能做功能性的比较分析。申言之，只有把中国法治的具体实践置放于法治的一般或基本原理之中，才能看到其合理和自洽的一面，进而为中国此等特色的法治组合提供足以正当化的理论；只有依托法治的一般或基本原理，建构好党的领导与司法权独立行使的关系，未来才有可能走向现代宪制。为此，我们还要善于将政治化的倡导、政治化语言还原到学术语境中以学术化语言加以表达，唯有如此，才能够拓展更大的学术讨论空间，与世界各国在彼此可沟通的语境中交流和对话。

那么，中国特色社会主义法治究竟何以可能？一些学者主张，如果"党的领导"仅仅意味着以往的治理方式，那么"中国特色社会主义法治"就是一个自相矛盾的表述。他们主张，法治中国的理想模式是，党在人大中占绝对多数，领导立法，通过法律实现其政治目标；党政分离，两者之间的关系由法律做出明确划分，党不介入政府日常行政事务；政治与法律之间有适度区隔，司法机关只忠实于法律；党员可以担任各级政府官员与法官，但履行职责时，只服从于法律，而非法律之外的其他要求。[67] 就此，强世功指出，这种单纯强调国家和法律的权威，甚至通过简单强调"党在人大中"的模式来削弱党的权威，最终可能将我国引向西方类型的党国分离体制，它与单纯强调党的权威，将党完全凌驾于国家机器之上，从而蜕变成苏联类

66　参见郑永年：《民主，中国如何选择》，浙江人民出版社2015年版，第93—95页。

67　参见郑永年：《中国模式：经验与挑战》，中信出版社2016年版，第283页；苏永钦：《法治、法治国和依法治国》，《中国法研究》2016年第3期。

型的党国整合体制的另一极端，皆不足取。为此，他提出的第三条道路是党和国家既不分离，也非整合，而是在两者互动中保持动态平衡：此等互动体现为党章与宪法的互动，只有执政党率先接受党章和党规党纪的约束，树立党的权威，从而接受宪法与法律的约束，树立宪法和法律的权威，才能完成多元一体法治共和国的建构，建成中国特色的社会主义法治。[68] 显然，虽皆赞同党的领导，但两者在阐释党的领导如何实现上却分处由强到弱光谱的两端。前者提出明确的法治建构路线图，但可能仍显得激进而被简化理解为"邪路"，至少当下难以具有可行性；后者是在尊重体制构造基础上小心翼翼地渐进谋求未来可能之改进方略，但可能因过于"模糊"与保守而被斥为一种改头换面的"老路"。事实上，"老路"与"邪路"的对立，本质上与法治中国之最终目标尚不明确直接相关。与中国的社会主义革命道路和社会主义建设道路类似，中国的社会主义法治道路亦是在中国现实问题倒逼之下形成的，是从中国的现实问题出发，而非从某个已有理论出发，是实践优先而非理论优先。[69] 此等历史构造实质性地决定了一套目标指向明确的社会主义法治中国理论有待"形成"，注定在"摸着石头过河"的状态中伴随共产党谋求自我更新的深度与程度而渐趋完成。

第三，相互堆叠的三种法治理念彼此之间的关系。一般对于深化改革的期待，应该不只是在旧秩序理念下的某种大幅度调整，而毋宁是通过某种新理念带动建立的新秩序。然而，我国当下深化法治的改

68　参见强世功：《党章与宪法：多元一体法治共和国的建构》，《文化纵横》2015年8月号。

69　参见王人博：《中国法治：问题与难点》，载张志铭主编：《师大法学》2017年第1辑，法律出版社2017年版，第4页。

革事业，面对的则根本是古典礼法、西方形式法以及社会主义政法等三种法治理念的"堆叠"式并存，各种理论和实务都浅尝辄止、百花齐放、各擅胜场，却又相互抵消，让人无所适从，究其原因就在于既有法治的基础实在过于薄弱，而社会的变化又实在太快。[70] "司法为民"的若干做法，因为基础的不足，有时给人以马锡五式审判的联想，而一些部门曲解"群众路线"，将其引入执法，演变成法律民粹主义，导致出现法律必须服从民意、法不责众的乱象。没有人会否认社会稳定的重要性，问题在于社会稳定建立在什么基础之上。如果"维稳"脱离了法治的轨道，过度依赖暴力，只会造成社会的更加不稳。鉴于此，未来的改革者至少需要针对这些做法背后的矛盾或互为条件，首先理出一个头绪，而后定出某种优先考量的次序。十八届四中全会决定中特别提到"落实诉讼终结制度，实行诉访分离"，即彰显改革者虽已看到源自中国古典与革命法治传统的信访制度隐含现代互动法强化沟通的精神，但实际上对于终审裁判的稳定具有很大的杀伤力，更不利于审判中心政策的落实，因此纵使难以割舍，也要把这部分法治元素优先落实。与以往的法律改革导向一样，此一转向彰显出在规范位序上，我国的改革者往往倾向于将形式法理念思维置于优先考量的地位。

置身三种法治理念堆叠的中国语境，改革者需要在规范位序上将形式法理念置于优位，建构法治的基本框架与原则，这是固本培元之举，无可厚非，但过犹不及，应在既有复合构造中灵活拿捏妥适的尺度。这是因为，法治从来都有沦为"法官之治"和"律师之治"的危险。这种情况除了具有明显的反民主意涵外，法官的过度精英化与

---

70 参见苏永钦：《法治、法治国和依法治国》，《中国法研究》2016 年第 3 期。

律师的利益集团化还会使得社会走向法治的反面。[71] 美国是世界上唯一采行"律师之治"的民主制国家。总体上，美国人喜欢诉讼，也被鼓励诉讼，而不偏好庭外和解，此种心态之所以会形成显然与美国具有庞大的律师群体有关：大量的司法需求是由作为一个既得利益集团的律师"创造"出来的。在"律师之治"下，无论何事都要诉诸司法，导致美国司法体系不堪重负，不仅效率低下，而且社会经济成本十分高昂。[72] 这种以金钱实力为基础的争斗并不是社会公正与稳定的象征，和法治所追求的初衷更是相去甚远。日本一直奉行严格意义上的"法官终身制"，司法制度设计之要害在于切实确保审判独立，为此法官这一职业必须尽最大限度地远离政治活动和可能出现的社会利益关系——"两耳不闻窗外杂事，一心只读法规全书"，奉禁欲主义与司法消极主义为至上圭臬。[73] 不可否认，此等自我隔绝式的法院系统，此等被日本法律职业群体乃至日本国民引以为傲的精英化与专业化的制度设置，虽然有效地保障了审判的清廉与公正，但因为过于极端而在不经意间走向了它始料未及的反面：长久疏离于普通的市民生活，法官丧失了起码的人情义理和基本的经验法则，进而造就了大量的冤假错案。[74] 这也是中国刚开始强调法官专家化，而日本却在世纪之初的司法改革中强调在法官中增加外行人进而提倡法官平民化的

71　参见［美］布雷恩·塔玛纳哈：《论法治：历史、政治和理论》，李桂林译，武汉大学出版社 2010 年版，第 6 页。

72　参见相蓝欣：《传统与对外关系》，生活·读书·新知三联书店 2007 年版，第 119—120 页。

73　参见季卫东：《世纪之交日本司法改革的述评》，《环球法律评论》2002 年第 1 期。

74　参见［日］秋山贤三：《法官因何错判》，曾玉婷译，魏磊杰校，法律出版社 2019 年版。相关书评，可参见琚明亮：《重新认识"经验法则"》，《检察日报》2019 年 9 月 11 日，第 3 版。

内在根源所在。

　　有鉴于此，改革者未来更需做一种多元法治理念的动态均衡配置思考，而非总是执持一种一元化直线型的任性法治建构观。十八届四中全会决定的主题词是"全面推行依法治国"，其中新增的副词"全面"之意涵实质指向便是"坚持依法治国与以德治国相结合"，将道德与法律、社会与国家、政治与文化、现代与传统等要素同时纳入关于国家治理的思考范围，[75] 以期真正达致"通三统"式的有机统合。此等讲求"和"这一中国传统政治伦理的制度设计，并非一种无所侧重的"和稀泥"式的政治修辞，而是旨在追求在秉持形式法治建构理念之同时，妥适兼顾中国传统礼法理念与社会主义政法理念，在矛盾统一的辩证关系中协同造就良善之国家与社会治理这一终极目标。有鉴于此，依托此等观念，我们需要在法治改革中做到下述三个结合：一是在法律与其他社会规范的关系方面，坚持发挥形式法对社会生活的规范和约束的基础性作用与发挥传统道德等其他社会规范对社会行为的调节和引导作用相结合；二是在社会矛盾和纠纷化解方面，坚持发挥司法手段在化解矛盾、建构和维护社会秩序中的主导作用与统筹运用各种治理资源、有效实现社会治理相结合；三是在法治运作的策略与方式方面，坚持不断提升法治运作的正规化、专业化、技术化水平与注重法律手段适用的大众化、实效化以及适应性相结合。

　　75　参见梁治平：《论法治与德治：对当代中国法治的一个内在观察》，《中国文化》2015 年春季号。

四、结语

从法律东方主义迈向东方法律主义，实质就是社会主义特色的法治中国何以可能的问题。这在根本上涉及对两种现象的整体评价：如何评价后现代法学思潮对中国当下之意义以及如何评价法治中国的建构对世界文明之价值。一方面，后现代不是对现代的替代而只是对其的反思。同样，后现代主义法学要消解的也不是正义，而只是既成的非正义的结构，即所谓"只反贪官，不反皇帝"。解救"现代性"道德和法治的办法不是简单、无理地"解构"，而是谨慎、合理地"重构"，以实现更多的正义。[76] 如果批判被单向度地限定于西方法治而不反向投射于本土传统与社会现实，只满足于在别人自我批判的论点中搜寻自我表扬的证据，就可能会滑向保守主义，使得中国丧失反思和改革的能力。[77] 说别人病了，并不能证明自己是健康的，这是一个简单的道理。如果不能确立自身的意识形态，不管怎样"反"西方意识形态，自己始终没有有效的意识形态。为此，当下中国学人既要接续后现代法学的批判精神，确立一种明确的自省意识，重新审视自己的法治观，在法治建构的过程中，尽可能避免现代性的傲慢与偏见，尤其是对个人理性的盲目乐观和对形式法的过分张扬，又要以开放的心态迎接他者，寻求共同语言与共同关切，并在此基础上通过真

76　参见夏勇：《法治源流：东方与西方》，社会科学文献出版社 2004 年版，第 257 页。

77　参见季卫东：《宪政新论：全球化时代的法与社会变迁》，北京大学出版社 2002 年版，第 64—66 页。

诚对话与沟通来克服文明的失语或自闭，找到互补互利的机遇，进而探索出一条既符合国情又接轨国际的法治中国新路径。

另一方面，晚近国际政治实践表明，一党独大和开放的一党制更为适合后发展中国家的实际政治需要。较之发达国家，这样的制度虽是一种更为集中的政治体制，但至少能够提供一个最低限度的政治秩序，保证政治和社会的稳定，推动社会经济发展。这就意味着，一党独大与多元化的西方民主固然相克，但与现代的法治绝非一定无法兼容。具体到中国，事实上的一党领导和司法独立可能会存在一定的紧张关系，但如果是载入宪典、名正言顺的一党领导，好像反而少了借干预审判去压抑或防范的对象。此等明确切割法治和民主的策略，确实有可能让"师夷之技以制夷"的空间变得更大，如果得益于中国政治体制的深化改革真能取得明显的成效而被证明为一种善治，很难说它不会变成西方多元民主有力的竞争者，成为非西方民主政治之外的另一种制度选择。[78] 特别是在西方民主面对越来越多源于文明冲突、贫富悬殊、金融和环境危机等难解的价值矛盾而越来越难有共识，甚至在成熟民主国家也开始思考替代的治理方式时，中国这个地球上少见的超稳定政治体，在缺乏一条现成法治道路可供依循的情形下，正在独树一帜地艰难进行这样一个"2.0 版"中体西用的社会大试验，若然被给予足够的时间与耐心，或许不久之将来能为人类社会更为良善之治理提供新的思路与可能。在先后铸就第一波"礼乐文明"（夏商周三代）与第二波"礼法文明"（从秦汉延至明清）这两种文明典范之后，在共产党领导下的中华人民共和国能否继续赓续传统创造出足堪走出亚洲、影响世界的崭新法治文明样态，值得我们共同期待。

78　参见苏永钦：《法治、法治国和依法治国》，《中国法研究》2016 年第 3 期。

图书在版编目 (CIP) 数据

法律东方主义在中国 : 批判与反思 / 魏磊杰编 . —
北京 : 商务印书馆 , 2022
（法律文化研究文丛）
ISBN 978–7–100–21210–6

Ⅰ . ①法… Ⅱ . ①魏… Ⅲ . ①法哲学—研究—中国
Ⅳ . ① D920.0

中国版本图书馆 CIP 数据核字（2022）第 087718 号

法律文化研究文丛
法律东方主义在中国：批判与反思
魏磊杰　编

商 务 印 书 馆 出 版
（北京王府井大街 36 号　邮政编码 100710）
商 务 印 书 馆 发 行
南 京 鸿 图 印 务 有 限 公 司 印 刷
ISBN 978–7–100–21210–6

2022 年 8 月第 1 版　　开本 880 × 1240 1/32
2022 年 8 月第 1 次印刷　　印张 11

定价：58.00 元